# Inhalt

## Aufsätze

## Hörspiele

## Anhang

# Vorwort

*Warum schreiben Komponisten? Genügt ihnen Musik nicht? Unwahrscheinlich, daß jemand aus meiner Zunft oder ich selbst mit letzter Aufrichtigkeit dies beantworten könnte. Nur scheinbar sind beide Fragen miteinander verbunden. Für die erste finden sich diverse Beweggründe: klären, aufklären, auslegen, einführen, Broterwerb, Stellung nehmen, Bedürfnis, sich auch mit Worten auszudrücken. Die zweite Frage erlaubt dagegen nur zwei Antworten von fast taktloser Kürze: »Nein« oder »Ja, aber…«. Eindeutige Verneinungen sind kaum zu erwarten; es wäre für Komponisten eine zu offensichtliche Bankrotterklärung, würde man zugeben, daß Musik allein nicht genügt oder das gedruckte Wort dazu stets notwendig ist. Bereits die Tatsache, daß es Musik gibt, liefert die Rechtfertigung für viele angenehme und unangenehme Begleiterscheinungen.*

*»Alle Künste leben von Worten«, meinte Paul Valéry. Musik ist eben keine Ausnahme, und Komponisten, die sich äußern oder dazu gezwungen fühlen, sind ebenfalls davon nicht ausgeschlossen. Zufriedenstellende Regeln, um diese freiwillige Musikschriftstellerei zu erklären, müßte man noch erfinden.*

*Wagner publizierte viel in eigener Sache; Brahms gar nichts, schrieb aber dafür ausführlich in Briefen. Debussy berichtete gerne im Feuilleton; Ravel dagegen nie in der Öffentlichkeit. Schönberg brauchte die reinigende Auseinandersetzung mit der Theorie. Strawinsky räumte seiner Ästhetik nicht den Platz ein, die sie verdient hätte (wenn man den Einfluß seiner Musik auf andere Komponisten betrachtet), er genoß wie eine Figur von Noël Coward eher Aperçus im Plauderton und war da genauso ungnädig wie geistreich. Für Schumann war Musikkritik mehr* als Eskapismus oder eine vorübergehende Beschäftigung, sie war existentielle Notwendigkeit, er setzte hier den höchsten Maßstab seiner Zeit. Von Mendelssohn dagegen bleiben hauptsächlich herrliche Reisebriefe. Liszt hinterließ gesammelte Schriften von beträchtlichem Umfang wie auch eine aufschlußreiche Korrespondenz. Mahler hätte sicher viel zu sagen gehabt, aber entschieden zuwenig Zeit, um sich in den wenigen Sommerwochen außer mit dem Komponieren auch noch mit dem Schreiben zu befassen. Vielleicht zum Glück für uns?

In dem vorliegenden Band sind Texte, Reden, Gespräche und zwei Hörspiele gesammelt, die etwa in den letzten zehn Jahren entstanden sind. Worte über Musik von anderen, zu meiner eigenen und auch zu Worten, die meine Arbeit und mein Wirken verursachten. Vieles, was ich hier zu formulieren versucht habe, wäre mit Tönen kaum möglich. Dafür bleibt Musik als Sprachrohr ebenso mehrdeutig wie polyglott. Die Denkanstöße, die sie imstande ist zu initiieren, bedürfen daher einer gesonderten Übertragung. Möge der Leser in den nachfolgenden Seiten genügend Anregungen finden, um jene Musik zum erstenmal zu hören oder ihr erneut zu begegnen, die aus der Perspektive eines Komponisten erwähnt wird. Eine solche Wirkung wäre mir uneingeschränkt am liebsten.

Köln, im April 1991                                                  M. K.

# Gespräche

# 1. Über »Die Erschöpfung der Welt«
*Gespräch mit Werner Klüppelholz*

*Werner Klüppelholz: Über die Entstehung der Welt liegen ja verschiedene Theorien vor. Welcher davon neigen Sie zu?*

Mauricio Kagel: Am Anfang war die Pause.

*Und dann tritt – zumindest akustisch – in Ihrem Stück ein merkwürdiger Gott auf…*

Bereits im Prolog ist Gott eine negative Figur, die sich am Schaden freut, den sie anrichtet. Kein Gottes-Symbol als Träger aller denkbaren *positiven* Eigenschaften (wobei dem Menschen dann immer die schlechtere Rolle zugewiesen wird), sondern schon zu Beginn des Stückes und durch brachiale Lautsprecher-Gewalt, eine Umkehrung seiner gewöhnlichen Beziehung zu uns. Es geschieht nicht in Trauer, mit Worten des Schmerzes. Im Gegenteil: dieser Gott *freut* sich an der Ausstrahlung des Bösen. Er ist vielleicht von Anfang bis Ende betrunken. Eine sonderbare Theologie sui *genesis*.

*Die Getränke im Paradies scheinen nicht sehr bekömmlich. Von Schluckauf ist die Rede.*

Mich haben Gebetsmühlen als eine Art liturgischer Muzak (ähnlich der Industriemusik in Kaufhäusern, Bahnhöfen und Flugplätzen) stets fasziniert. Sie basieren vorwiegend auf der autohypnotischen, weiterweisenden Wirkung der Wiederholung; gerade als Komponist interessiert mich das eminent Akustische dieser Handlung. Es geht hier nicht um das Gebet als rationelle

11

Folge des Glaubens, vielmehr um seine meta-syntaktische Funktion: Das Gebet als kodifizierter Monolog mit unfaßbarer Wirkung. Jedoch der Verstand religiöser Zusammenhänge (die meistens irrationalen Ursprungs sind) dürfte sich eigentlich nicht akustisch vollziehen. Schall scheint in der Religion hauptsächlich zur öffentlichen Bestätigung des Glaubens zu dienen. Jede Unterbrechung der Stille könnte hier als äußerliche eher als eine innere Notwendigkeit gelten. Wie oft werden laut vorgetragene Gebete unkonzentriert, manchmal unvollständig gesprochen? In *Die Erschöpfung der Welt* habe ich die Amputierung und gedankliche Entstellung des Betens wiederzugeben versucht. So in dem *Lobpreis des göttlichen Einfalls mit Schluckauf*, einer etwas lädierten Gebetsmühle, der einige Zahnräder fehlen, so wie ein Rad, das eiert.

*Sie geben in diesem Stück zunächst eine eigene Chronik der Genesis. Die Geschichtsschreibung, die ja auf Dokumenten und Erinnerungen naturgemäß beruht, steht bei diesem ziemlich weit zurückliegenden Ereignis freilich vor dem Problem der Tatsachensicherung. Schon Ihr Wetterbericht im 4. Bild* (Flut, Sintflut, Vorsintflut) *läßt da gewisse Zweifel aufkommen.*

Zahlen in der Bibel sind oft maßlos, etwa vergleichbar mit der Zahlenakkumulation bei Versandkatalogen. Aber gerade die vermeintlichen, offensichtlichen oder rätselhaften Übertreibungen dienen hier zur erhöhten Spannung und Aufmerksamkeit (...Hunderte von Lebensjahren, Dutzende von Söhnen...).

Das Unbegreifliche in der Bibel ist ein legitimes Mittel der Darstellung. Die Sintflut wäre unvorstellbar, überstiege sie nicht das gewöhnliche Denkvermögen. Nur die Elephantiasis des Vorgangs läßt sie zu einem vollständigen Naturereignis werden. Unsere Umwelt kann ebenso als logische Fortsetzung einer (stets) latenten Sintflut verstanden werden wie auch als vorsintflutlicher Zustand eines kommenden, noch tiefgreifenderen Unheils. Die Sintflut ist die erste Naturkatastrophe und zugleich die unbegreiflichste. Das Gigantomanische des Inhalts wird durch Zahlen vermittelt, die man aber akzeptieren muß, um sich einen angemessenen Eindruck der poetischen Umschreibung zu bilden. In dem 4. Bild *(Flut, Sintflut, Vorsintflut)* habe ich eine Reihe von Zahlen, die in der Genesis im Zusammenhang mit der Sintflut vorkommen, verwendet, nicht so sehr, um den Vorgang zu parodieren, sondern, um die Zahl als Inbegriff des Exakten noch extremer in Frage zu stellen. Es ist zugleich eine Reflexion über die gängige Relativität von Erinnerungen.

*Das eigentliche Thema des Stückes, wenn ich recht sehe, ist also nicht die Schöpfung selber, vielmehr dient sie eher als Beispiel für die Möglichkeit – oder Unmöglichkeit – einer glaubwürdigen Darstellung auf der Bühne des Theaters?*

Jede Mitteilung über den Schmerz betrifft gleichzeitig seine Darstellung, wird Teil einer präzisen Mimik: man spricht kaum über Kopfweh, ohne sich am Kopf zu berühren. Die Person, die eine solche Auskunft empfängt, kann die Intensität des Beschwernisses am ehesten nachvollziehen – »sich eine Idee davon machen« –, wenn sie eigene Erfahrungen mit dem dargestellten Leiden gehabt hat und die Schilderung leicht verzerrt, übertrieben wird. Um verstanden zu werden, rückt die Vermittlung oft in die Nähe gekünstelter Interpretation. Diese Problematik des beschreibbaren Schmerzes ist zugleich vergleichbar mit der Gottes-Idee: Da Veranschaulichung kaum möglich ist, wird eine adäquate Erläuterung zur Frage der geglückten Illustration.

*Von zentraler Bedeutung ist offenbar das 7. Bild* (Appetit und Glaube), *in dem Sie das Thema des rituellen Mahles behandeln. Etwas dunkel bleibt mir allerdings der dritte Teil des Bildes,* Körperstrafe als Sprache. *Oder handelt es sich nur um unterschiedliche Facetten des Sadismus?*

Verborgene, offene oder umgewandelte Anthropophagie (Menschenfresserei) als Teil des Rituellen ist heute immer noch vorhanden. Für Menschen, die weder christianisiert, moslemisiert oder buddhaisiert worden sind, kann Essen und Opfern, das Verzehren des anderen Götterspeise bedeuten, der Höhepunkt eines liturgischen Vorgangs sein. Hier ist Leichenschmaus, wörtlich genommen, ein Weg zur seelischen Stärkung, eine besondere Form der vitaminangereicherten Nächstenliebe. Durch materielle Nahrung wird immaterielle aufgenommen. Ein kaum denkbarer Gedanke, der verwandelt, in scheinbar nebensächlichen Handlungen der großen Religionen wieder vorkommt. Man übersieht oft den Schrecken dieser unmenschlichen Götterkost und betont dagegen das Symbolische der geistigen Herkunft. Die Negation von Essen ist Fasten. Weil jede Nahrung eine weitere Entfernung von Gott sein kann, wird Fasten das Mittel zur perfekten Geistigkeit, zur totalen Abstraktion konkreter Empfindungen.

Jedesmal, wenn in *Appetit und Glaube* direkt oder versteckt von Fleisch die Rede ist, wenn Speichel und Magensäfte angeregt werden, wird der unmittelbar folgende Streicherakkord stärker betont. Es entsteht eine beunruhigende, weil asymmetrische Periodizität. Einerseits wirkt sie archaisch, wegen der musikalischen Prosodik, die sie vortäuscht und nur bedingt vorhanden ist, andererseits versinnlicht sie die Wünsche der beiden Darsteller. Das Thema der Nahrungsaufnahme gewinnt bereits im Ansatz jene Kontinuität, die wie eine Klammer den Inhalt dieses 7. Bildes zusammenhält.

In *Körperstrafe als Sprache* wird der Sadomasochismus religiöser Herkunft an die Welt der Sprüche gekoppelt. »Sand in die Augen streuen«, »Faust aufs Auge«, »Zahn um Zahn«, »Übers Knie brechen«: Welche Entsetzlichkeiten sind in diesen Bildern offen verborgen, die wir – ohne den Sinnzusammenhang besonders zu strapazieren – gleich für Gutes *und* Böses anwenden können!

In Argentinien gibt es eine Art Lourdes, die Basílica de Luján, rund 75 Kilometer von Buenos Aires entfernt. Als Erfüllung eines wichtigen Gelübdes legen Tiefgläubige – meistens italienischer oder spanischer Herkunft – diese Strecke bis zur Wallfahrtskirche *auf Knien* zurück. Man könnte hier von einem physisch-spürbaren Exvoto, aber auch von langsam fortschreitender Selbstverstümmelung sprechen. Als ich, elfjährig, eine solche rituelle *Performance* sah (den Begriff gab es schon damals, der heutigen Bedeutung vielleicht verwandt), fragte ich mich, ob diese beängstigende Aktion aufrichtig oder berechnend war. Niemand, der dorthin robbte, konnte dies alleine tun, er brauchte einen Troß von Familienmitgliedern und Freunden mit Nahrungs- und Heilmitteln (als würde er den Kanal schwimmend überqueren). Aus einer herzergreifenden Flagellation in Zeitlupe wurde oft eine Szene mit Prozessionscharakter. Damit schloß sich dieses Vorgehen jenem Kreis fast liturgischer, pseudoreligiöser Darstellungen an, die uns unweigerlich zum Ursprung des Theaters führen.

*Nicht gerade ursprünglich, so doch zurückgenommen kommt mir die ganze Theaterästhetik in* Die Erschöpfung der Welt *vor. Sie zehrt von einer Betonung der Naivität und Illusionsästhetik, wie sie etwa der durchtriebenen Abstraktion in den fünfziger und sechziger Jahren ganz fremd war.*

Meine Generation hat die Illusion abgelehnt, zum Beispiel besonders stark in der Hörspielästhetik. Nicht nur Illusionen wurden als naiv-gefährlicher Spieltrieb, als eigentliches Synonym für mäßige Fata Morganas verpönt, sondern auch als Ausdruck fiktiver Realität. Die Verwendung des Begriffes Illusion im Untertitel von *Die Erschöpfung der Welt* habe ich jedoch in zweifacher Hinsicht gebraucht: als Scheinbild und Ausweg. Indem ich Erscheinung als theatralischen Vorgang reflektiere – Was ist die Schöpfungsgeschichte? Was die Sintflut? –, fand ich die musikalische Umsetzung nur mittels szenischer Illusion möglich. Paradebeispiel ist die Parabel des 2. Bildes. Die Bühne ist leer, ein Nichts-Raum. Weil dem Zuschauer durch seine Kenntnis der biblischen Chronologie die bühnenbildnerische Zusammensetzung der Elemente ohnehin deutlich wird, wird hier Illusion zum Programm erhoben.

*Wenden wir uns der Musik zu. Sie ist durchweg original, mit der Ausnahme eines einzigen, allerdings exponierten Zitates. Das jedoch nicht aus Haydns* Schöpfung *stammt, wie vielleicht zu erwarten gewesen wäre, sondern aus dem* Musikalischen Opfer.

15

Das Zitat der ersten acht Takte des *Musikalischen Opfers* von J. S. Bach, auf dem die Szene *Responsorien der Opfer und Gaben* basiert, ist, wenn man es so will, ein akustischer Kalauer. Doch berühren Wortspiele meist verschiedene Ebenen. Das Wort Opfer hatte zur Zeit Bachs zumindest zwei unterschiedliche Bedeutungen. Der erste etymologische Zusammenhang wäre etwa: »einer religiösen Handlung obliegen; der Gottheit durch Gabe und Entbehrung dienen; Almosen spenden«, der zweite wird durch das Zeitwort »operieren« (Kirchenlatein »operari«) gebildet: »werktätig sein; handeln; sich abmühen; zustande bringen; ein Werk erarbeiten«. Opera und Opus werden ebenfalls aus dem lateinischen »operis« abgeleitet. Ich habe Bachs organische Mehrdeutigkeit in der Verwendung des Begriffes nunmehr fortgeführt. Letztlich eine Huldigung an die Doppeldeutigkeit der barocken Gedankenfortspinnung. Bach vollbringt ein Opfer, indem er das *Musikalische Opfer* über ein fremdes Material komponierte. Das Thema regis stammt von Friedrich dem Großen, aber die kombinatorisch unerschöpfliche Phantasie Bachs hätte ein Originalthema verdient. Das Gegenargument wäre, daß die fürstliche Armut dieser Melodie gerade zur herausfordernden Vollendung animieren mußte.

*Auffällig an der Musik von* Die Erschöpfung der Welt *ist vor allem die Rhythmik, die so gar nicht seriell klingen will.*

Was die Komposition der Rhythmik betrifft: Glaubenskrise wäre zu pathetisch, Abwendung wäre unwahr. Beginnend mit den *Variationen ohne Fuge, für großes Orchester* von 1973 habe ich versucht, meinen Intuitionen freien Lauf zu lassen und sie zum *bewußten* Sinneswerkzeug zu machen. Die serielle Rhythmik war Ausdruck einer programmatischen, ja vielleicht auch ideologischen Täuschung: Die Anhäufung von irrationalen Gruppen von Dauerwerten sollte rhythmisch zum ständig differenzierten Empfinden verleiten. Dagegen halfen sich die Hörer mit anderen Ordnungsbegriffen und Selbsttäuschungen, um Periodizitäten herzustellen. Seitdem habe ich mich der Erforschung einer tonalen Rhythmik gewidmet (»tonal«, weil rationalen Proportionsverhältnissen gehorchend) und habe begonnen, diese Rhythmik – wie etwa bereits in der Vorklassik, aber mit seriellen Vorzeichen – mit melodischen Zellen systematisch zu koppeln. Anstatt von tonaler würde ich lieber von *thematischer Rhythmik* sprechen; sie ist der wahre Generator von *Die Erschöpfung der Welt*. Wesentlich hier ist eine möglichst strenge Anwendung der Idee, um alle Überraschungen nur aus den vorgestellten thematischen Modellen herauszupressen.

Die Harmonik des Stückes wird abgeleitet aus bestimmten Folgen mit bevorzugten Intervallen, die melodisch ebenfalls von rhythmischen canti firmi abhängen. Es gibt keine Durchführung von Leitmotiven, aber eine rhythmische Artikulation von Modellen, die in ihrer abwechselbaren Komplexität *nachvollziehbar* bleibt. Komposition dient grundsätzlich zur Mitteilung musikalischer (und oft auch außer-musikalischer) Gedanken, die der Hörer a priori kaum ablehnt. Man sollte ihm jedoch stets die Chance geben, Fremdes, Neues nachzuvollziehen, »opfernd« zu erarbeiten.

(1980)

**1**

## ZUM URSPRUNG: EINIGE TATEN
## UND FLÜCHE DES HERRN

*Wenn der Vorhang sich öffnet, ist die leere Bühne dunkel.
Die Erzähler (Mann und Frau zu einer Monsterfigur vereinigt)
gehen langsam nach vorne. Jeder Darsteller trägt eine Laterne;
die Figur wird von einem Verfolgescheinwerfer schwach
beleuchtet.*

*Die Verteilung des Textes auf zwei Stimmen darf die
Kontinuität nicht gefährden.*

| | |
|---|---|
| Mann | AM ENDE ERSCHÖPFTE GOTT |
| Frau | DEN HIMMEL |
| Mann | UND DIE ERDE. |
| | DIE ERDE WAR WÜST |
| Frau | UND ÖDE, |
| | SMOG LAG AUF DER URFLUT, |
| | UND DER GEIST GOTTES |
| Mann | SCHWAMM IN DEN ABWÄSSERN. |
| | UND GOTT |
| Frau | SPRACH: |

(Gottes Stimme)
*(Unsichtbare, entstellte Stimme über Lautsprecher,
von leisem Donner begleitet.)*
ES WERDE LICHT!

| | |
|---|---|
| Frau | ABER ES WARD KEIN LICHT. |
| Mann | UND GOTT SAH, |
| | DASS DIE FINSTERNIS GUT WAR |
| | UND SCHIED |
| Frau | SIE NICHT VOM LICHT. |
| | UND GOTT NANNTE |
| Mann | DIE DUNKELHEIT TAG |
| | UND VERGASS |
| Frau | SO DIE NACHT! |
| | UND ES BLIEB DUNKEL: |
| | EIN WEITERER, UNSICHERER TAG. |
| Mann | UND GOTT SPRACH: |

*(Wenn möglich in einem Atemzug sprechen.)*

LAST UND NOT
UND LEID UND
PEIN UND QUAL
UND SCHMERZ UND

```
            WEH UND TOD
            UND MÜH UND
            TRÜB UND KREUZ
            UND KRANK UND
            NASS UND KRAMPF
            UND BEISS UND
            ACH UND MISS
            UND STECH UND
            SCHLIMM UND BÖS
            UND ANGST UND
            ARG UND FALSCH
            UND GLATT UND
            HARM UND SCHMIER
            UND DRECK UND ...
            (kurze Pause)
            FEIN UND NETT.
```

Mann  UND ES WIMMELTE IM WASSER VON TOTEN WESEN,
      UND DIE VÖGEL VERSCHWANDEN VON DER ERDE.

      UND GOTT BRACHTE DIE GROSSEN SEETIERE UM,
      UND ALLES GEFLÜGEL DAZU.

      UND GOTT SAH, DASS ES GUT WAR.

Frau  UND ER SEGNETE MICH UND SPRACH:
      SEI UNFRUCHTBAR UND VERMEHRE
      MIT DEINEM KADAVER DIE WASSER DES MEERES.

Mann  ES WARD SCHÖN:
      EIN NEUER VORLETZTER TAG.

Frau  UND GOTT SPRACH:
      LASSET DEN MENSCHEN STERBEN.

Mann  EIN PARADIES.
      MANN UND WEIB SCHUF ER
      UND SCHUF ER WIEDER AB.
      UND SAGTE:

Frau  WILLKOMMEN IM HIMMEL DER ERDE.
      GESEGNET IN ERKENNTNIS!
      (Erzähler ab)

      *Wände und Plateau werden von einem unbeständigen*
      *Oberlicht erfaßt, das aus dem Schnürboden und den*
      *Arbeitsgalerien einfällt.*

*Die Erschöpfung der Welt:* Libretto, 1. Bild

# DIE ERSCHÖPFUNG DER WELT

## Konzertfassung

Mauricio Kagel 1982

## 1. ZUM URSPRUNG: EINIGE TATEN UND FLÜCHE DES HERRN

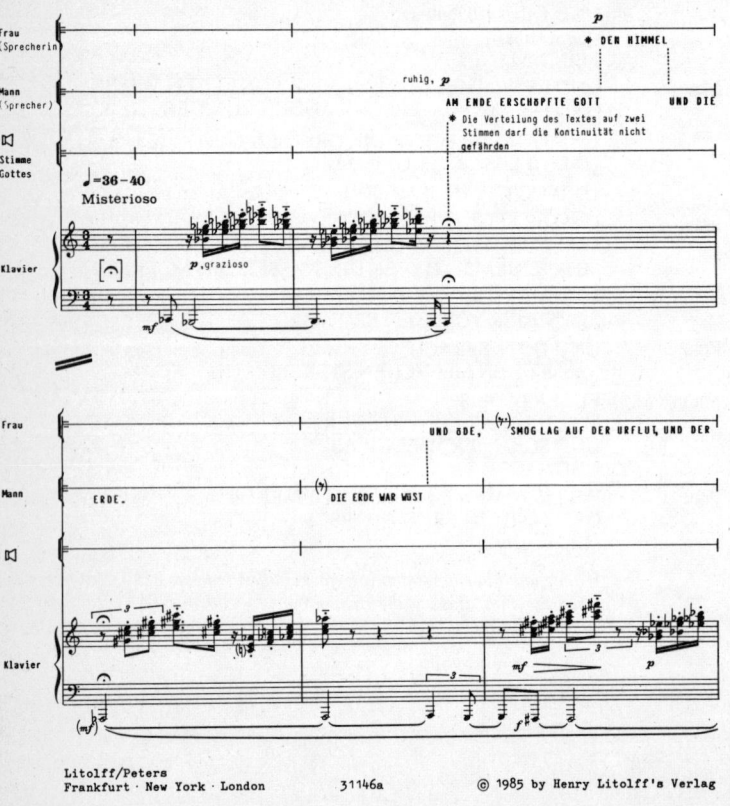

Litolff/Peters
Frankfurt · New York · London
31146a
© 1985 by Henry Litolff's Verlag

Prähistorisches

"Orchester"

24.    Schwirrgefäß ( Volksinstrmt. S. 101 )

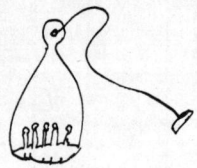

25.

Riesen Mond-Laute
mit eingelassener
Gitarre (Apfelsinen
Kistenholz täfelung)

26.

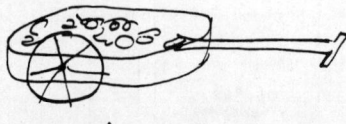

Wagen mit Geige

*Die Erschöpfung der Welt:* Materialsammlung für die Klangerzeuger
des »Prähistorischen Orchesters« (»K(l)agelieder«, 8. Bild)

22

Prähistorisches
"Orchester"

30.    Variante  Riesen-"Kinder"-Flöte

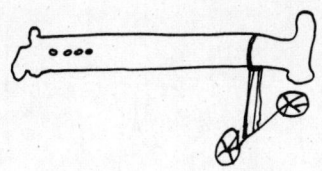

31.    Brummtöpfe

 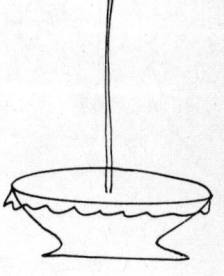

32.    Geige im Sack (mit Kamps Bogen)

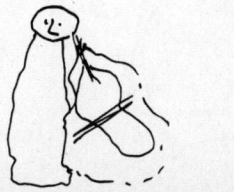

23

Affe

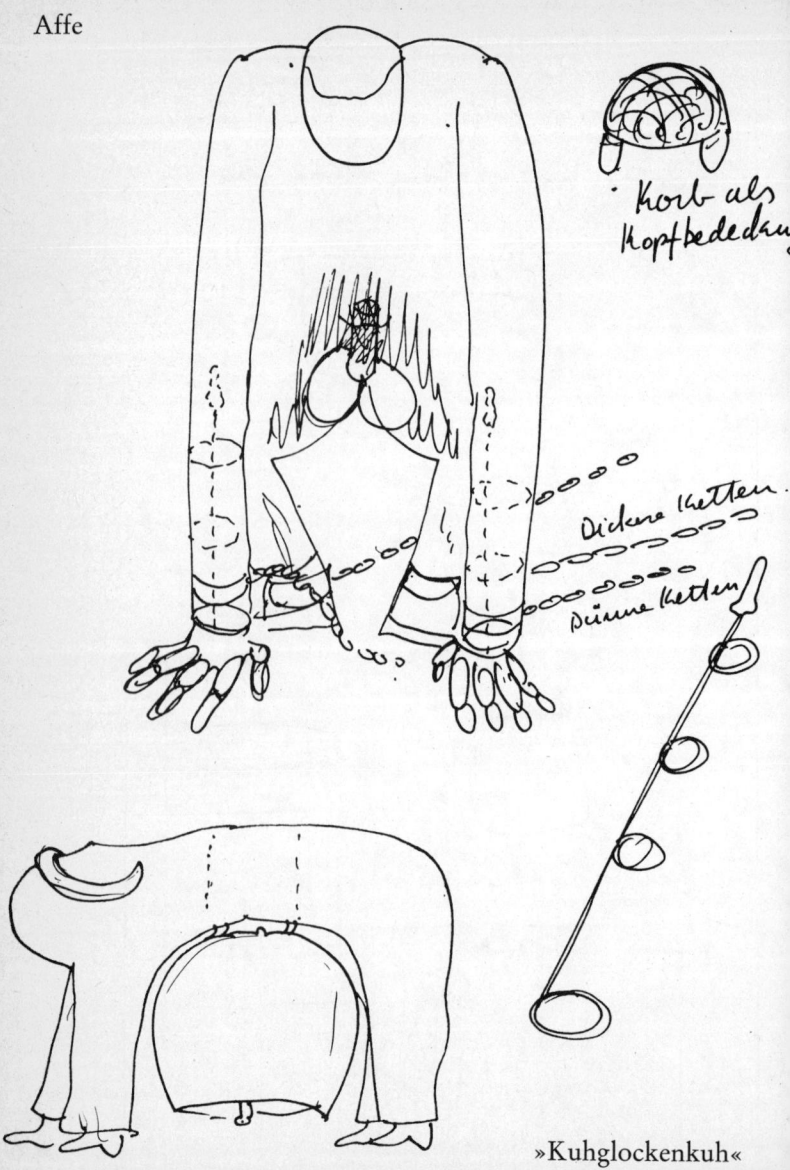

Korb als
Kopfbedeckung

Dickere Ketten.

Dünne Ketten.

»Kuhglockenkuh«

»Ameisenbär«

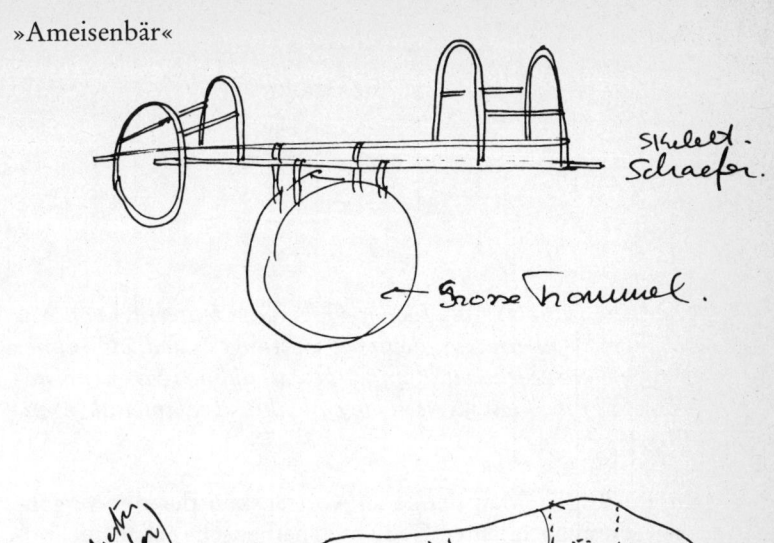

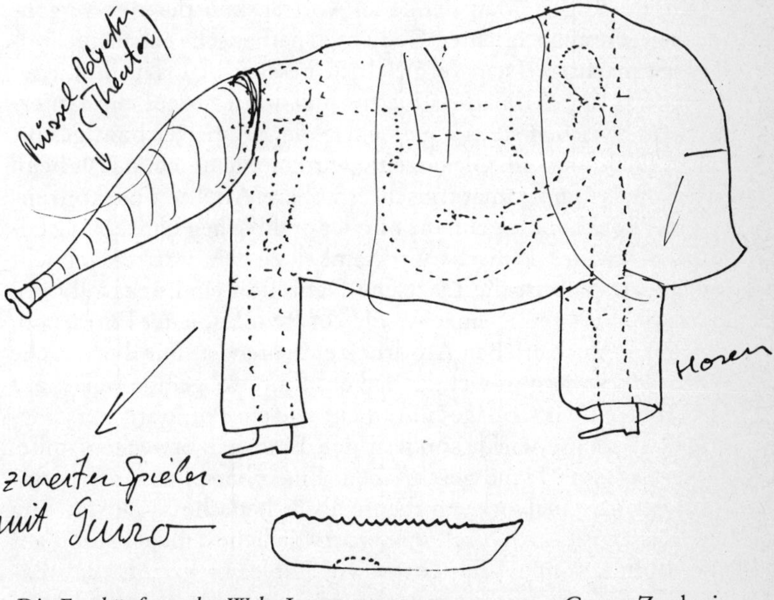

*Die Erschöpfung der Welt:* Instrumentenmonster aus »Gottes Zoologischer Garten«. (Zeichnungen: Helmut Stürmer nach Konstruktionsskizzen von Mauricio Kagel)

25

## 2. Über »Aus Deutschland«
### Gespräch mit Werner Klüppelholz

*Werner Klüppelholz: Eine Lieder-Oper – der Untertitel von* Aus Deutschland *– überrascht, denn die Gattungen Lied, als intimer Ausdruck von Subjektivität, und Oper, als bühnenwirksame, nolens volens grobe Geste, gelten ja gemeinhin als diametral gegensätzlich.*

Mauricio Kagel: Man denke an Vortragskünstler der Vergangenheit, die aus schlichten Gedichten pathetische Schauspielmonologe machten. Dem vergleichbar beschreibt Liszt die Lieder Schuberts als »Miniatur-Opern« und weist so auf die Unterschiede zwischen stumm gelesener oder rezitierter bzw. gesungener Dichtung hin. Gleichzeitig wird hier deutlich, daß es beim Liedsingen um dramaturgisch erfaßbare Affekte und konzentrierte Höhepunkte geht, die nur der praktischen Umsetzung bedürfen, um ihre szenische Wirksamkeit zu demonstrieren. Nicht zuletzt deshalb ist die Lisztsche Definition eindrucksvoll, weil darin die Vorahnung einer Wende zur Reduktion der Form, zum knappen musikalischen Ausdruck enthalten ist. Für die Sprache des Stückes war mir wichtig, daß das Libretto, gerade weil es auf der Technik der Collage fußt, nicht wie ein Potpourri verschiedener Gedichte wirkt, sondern den Eindruck erwecken sollte, es sei aus *einer* Hand geschrieben. Eine überspitzte Interpretation der Originalvorlagen diente als ästhetische Voraussetzung der Komposition: Durch ihre wortwörtliche Transposition auf die Bühne sollten die Texte wie Tableaux vivants des Barocktheaters in Szene gesetzt werden. Als Kontrast zu dieser Montage kommt fast kein musikalisches Zitat vor, um die Spannung beim Zuhörer zu erhalten, die sich bei wohlbekannten Versen einstellt. Er darf *Aus Deutschland* ruhig mit unruhigen Ohren erleben: Es klingt nach Kagel, erinnert jedoch an Schubert. Musikzitate würden das gespaltene Bewußtsein des Hörers wieder ins Lot bringen. Der Übereinstimmung von Textzitat und Originalmusik könnte dann eine befriedigende, aber fragwürdig restaurative Rolle zugewiesen werden, die die Zitattechnik keineswegs verdient hat.

*Sie beschreiben Kompositionsprinzipien, die Sie nicht wollten. Welche hingegen fanden Sie diesem Thema angemessen?*

Die Prinzipien zur Komposition des Librettos von *Aus Deutschland* ergaben sich fast gleichzeitig mit der Auswahl der Themen, die die Schwerpunkte der Romantik repräsentieren. Als erstes versuchte ich, *Liebe*, *Natur* und *Tod*, jene klassischen Themen, die Gegenstand der Romantik *aller* Zeiten geblieben sind, von unseren romantischen Vorstellungen über die Romantiker zu trennen. Dies war notwendig, weil sonst Verwechslungen entstehen könnten, die weder hilfreich noch hinreichend widersprüchlich wären. Autoren, die einen Stil geprägt und durch kongeniale Werke erfüllt haben, können manchmal nur bedingt als Personen mit der jeweiligen Periode identifiziert werden. Es gibt aber oft geheimnisvolle Zusammenhänge.

Ein Beispiel aus dem unmittelbar vorausgegangenen Abschnitt der Musikgeschichte. Viele der Komponisten serieller Musik in den fünfziger Jahren pflegten in ihren Schriften und Werken, aber auch im Aussehen die Ausstrahlung des Exakt-Wissenschaftlichen. (Dagegen sah Einstein eher wie ein Künstler aus...) Gerade jener Komponist, der meine Generation damals am nachdrücklichsten beeinflußte, schien dem Augenschein nach ein Ingenieur oder Mathematiker zu sein: Webern. Mager, asketisch, mit gleichsam objektivierender, unsinnlicher Brille versehen, stellte er ein perfektes Pendant zum Mangel an Überfluß und zur Askese der Nachkriegszeit dar. (Allerdings waren seine Züge bereits vor dem Weltkrieg unverändert ähnlich.) Das ermöglichte den Komponisten einer total organisierten Musik auch eine *physische Identifikation* mit der von ihnen gewählten Galionsfigur.

Hätte man sich an der vordersten Front einer utopisch geregelten Kontrolle über die akustische Wahrnehmung ein Wesen Rabelais' vorstellen können? Damals jedenfalls nicht. So entstand eine Art vollkommene Symbiose. Die Identifikation mit einem häßlichen Webern hätte wahrscheinlich nie stattgefunden.

Solche Überlegungen sind vielleicht anfechtbar, beruhen aber keineswegs auf Erwägungen subjektiven Ursprungs. Im Gegenteil: Ich versuche sachlich zu sein, indem ich alles rational Analysierbare objektiviere. Das Beispiel Webern und seine Emotion der Genauigkeit sollte meine Arbeit am wahrhaft unerschöpflichen Thema Romantik verdeutlichen.

*Welche Vorstellung hatten Sie eigentlich von der Romantik, eine Epoche, die mit all ihren Synästhesien, mit ihrer die Kunstgattungen vermischenden Ästhetik Ihnen nicht fernstehen dürfte, der Sie selber häufig Klänge, Worte und Bilder miteinander vermischen.*

Ich stelle mir den Romantizismus als Sud unausgesprochener Empfindungen und Sehnsüchte vor, in den allerlei Intimes hineinprojiziert werden kann, weil man ebenfalls Privates herausdestilliert. Wesentlich scheint sich mir hierbei eine Trennung zu vollziehen zwischen der persönlichen Auffassung von dem, was Romantik sei, und jener Entität, die ich *künstlerische Libido* nennen würde. Die Romantik ist zunächst eine gleichzeitige Auseinandersetzung mit *zwei* Realitäten. Davon entspricht die erste dem, was sich unter Wirklichkeit vorstellt, wie sie beschaffen sein könnte; die zweite ist, nebbich, die Realität, wie sie ist – und als solche nicht akzeptiert werden darf. Aus dem Spannungsfeld entsteht Romantik und jenes Dreiecksverhältnis, das sie konstituiert:

*Ich erfinde*
Wirklichkeit(en)

| Wirklichkeiten(en) | | *Ich erkenne* |
|---|---|---|
| *finden ohne mich statt* | | Wirklichkeit(en) |

Der Hinweis auf eine Vermehrung mehrzähliger Wirklichkeiten, wie ich sie in der Visualisierung vornahm, ist eine unumgängliche Ergänzung. Jede der beiden erwähnten Realitäten setzt sich eigentlich aus *verschiedenen* Wirklichkeiten zusammen.

Als Beispiel mag die Entstehung einer Figur von *Aus Deutschland* dienen: Die Nacht.

Im allgemeinen kann die Nacht als Teil der Natur betrachtet werden, weil sie symbolisch zum Reich des Sichtbaren gehört. Man braucht nicht ihre Existenz anzuzweifeln, um über sie zu spekulieren; die regelmäßige Wiederkehr sichert ihr – Sonne und Mond vergleichbar – unbestrittene Vorherrschaft im Koordinatensystem romantischer Weltvorstellungen. Die Natur, als wesentliches Abbild einer sichtbaren Wirklichkeit, ist zugleich das auslösende Moment für die Auseinandersetzung zwischen künstlerischer Libido und Realität. Ergehen sich hundert Personen auf einer Blumenwiese, wird sicher ein Teil der Betrachter sie so empfinden, daß sie zur künstlerischen Umsetzung mittels gesteigerter Abstraktion oder eindringlicher Konkretisierung durch Metaphern animiert werden. An dieser schöpferischen Wahrnehmung von Natur entzündet sich vornehmlich die Schaffenslust romantischer Erfindung. Natur wird ständig neu beschrieben, also neu erfunden, und weil sie erfunden wird, erhält sie stets *wechselnde Bedeutungen*. Eine einzig gültige Bedeutung wäre ungenügend, weil die Natur selbst sich ebenfalls im Zustand ständigen Wandels befindet. Die Naturen, die sich den Augen der Romantiker zeigen, ähneln den Bildern eines Films, aus dem gleichen Blickwinkel kurz nacheinander, doch mit unterschiedlichen Belichtungszeiten, aufgenommen.

Die Nacht der Romantik entspricht etwa dem Rundfunk: man sieht nichts. (Das Fernsehen wäre dagegen mit dem Tag zu besetzen.) Weil mit Anbruch der Nacht die Welt des Sichtbaren endet und die Empfindung des Kosmos und seiner Unendlichkeit beginnen kann, wird ein Zustand der Transzendenz möglich. In Eichendorffs Gedicht »Nachts« heißt es:

> Denn der Herr geht über die Gipfel
> Und segnet das stille Land.

Zum Dialog der Phantasie beim Einbruch des Unsichtbaren trägt am Ende des Stückes die veritable Belebung des Komponisten-Olymps in Form eines riesigen Scherenschnittes bei. »Schubert im Himmel« (siehe Abb. S. 44) entspricht als Kombination von Scherenschnitt und Laterna Magica dem Kino des Biedermeier. Und vielleicht auch einem Vorläufer des Fernsehens, wenn vom Umgang mit dem Naiven zu berichten wäre.

*Besteht das Personal des Stückes nicht aus Archetypen? Die Mutter ohnehin, doch auch die beiden Grenadiere beispielsweise?*

Gewiß sind einige der Figuren Archetypen. Aber in der Begegnung mit anderen Personen des Stückes werden sie zu Allegorien. Dabei entstehen verschiedene Stadien des Ähnlichen. (Ein analoges Beispiel: Archetypen bei Goethe können in Zeichnungen Alfred Kubins zum Bestandteil einer Allegorie werden.)

*Der Tod* erscheint zum ersten Mal im 10. Bild als die geläufige Figur der Furcht. Drei verschiedene Textquellen dienen hier zum Aufbau der Szene: Matthias Claudius *Der Tod und das Mädchen* (die zugleich die Grundlage der Handlung liefert), Heinrich Heine *Der Tod, das ist die kühle Nacht* und *Des Mädchens Klage* von Schiller. Im 20. Bild hingegen ist der Tod der ersehnte Erlöser. Wieder knüpfen drei Gedichte das dramaturgische Netz der Szene: Josef von Spaun *Der Jüngling und der Tod* (zugleich Ausgangspunkt des Geschehens), J. N. Craigher de Jachelutta *Totengräbers Heimweh* und *Todessehnen* Max von Schenkendorfs. Doch dort, wo der Tod nicht mehr gefürchtet, sondern ersehnt wird, karlvalentiniert er, vermißt seinen Schleifstein, fürchtet sich vor der unheimlichen Umkehrung der Rollen: Er allein will Furcht einflößen, die anderen Figuren mit seinem Geruch einhüllen. Gerade die Sehnsucht nach dem Tode ist das zentrale Thema des Stückes, jene erfüllte-unerfüllte Todessehnsucht, die sich in der Romantik – und bis heute anhaltend – durchaus als lebenstüchtig erweist. Ein Magma todesfreundlicher Nachrichten und Empfindungen, das trotz stetiger Verwandlung immer Ähnlichkeit der Ausstrahlungen wahrt.

Ein anderes Beispiel ist *Edward*, die Hauptfigur der gleichnamigen schottischen Ballade, die das deutsche Wohnzimmer mit der Musik von Loewe einst erschütterte. Ich schrieb dazu ein Melodram comme il faut, aber fast wie in der Art von *L'Assassinat du Duc de Guise* zum Beginn des Stummfilms. Es muß ebenfalls mit fast unerträglicher Spannung – oder besser: Überspannung – gesungen werden, um den ununterbrochenen Zwang, der aus diesem Inzestdrama herausquillt, entsprechend darzustellen. Die Mutter Edwards hat ihn dazu verleitet, ihren Mann, seinen Vater, zu töten. Ich lasse also einen übergroßen Ritter als Über-Vater – und zugleich als wertvolle Antiquität – bis kurz vor Ende des Bildes stumm das Geschehen beobachten. Shakespeares Aura mit einer Prise griechischer Tragödie. (Übrigens: Die Beliebtheit von Carl Loewe im vergangenen Jahrhundert beruhte wahrscheinlich auf zwei Punkten. Einerseits komponierte er Balladen, also Erzähllieder, andererseits entschärfte er die Dramatik seiner epischen Geschichten durch eine gefällige, gleichmäßig ablaufende, *strophisch wiederkehrende* Musik. Damit traf Loewe den Kern des bürgerlichen Genusses. Die Spannung der Erzählung wird beibehalten, indem man die gesungenen Worte verstehen kann, doch wird der Inhalt relativiert, weil der Text nicht lautmalerisch, sondern wie *absolute* Musik vertont wird. Es entsteht eine zielgerichtete Statik und unveränderte Atmosphäre, die die Besonderheiten der Textvorlage pauschal wiedergeben.) Am Ende des fünften Bildes habe ich die Sorge um den Besitz, die die zur Zeit Loewes emporschießende Bourgeoisie umtrieb und zu einem aggressiveren Rechtsdenken führte, betont: Den Balladen-Vers »Und was soll werden dein Hof und Hall« legte ich der Ritterrüstung in den Mund, nachdem Edward seine Mutter erstochen hat.

*Irritierend – oder in einem Zeitalter des »unisex« auch wiederum nicht – wirken die Vertauschungen der Geschlechter, die Wechsel der Hosenrollen...*

Es war mir wichtig, das Androgyne romantischer Empfindungen in Dichtung und Musik zu dokumentieren. Schon immer beschäftigte mich, daß zum Beispiel einem männlichen Sänger gerade bei Liedern gestattet ist, voller Inbrunst »O, du mein Geliebter!« vorzutragen. Man könnte, um einen Lieblingsbegriff Adornos in falschem Zusammenhang zu verwenden, von *Fungibilität* der Rezeption sprechen. Auch in der Welt der Lieder ist nicht ausschlaggebend, ob ein Mann als Frau einen Mann ansingt, sondern *wie* er singt. Mit anderen Worten: es werden eher Empfindungen als Inhalte akustisch transportiert; nackte musikalische Kommunikation unter Ausschluß der Information. Das romantische Lied ist, bei aller Betonung der Leidenschaften, geschlechtslos. Gerade die Modellhaftigkeit in der Behandlung eines aufrichtigen Gefühls erlaubt eine beliebige Transposition; aus dem Original für Bariton wird ohne weiteres die Ausgabe für Sopran. Ist ein Tenor singend in einen Mann verliebt und entstellt womöglich die ursprünglich konzipierte Dramaturgie, so wären in der Vergangenheit kaum unzüchtige Gedanken dabei aufgekommen. Sie hätten zu Recht als banausisch gegolten. Sicher kennt die Opernliteratur eine Reihe von Hosenrollen, von Mozarts Cherubino bis Strauss' Oktavian, doch wird der Betrachter darauf absichtsvoll vorbereitet, weil Mitwisserschaft die Aufmerksamkeit würzt. *Aus Deutschland* enthält ebenfalls geschlechtlich Mehrdeutiges, das durch meine Sicht der Romantik bestimmt ist. Wenn der Dichter der *Dichterliebe* als agierende *Dichterin* singt, dann entsteht eine mehr als wankelmütige Versinnlichung des Textes. Das erotische Subjekt wird zur Figur der singenden Dichterin, die die Gedichte auf sich selbst rückprojiziert. Die Tatsache, daß Worte durch Musik eine neue akustische Sinnlichkeit erfahren können, befähigt den Komponisten, solche Dimensionen der Erotik zu präzisieren. Schumann selbst wird zum Barden der *Dichterliebe*, er ist – stellvertretend – für Heine der Unglückliche. In der Gedankenwelt Schuberts sind ähnliche Verwandlungen zu beobachten. Die Wahl der Texte – wie bereits ihre Titel anzeigen – ist ein erster Schritt zur Identifikation (was auf mein Opus ebenfalls zutrifft). Ohne Identifikation ist klangliche Verwirklichung kaum denkbar, nur sie erlaubt abzuwägen, wo Künstlichkeit oder Natürlichkeit angemessen sind, wo der Text Verzerrungen erträgt oder verständlich bleiben muß. Das In-Musik-Setzen geschieht auf zwei Ebenen,

Verständlichkeit (= normale Silbendauer) und Gesanglichkeit (= Dehnung der Vokale). Dabei geht es immer wieder um die Frage, wie der Text auszuhöhlen ist, um musikalischen Inhalten Platz zu schaffen. (Wann wandelt sich *während* der *Winterreise* Schubert endgültig zum Leiermann?)

Dichter sind berufen, Leiden in Worte zu fassen. Entscheidet sich ein Komponist, solche Worte in akustisches Leiden zurückzuverwandeln, dann ist dies nur möglich, indem manche Besonderheiten des Gedichtes zugunsten einer als Bekümmernis allgemein verständlichen Musik zurücktreten. Folgerichtig wird die Musik (Schuberts) intensiver als die Dichtung (Wilhelm Müllers, aber auch Goethes oder Heines) wahrgenommen.

*Was waren eigentlich die Schubertiaden? Ein zwangloses Treffen von Freunden zum Plaudern und Trinken – oder eine Art von Gemeinde, die zusammenkam, um neue Musik zu hören?*

Die Schubertiaden können als Vorläufer des Schönbergschen »Vereins für musikalische Privataufführungen« angesehen werden, nicht zuletzt deshalb, weil sie dessen puristischem Geist entsprachen. Öffentlich bekennt sich der Schubertianer als *Musikliebhaber* und begibt sich damit in eine Art *Professionalisierung des Laienhörens.* Aber: Wem widmet er seine Zuneigung, wenn er sich privat einschließt? Einem *einzigen* Komponisten. Dieses Verhältnis führt über Wagner zur Moderne und begründet zudem manchen extravaganten Totalitarismus bei Komponisten, ihren ausgeprägten Ausschließlichkeitsanspruch. (Es gibt soviel Musik auf dieser Welt, daß der berechtigte oder unberechtigte Wunsch einiger Komponisten, ihre Arbeit als Endpunkt – und dadurch als neuen Anfang – zu betrachten, verständlich ist. Das Ziel bleibt immer ähnlich: möglichst viele Zuhörer mit möglichst wenig Stücken, den eigenen, zu erreichen.) In der Schubertiade ist die Ausübung von Musik an einen voyeuristischen Aspekt geknüpft. Sicher ist die erotische Ausstrahlung des Interpreten am stärksten, wenn er in einer kleinen Gesellschaft sozusagen in ständiger Großaufnahme betrachtet werden kann. (Hollywood hat schon frühzeitig begonnen, diese

Situation gleich zweifach darzubieten: einerseits wird der unbändig junge Klavierspieler von bezauberten Mädchen umrankt, die in ihm die absolute Sinnlichkeit als total erlebte Musik verkörpert sehen, andererseits entblößt eine neugierige Kamera alle Details im manuellen Vorgang des Spiels, besonders die haptischen.) Der privat-öffentliche Genuß der Schubertiade gleicht dem bürgerlichen Vergnügen der Lust im Geheimen. Erst mit der Erweiterung der Konzertpraxis bei Rockveranstaltungen, wo die Darbietung von Musik mit der ungezwungenen Teilnahme der Besucher einhergeht, fallen die Hemmungen des akustisch-erotischen Genusses coram publico. Doch auch Woodstock ist – ähnlich Bayreuth – eine durch uniforme Kleidung vereinigte Schubertiade.

In der Romantik wird nicht postuliert, daß intime Empfindungen so privat sind, daß sie nicht weitergegeben werden dürfen. Im Gegenteil: Jeder, der das Mißverhältnis zwischen erfundener, also ideal erlebter und wirklicher Natur verspürt, braucht Davidsbündler, einen geschlossenen Zirkel Gleichgesinnter.

Jemand, der den Frühling violett fühlt, findet andere, die fähig sind, diese gesteigerte Verschlüsselung unmißverständlich zu deuten. Dadurch erfährt gerade das Private in der Romantik eine explosive Verbreitung und wird zur Lebensanschauung erhoben. Ist ein Komponist in der Lage, diese Welt der Wörter in Musik umzusetzen, so eröffnet er seinem Publikum einen zusätzlichen Weg zur Selbstverwirklichung – als romantische Zuhörer. Die Bevorzugung bestimmter Themen ist eine Folge des direkten Kontaktes zwischen Komponist und Publikum. In der Romantik werden Stücke wiederverlangt, ein intimer Dialog zwischen Komposition und Musikliebhaber stellt sich her, es entsteht das Erlebnis der Reprise des Werkes als Gesamtwiederholung. (Damit werden manche Formproportionen im Verlauf des Hörens verzerrt.) Der Zuhörer vermag sich während der Wiedergabe gleichermaßen mit sich selbst zu beschäftigen wie – sporadisch – mit Teilen des Werkes, die er beginnt zu bevorzugen (die berühmten »schönen Stellen«). Bei unbekannten Kompositionen hingegen ist er gezwungen, ihren Ablauf kontinuierlich zu verfolgen. Hier liegt eine Quelle der Malaise Neuer

Musik, wenn nicht überhaupt in der Beziehung des Hörers zu allem Unbekannten: Will er nicht seine Unwilligkeit oder Müdigkeit eingestehen, fühlt er sich verpflichtet, sich mit dem Stück auseinanderzusetzen, wahrhaft zu *arbeiten*. Selbstverständlich möchte er ein Gefühl des Zwanges vermeiden – es sei denn, er wäre ein professioneller Hörer.

*Kommen wir zu einer weiteren Schicht des Stückes, dem Alter, das etwa Mignon heimsucht. Auch darin liegt eine historische Umkehrung, denn die Romantiker pflegten früh zu sterben.*

Viele Figuren des Stückes werden bei jedem Auftritt älter. Vielleicht ist das eine Reaktion auf die Tatsache, daß in der Vorstellung einer romantischen Welt für alte Leute kein Raum ist. Liebe scheint kein geeignetes Thema für alternde Menschen zu sein, Gerontologie wäre der perfekte Gegensatz zur Romantik.

*Ein ausgesprochen phantasmagorisches, mir rätselhaftes Element ist die Übertragung der Schubertiade auf eine Baumwollplantage der Südstaaten.*

Zur gleichen Zeit, wo Romantisches in Europa sich wie ein Flächenbrand ausbreitet und zu einer beispiellosen Schaustellung von Gefühlen führt, findet in Amerika die Sklaverei kein Ende. (Im Süden wütet sie vielleicht noch verbissener als zu Anfang des 19. Jahrhunderts.) Mich interessierte zunächst die dramatische Spannung dieses Unterschiedes: Veröffentlichung des Privaten bei den Romantikern, Vernichtung individueller Identität bei den Afroamerikanern. Die Sphäre romantischer Empfindung steht dem Blues freilich näher, als es den Anschein hat. Modellhaft finden sich im Blues wiederkehrende Themen, die von Sehnsucht, Leid und Hoffnung geprägt sind. Vor allem: der Bluessänger haftet sehr eng am Sinn der Worte. Ich begann, einige der ausgewählten romantischen Gedichte zu übersetzen, allerdings nicht in korrektes Englisch, sondern in eine verkümmerte und leicht dialektgefärbte Sprache. Als ich die Übertragung mit Bluesmelodien versah, färbten sich Heines und

Goethes Lyrik schwarz. Bei allen sprachlichen Unterschieden gelang die Symbiose deutscher Dichtung mit einem Negeridiom, ohne die ursprünglichen Gedanken grob zu verfälschen. Hier fand ich ein dramaturgisches Mittel zur sprachlichen, musikalischen und szenischen Bereicherung der Komposition: immer, wenn die Mitwirkenden in Englisch singen, verwandelt sich ebenfalls die musikalische Sprache in eine Nachahmung der folk music nordamerikanischer Farbiger. Würde man die übrige Musik des Werkes als »weiß« ansehen, so wäre von schwarz-weißen und weiß-schwarzen Übergängen zu sprechen. Diese werden auch szenisch deutlich, indem die Sänger sich auf offener Bühne schminken und neben der Gesichtsfarbe auch ihre Stimmgebung verändern.

Die solistische Besetzung von *Aus Deutschland* berücksichtigt solche Musikethnologie sui generis durch Anlehnungen an Archetypen wie Paul Robeson, Bessie Smith, Ella Fitzgerald oder Louis Armstrong. Bewußte Überschreitungen der Grenze zwischen Weiß und Schwarz, für die Al Johnson einsteht, wurden ebenfalls vorgenommen.

Ähnliche Aufgaben sind vom Chor zu bewältigen, jedoch in anderem Umfang und in Zusammenhang mit weiteren Überlegungen. Hier dominieren Anklänge an Sklavenchöre.

*Weder die Gattung des Liedes noch die der Oper zeichnen sich durch besondere Formstrenge aus. Diesem Umstand scheint auch* Aus Deutschland *zu folgen?*

Auf eine sehr empfindsame Weise ist die Musik des Stückes rhapsodisch, für das Bardenhafte stellvertretend. Rhapsodien wurden nie als makellose Kompositionen angesehen, denn sie erinnern an Gelegenheitsarbeit und Broterwerb. Das ist gewiß falsch; sie sind ein Versuch, Improvisation einzufangen, mehr noch, sie können – wie bei Liszt – konzertante Feldforschung sein. Das Wort Rhapsodie verleitet zu der Annahme, musikalische Substanz und formaler Aufbau dürften als ungenügend gewertet werden. Eingefleischte Anschauungen fordern freilich, daß Musik solide und ehrlich konstruiert sein müsse, um Wert zu haben. Aber Bezeichnungen täuschen und konditionieren negativ. Wir erleben heute eine potpourrihafte, eklektische Anwendung verschiedenster Kompositionstechniken, die an Rhapsodien denken lassen. Dies bleibt aber unbemerkt, weil das rhapsodische Denken sich nicht mit irgendeiner Folklore liiert.

*Das Wort-Ton-Verhältnis bleibt hier erstaunlich sprachnah – eine bemerkenswerte Feststellung für einen Komponisten, der vorzeiten gewohnt war, Texte bei der Vertonung zu zerhäckseln.*

Ein hoher Grad von Verständlichkeit war hier zwingend, da *Aus Deutschland* zwar keine Literaturoper ist, doch ausschließlich Dichtung zum Gegenstand hat. Ich arbeitete vorwiegend in syllabischer Satzweise, unterstützt durch atmende Tempi rubati und eine instabile Agogik. Im Gegensatz zum Lied ist bei der Oper die Hoffnung, den Text zu verstehen, bedeutend geringer. Andererseits sind die Ansprüche an eine deutliche Aussprache bei Liedersängern, die nicht vom Orchester übertönt werden, erheblich größer.

Eine Koppelung von Figuren mit thematischen Rhythmen kommt in *Aus Deutschland* kaum vor; keine vorprogrammierten Konflikte – wie in einer Handlungsoper – verlangen nach Lautmalereien, sondern es treten Rollen mit stark punktueller Charakterisierung auf, poetische Zustände, statische Gestalten, die einer weiteren Entwicklung nicht bedürfen.

*Eine beträchtliche Diskrepanz liegt zwischen dem stattlichen Sänger-Apparat auf der einen Seite und – mit wenigen Ausnahmen – nur einigen Tasteninstrumenten auf der anderen. Große Oper mit Klavier-Solo.*

Ich lernte bereits in meiner argentinischen Theaterpraxis die sogenannte *Klavier-Hauptprobe* kennen, die den Beteiligten häufig mehr Freude macht als andere Proben. Genau diese kuriose Mischung von lückenlosem szenischen Aufwand und der Begleitung nur eines Pianos, der Ersatz für das Orchester, war Ausgangspunkt meines Werkes. Klavier-Hauptproben vollziehen sich in einer Atmosphäre, die – wie auch andere Dimensionen des Musiktheaters – von unfreiwilliger Komik und Surrealismus, aber ebenso von Einfachheit und hinreißender Phantasie erfüllt sind. Diese Probe behauptet zwar nicht die Entbehrlichkeit des Orchesters, sie bestätigt allerdings, daß Klangfarbenreichtum nur bedingt eine Notwendigkeit von Komposition überhaupt ist. Hier paart sich überraschende musikalische Durchsichtigkeit mit vollwertigem Theater.

Selbstverständlich kommt dem Klavier dann eine überragende Bedeutung zu. Es wird im Verlauf des Stückes sowohl in technischer wie in szenischer Hinsicht unterschiedlich behandelt: Höchste Anforderungen im symphonischen Sinne der Romantik, schematischer Klavierauszug, differenzierte Klangwirkungen, Nachahmungen anderer Instrumente, formelhafte Begleitung, Kadenzen, Etüden und Charakterstücke vervollständigen eine Reihe von Möglichkeiten, die nur das Klavier (und die anderen verwendeten Tasteninstrumente) erfüllen können. Abschnitte mit Klaviermusik werden ebenfalls als Tonbandeinspielungen hörbar. Dafür sind längst ausrangierte Vertikalpianos vorgesehen, die im unverbesserten Zustand verwendet wurden, um die Patina der Klangbeschädigung nicht zu zerstören. Hinter der Bühne erklingen außerdem Klaviere, wie ein zweites, drittes Ego der Instrumente im Saal, die – als anonymes Echo – einen Dialog mit dem Unsichtbaren führen.

Zudem gehört das Klavier selbstverständlich zur Tradition der Liedbegleitung. Damit hatte ich einen weiteren gewichtigen Grund, den Orchestergraben in einen *Klavier*graben zu verwandeln. Die übrigen in *Aus Deutschland* vorgesehenen Instrumente zählen zur klanglichen Inszenierung; bei einer vollständigen Fassung der Oper sind sie durch Tasteninstrumente schlecht ersetzbar.

*Sie haben sich in diesem Stück – erneut – ungewohnt ausführlich mit den Klassikern auseinandergesetzt, Schubert zumal. Welches Fazit würden Sie aus dieser Beschäftigung ziehen?*

Bei der Beobachtung, wie Mahler seine Krawatte band, hätte man, so sagte Schönberg einmal, mehr über Komposition erfahren können als von irgendwelchen Musikhofräten. Diese Bemerkung ist um so erstaunlicher, als Schönberg sonst eher von der theoretischen Objektivierung subjektiver Empfindung befriedigt wurde (siehe Harmonielehre!). Die wahre Erfahrung liegt darin, daß Mahler seine Fliege so binden wird, wie Schönberg es erwartet. Nichts Neues sollte er entdecken, sondern lediglich eine Reihung organischer Gebärden beobachten, die das fließende Legato der Bewegungen mit zwei Schlußstaccati besiegeln. Diese perfekt dargebotene *Vor*-stellung beruht auf der gleichfalls perfekten Fähigkeit, sie scharfsinnig – durch Erfindung – zu empfinden. Ein solcher Vorgang wäre am ehesten zu beschreiben mit dem Begriff Kultur. Hier findet keine Akkumulation von Erkenntnissen, vielmehr eine Bestätigung von Vorkenntnissen statt. Ob ich aus ähnlichen Gründen *Aus Deutschland* komponiert habe?

(1981)

# 1.

*Drei Vorhänge:*
*1. Hauptvorhang zügig hoch;*
*2. Vorhang langsam hoch (Bildmotiv ad libitum);*
*3. Vorhang zügig hoch (Bildmotiv ad libitum): dahinter*
*(4.) Ausschnitt eines Dorfes*
*Währenddessen sind Klänge eines Leierkastens aus der Kulisse vernehmbar.*

STIMME[1]

*Gedämpft, aus dem Orchestergraben*
Drüben hinterm Dorfe steht ein Leiermann[2]
Und mit starren Fingern . . . .[3]

*Der Leiermann tritt auf. Er trägt vor dem Bauch den Leierkasten; ein kleiner, leerer Teller ist mit einer kurzen Kordel an den Fußknöchel gebunden.*
Wunderlicher Alter, . . . .
Willst zu meinen Liedern deine Leier . . . .?

LEIERMANN

. . . .

Es schlafen die Menschen in ihren Betten[4]
Träumen sich manches, was sie nicht haben, . . . .

*Drei Hunde, heulend aus der Kulisse*

HUND 2

Auuuuuuuuuuuuuuuuuuuuuuuuuuuuuu!

*Der 2. Hund (mittelgroß) tritt auf.*
*Tonbandeinspielung: leichte und schwere Eisenketten, unruhige Hunde. (Einer der drei Hunde schleift eine Kette aus Stoff hinter sich her.)*

LEIERMANN

Und morgen früh . . .

HUND 2

Auuuuuuuuuuuuuuuuuuuuuuuuuuuuu!

HUND 1

Auuuuuuuuuuuuuuuuuuuuuuuuuuuuuuuuuuuu!

*Auftritt 1. Hund (klein).*

LEIERMANN

. . . ist alles zerflossen.

HUND 3

*Auftritt 3. Hund (riesengroß).*
*Fast undefinierbares, geräuschhaftes Knurren*
Grrrrrrrrrrrrrrrrrrrrrrrrrr!

*Die Hunde laufen bis zum Leiermann, schnüffeln und bedrohen ihn*

HUND 1

Gsch GschGsch

HUND 2

Grrrrrrrrrrrrrrrrrrrr!

HUND 3

Grrrrrrrrrrrrrrrrrrrrrrrr!

HUND 1

Gsch

HUND 2

Grrrrrrrrrrrrrrrrrrrrrrrrrrrrr!

HUND 1

GschGsch

HUND 3

Grrrrrrrrrrrr! Grrrrrrrrrrrrrrr!

> *Ende der Tonbandeinspielung.*
> *Die Hunde starren den Leiermann aus der Nähe an. Keine Be-*
> *wegung!*

LEIERMANN

> *betroffen*

Bellt mich nur fort, . . .

HUND 1 + 2

Auuuuuuuuuuuuuuuuuuuuuuuuuuuu!

HUND 3

Grrrrrrrrrrrr!

LEIERMANN

. . . ihr wachen Hunde, . . .

HUNDE 1 + 2

Auuuuuuuuuuuuuuuuuuuuuuuuuuuuu!

HUND 3

Grrrrrrrrrrrrr!

> *Langsamer Abtritt des Leiermannes. Gleichzeitig:*
> *Sehr langsame Dekorationsverwandlung!*

HUND 2

Grrrrrrrrrrr!

HUND 3

Auuuuuuuuuuuuuuuuuuuuuuu!

HUND 1

Grrrrrrrrrrrrr! Grrrrrrrrrrrrrrr!

HUND 2

Grrrrrrrr!

**Anmerkungen**

1) Bei der Beziehung »Stimme« kann die Partie – durchgehend oder abschnittsweise – mit der Sprecherin oder dem Sprecher besetzt werden.

2) Textquelle: Wilhelm Müller, »Die Winterreise« Nr. 24 (Der Leiermann)

3) *Vier* Punkte weisen stets auf einen Sprung oder Unterbrechung innerhalb der angegebenen Textquelle.

4) Textquelle: Wilhelm Müller, »Die Winterreise« Nr. 17 (Im Dorfe)

*Aus Deutschland:* Libretto, 1. Bild

# Aus Deutschland

Eine Lieder–Oper

Mauricio Kagel

1977–80

## Anmerkungen

1) *Stimme*: Bei der Bezeichnung »Stimme« kann die Partie – durchgehend oder abschnittsweise – mit der Sprecherin oder dem Sprecher besetzt werden. Der Ausführende bringt den Text innerhalb der angegebenen Zeit unter, welche meistens durch eine Pause in Klammern gekennzeichnet ist: zum Beispiel: (↱). Solche rhythmisch nicht festgelegten Stellen sind mit gewöhnlichem – oder *fast* gewöhnlichem – Sprachduktus vorzutragen.

2) *Leierkasten*: Die Tonaufnahmen sollen mit einem ausrangierten, stark verstimmten, zur professionellen Verwendung kaum geeigneten Instrument erfolgen. (Ein Spielzeugpianino könnte für einige Abschnitte verwendet werden.) Für die Wiedergabe ist ein Kassettenrecorder mit einer leicht zu bedienenden Stop-Einrichtung an der Kurbel der Leierkastenattrappe vorzusehen. Solange der Leierkasten unsichtbar bleibt, kann die Übertragung durch Mikrophon – an einen Lautsprecher in der Kulisse angeschlossen – verstärkt werden.

3) *Colla parte (c.p.)*: Der Dirigent folgt der Achtel-Bewegung der Leierkastenpartie und korrigiert durch rubatiertes Schlagen eventuelle rhythmische Ungenauigkeiten zwischen Hauptklavier im Orchestergraben und Klavierwiedergabe des Kassettenrecorders (Leierkastenattrappe).

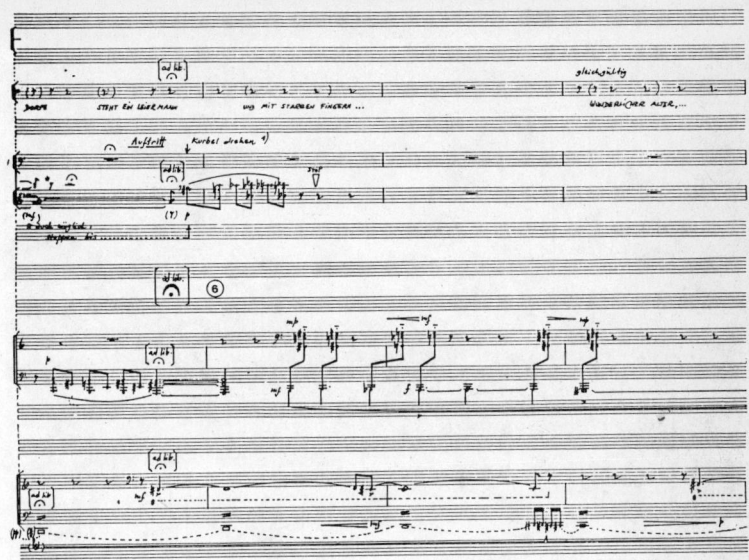

**Anmerkung**

1) *Leiermann*: Der Sänger soll durch drehen der Handkurbel einen Zusammenhang zwischen seiner Aktion und der Bewegung in Achteln vorzutäuschen versuchen. In den langen Tönen oder Pausen dagegen kann er innehalten (eine perfekte Illusion ist nicht erstrebenswert!).

*Aus Deutschland:* Partitur, Seiten 1 und 2

43

*Otto Böhler, Schubert im Himmel (Bildarchiv d. Öst. National-*
*bibliothek)*

'SCHUBERT im HIMMEL', Tuschzeichnung von Otto Böhler (1897)
(20×30 cm?)

Als Schattenriß - Riesenprospekt : mit beweglichen Puten an
2-3 Seilen ( indones. Puppenschattenspiel - Theater) –
Die Figuren werden auf einem Zug mit einer gekrümmte Stange
aufgehangen, so daß die Schattenrisse sich ungleichmäßig bewegen!

*Konstruktionsskizze von Mauricio Kagel zur Funktion der Mechanik
von »Schubert im Himmel«.*

45

Durchgehende Figuren (= Rollen?) an bestehende Lieder-Zyklen koppeln

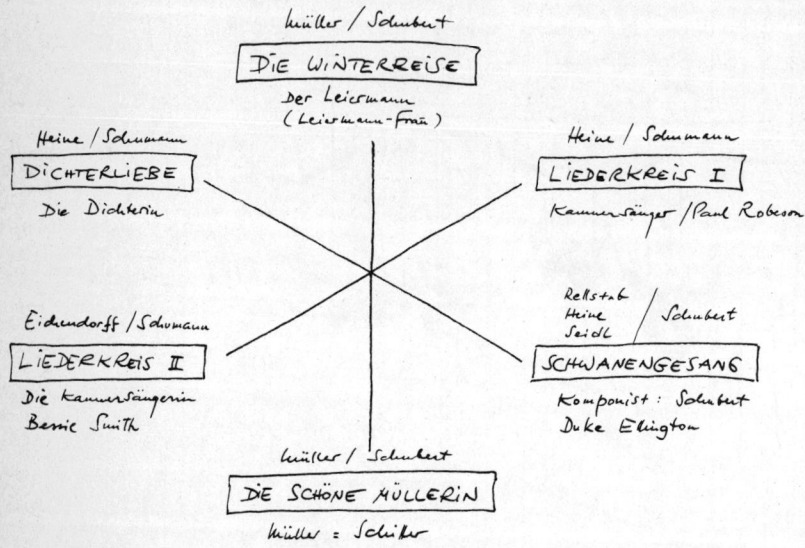

*Stern aus Liederzyklen und Figuren als Grundlage des Librettos und der szenischen Deutung (Skizze von Mauricio Kagel).*

20. DER WEGWEISER

Prospekte wechseln!

... Weiser stehen auf den Straßen

Was vermeid' ich denn die Wege,
Wo die andren Wandrer gehn,
Suche mir versteckte Stege
Durch verschneite Felsenhöhn?

Weiser stehen auf den Straßen,
Weisen auf die Städte zu,
Und ich wandre sonder Maßen,
Ohne Ruh', und suche Ruh'.

Habe ja doch nichts begangen,
Daß ich Menschen sollte scheun –
Welch ein törichtes Verlangen
Treibt mich in die Wüstenein?

Einen Weiser seh' ich stehen
Unverrückt vor meinem Blick:
Eine Straße muß ich gehen,
Die noch Keiner ging zurück.

*Visualisierung zu »Der Wegweiser« aus »Winterreise« (Schubert / Müller).*

47

# 3. Über »Sankt-Bach-Passion«
## *Gespräch mit Werner Klüppelholz*

*Werner Klüppelholz: Mich dünkt, daß die Kunde einer* Sankt-Bach-Passion *– wie nicht selten bei Ihren Werken – zunächst einen Augenblick der Verblüffung zeitigt, die freilich bald der Bestätigung einer zuvor nicht bewußten Erwartung weicht.*

Mauricio Kagel: Seit fünfundzwanzig Jahren lese ich in Deutschland Rezensionen über meine Stücke, die im Jargon der »Eigentlichkeit« geschrieben sind. »Eigentlich« lag es nahe, *Ludwig van, Staatstheater, Acustica, La Trahison orale* oder auch *Fürst Igor, Strawinsky* zu komponieren. Ich zitiere: »Eigentlich liegt es nahe, bei kompositorischen Überlegungen, die um ein kalendarisch fälliges Gedenken an den großen Igor Strawinsky kreisen, auch auf ›Fürst Igor‹ zu kommen.« Hinter diesem »eigentlich« verbirgt sich eine Vorausahnung im nachhinein, die bedenklich ist, weil niemand bis jetzt in der Lage war, den Fortgang meiner Arbeit wirklich zu prognostizieren. Es ist, als ob Erfindung und Überraschung – zwei sonst geschätzte Charakteristika musikalischer Komposition – keinen Platz in meiner Entwicklung haben dürften.

*Wann und worauf datiert Ihre Idee zu solchem Werk?*

1979 erhielt ich die Einladung von Ulrich Eckhardt, für die Berliner Festwochen 1981 ein Stück zu schreiben. Daraufhin bat ich, den Auftrag auf 1985 zu verschieben. Ich arbeite ja nicht nur langsam, sondern auch lange an einem bestimmten Werk. Hier habe ich fast drei Jahre an den Skizzen notiert, ganz zu schweigen von der Aufarbeitung des dokumentarischen Materials.

Aber der Werdegang eines Stückes bis zur Uraufführung ist mir bekannt. Das Komponisten-Dasein ist ja auch darin merkwürdig, daß es weniger aus Stücken selber, denn aus Uraufführungen besteht. Erfolg oder Mißerfolg einer Uraufführung hinterlassen immer Furchen. Allerdings fußen die nachhaltigen Erfolge mancher Werke von mir auf anfänglichen Mißerfolgen.

*Wann aber tauchte zum ersten Mal der Gedanke auf, Bach leibhaftig in den Mittelpunkt eines Oratoriums zu stellen?*

Nachdem ich 1972 das Chorstück *Die Mutation* geschrieben hatte. Hier geschieht etwas recht Radikales: Ich nahm das Präludium a-Moll aus dem zweiten Band des *Wohltemperierten Klaviers*, bezeichnete es als »objet trouvé«, veränderte nicht einen einzigen Ton Bachs und leitete alle Töne der Chorpartie davon ab. Ich habe dieses Präludium ausgewählt, weil ich eine gesteigerte Expressivität darin verspüre, die man auch als »Expressionismus des Barock« bezeichnen könnte. Melodisch befindet sich Bach hier in einer Art totaler Chromatik. Auf eine andere Begleitung habe ich völlig verzichtet, als Beitrag zu einer Technik der »Meta-Collage«, die ich bereits bei der Komposition von *Ludwig van* zu entwickeln begann. Die Musik Beethovens wird dabei nicht zerstört, vielmehr potenziert. So entsteht dialektisch ein Über-Beethoven. *Die Mutation* bedeutete einen Schritt weiter in diese Richtung, zu einem offenen Transfer musikalischer Sprachen ohne stilistische Hindernisse. Die Surrealisten gingen bei der Übernahme fremder Objekte, die sie ästhetisch mochten, ähnlich vor; auch Brecht eignete sich Fremdes bis zur völligen Identifikation. Liebe ist nie passiv. Ich habe in der unveränderten Übernahme des Präludiums meine Verehrung für Bach ausgedrückt und dabei den Fluß dieser unvergleichlichen Musik zur Bildung meines Gedankenflusses verwendet. Die *Sankt-Bach-Passion* wäre undenkbar ohne die ständige Frage, wie viele Traditionen in der Tradition begraben liegen. Ich fordere nicht, jeder solle sich mit Vergangenem beschäftigen, aber ich wehre mich gegen die Gleichsetzung dieser Beschäftigung mit Nostalgie oder Konservatismus.

*Und positiv formuliert?*

Jedes Stück der Vergangenheit, das wir lieben, steht zu uns in einer zweiseitigen Beziehung. Wir verändern uns, und unser Wissen verändert die Möglichkeiten, diese Stücke abzuhorchen. Im Laufe unseres Lebens ändern sich Neigungen und Abneigungen. Die allgemeine Abneigung gegen neue oder neueste Musik zum Beispiel steht nicht für sich allein, sondern stets in Vergleich zu etwas anderem. Eine Ablehnung auf den ersten Blick war der Fehler jeder Generation und jeder ablehnenden Kritik. Man mag Begründungen dafür finden, als Tatsache jedoch bleibt ein solch übereiltes Urteil ungerecht.

*Man beklagt allenthalben und seit langem einen Traditionsverlust, gar deren Untergang. Verhilft der liebevolle Umgang mit der Vergangenheit nicht jedenfalls, sie davor zu bewahren, auch vor dem Untergang in populistischer Anpassung gerade Bachs?*

Von Untergang sei gar nicht die Rede. Lediglich gewisse Traditionen in der Tradition scheinen mir gefährdet, andere dagegen können ruhig dahinsiechen. Aber »die« Tradition braucht nicht von Kagel gerettet zu werden. Eher umgekehrt.

*Kommen wir noch einmal zurück auf Ihr Verhältnis zu Bach.*

Schon lange ist meine Beschäftigung mit Bach sehr intensiv, die zuletzt in *Chorbuch* gipfelte. Bis heute blieb mir das Phänomen unerklärlich, wieviel Emotion in einem einfachen protestantischen Choral bei Bach steckt. 1975 oder '76 begann ich mit dem Gedanken zu spielen, mit der Figur Bachs ein größeres Projekt zu realisieren.

*Dieser Plan zielte bereits damals auf eine Passion?*

Ja. Und mir war sofort klar, daß dies ein wirklicher Prüfstein sein würde, auch im Hinblick auf die Kompositionen, die ich in den letzten fünfzehn Jahren geschrieben habe.

*Bach wird in Ihrem Werk ja kaum musikalisch, sondern als histo-*
*rische Gestalt zitiert.*

Er ist keine Bühnenfigur, wie etwa der Brahms redivivus in den
*Variationen ohne Fuge*, sondern wird durch einen Sprecher verkörpert, vergleichbar der Stimme Gottes in der *Erschöpfung der
Welt*. Mir liegt weniger an der Bühnenwirksamkeit seines Auf-
trittes als an der Rezeption seiner Worte. Musikdramatisch äh-
nelt diese Situation jener magischen Funktion, die den Worten
Jesu in den Bach-Passionen zukommt.

*Der Begriff der Passion artikuliert sich in Ihrem Werk offenbar
auf unterschiedliche Weise. Zunächst ist es die Person Bachs, die
eine Passion in doppeltem Sinn durchlebt hat und am Ende selber
der Gekreuzigte ist.*

Jahrzehnte am Kreuz der Ämter hängend, die ihn an der kompositorischen Arbeit hinderten. Die Lektüre der Originaldoku-
mente vermittelt doch ein perfektes Bild vom Wert eines Komponisten jener Zeit bei seinem gleichzeitigen Unwert.

*Daß Sie die originalen Überlieferungen unter Verzicht auf eine
literarische Bearbeitung verwandten, war Ihnen selbstverständlich?*

Ja. Es muß 1952 gewesen sein, als ich die Bach-Biographie von
Forkel in einer mexikanischen Neuausgabe las. (Übrigens: Der
Verlag war eine Gründung des Literaten Alfonso Reyes, dem ich
sehr viele Anregungen verdanke. Er leistete Widerstand gegen
den gebildeten Analphabetismus in der Dritten Welt, sicher eine
noch wichtigere Aufgabe als in Europa. Schon der Name des
Verlags »Fondo de cultura económica« [Fond preiswerter Kul-
tur] war ein politisch-didaktisches Programm.) Diese Biographie
also hat mich insofern überrascht, als Forkel viele Originaldoku-
mente zitiert. Seine Besessenheit im Recherchieren und in der
Offenlegung der Quellen habe ich dreißig Jahre später verstanden: Er hat seine Schrift auch polemisch gemeint, da Bachs Stern

im Sinken begriffen war, als das Buch veröffentlicht wurde. Übrigens sind, wie ich meiner heutigen deutschen Ausgabe entnehmen kann, die Sprache Forkels und die Sprache der nekrologischen Notiz, die er als erster abdruckt, kongenial.

*Wie hat sich nun die Montage der Texte vollzogen?*

Einen ersten Anlauf nach gründlicher Lektüre der Bach-Dokumente habe ich schon 1981 gemacht, doch war ich beängstigt von den Schwierigkeiten, die Sprache des Barock für eine heute verständliche Mitteilung zu verwenden. Man spürt den großen Unterschied zwischen Amtssprache und brieflichem Verkehr, aber auch den Wandel im historischen Übergang zum Rokoko. Ich wollte ausschließlich authentische Dokumente und Kantaten-Texte benutzen, und bei der ersten vorläufigen Zusammenstellung der Vorlagen stellte ich fest, daß diese Sprache in Satzbau und Wortwahl zwar für unsere Ohren verworren sein mag, doch außerordentlich plastisch ist. Die klangliche Schwierigkeit liegt darin, daß diese oft blumige Sprache mit langen Nebensätzen, in Musik gesetzt, völlig unverständlich wirkt. Dies löste in mir eine leichte innere Ohnmacht aus, weil mir die Fortsetzung des Vorhabens gefährdet erschien. Es war unmöglich, diese Sprache zu modernisieren – dann hätte ich gleich auf sie verzichten können. Aus Gründen der Verständlichkeit, für mich auch sonst eine wesentliche Voraussetzung von Sprache, nahm ich Kürzungen vor, die den Duktus etwas aktualisieren, den Satzbau aber archaisierend beließen. Dieser Entschluß war schwer, weil ich kein Schriftsteller bin, und zugleich eine prinzipielle Auseinandersetzung mit dem Begriff der Texttreue, doch erhielt ich so eine leicht verjüngte Prosa, die trotz allem authentisch geblieben ist. Es war mir durchaus bewußt, daß ich beim Komponieren die ursprüngliche Zusammenstellung nochmals verändern würde. Den üblichen Kampf zwischen Komponist und Librettist mußte ich – wie schon oft – mit mir selbst ausfechten. Zum Stilprinzip des Stückes zählt Gesang; Sprechen bildet die Ausnahme, die allein der Figur Bach reserviert bleibt. (Ich hätte einen singenden Johann Sebastian ausnehmend trivial gefunden.) Bei der Übertragung der ersten Fassung mit Bleistift in eine zweite mit Tinte erfuhr die Vorlage deshalb eine letzte Umstellung.

*Welche gesangstechnischen Erfordernisse haben zu Veränderungen des ursprünglichen Textes geführt?*

Ein gutes Beispiel dafür findet sich in Nr. 26. Die endgültige Fassung, weil ungekünstelt und lapidar sicher die bildkräftigste, enthält einen Kontrapunkt zwischen Sprecher und Mezzosopran. Die Sängerin zählt hier die Namen der Kinder auf, der Sprecher fügt die entsprechende Jahreszahl der Geburt hinzu. Und dann: »Nach meiner Rückkunft von einer Reise, mit meinem Fürsten nach dem Carlsbade, im Jahre 1720, widerfuhr mir in Cöthen der empfindliche Schmerz, meine Frau todt und begraben zu finden; ohngeachtet ich sie bey der Abreise gesund und frisch verlassen hatte.« Mezzosopran: »Doch ein Jahr später, am 3. December 1721, ebenso in Cöthen, ist Herr Johann Sebastian Bach mit der Jungfer Anna Magdalena Wülckelns, auf Fürstlichen Befehl in Hause copuliret worden« (Köthener Trauungsregister). Dann setzt sich die Aufzählung der Kindesnamen und Geburtsjahre fort. Die Sängerin verkörpert im ersten Teil die erste Frau, Maria Barbara, im zweiten Anna Magdalena. Ihre Partie beruht vollständig auf Tonbuchstaben. Der Name Catharina Dorothea zum Beispiel enthält die Töne c, a, h, a, a, d, h, e, a; ich rhythmisierte sie zu einer Melodie. Nun haben manche Kinder freilich nur einen einzigen Tag gelebt, manche zwei, andere wenige Wochen. (Der Tod grassiert hier viel heftiger als das Leben; man hat das Gefühl, sie wurden geboren, um schnell zu sterben, eine l'art pour l'art-Zeugung. Geboren weniger einer triebhaften Mechanik als des Brauchtums halber, als Zeichen von devoter Gottesfurcht, aber auch von Abhängigkeit und geplantem Klassenunterschied – bei Hof war die Anzahl der Kinder geringer.) Die Endungen fast aller Mädchennamen auf ›a‹ wurden mir buchstäblich zu eintönig, einige Male habe ich dafür ›e‹ eingesetzt. Solche sinnvollen Änderungen im Kleinsten, die man kaum bemerkt, sind überall in der Partitur zu finden.

*Der Text war selbstredend durch den Gegenstand Bach vorgege-*
*ben, einige Einzelheiten der Musik – so wäre denkbar – mög-*
*licherweise ebenfalls. Wie verlief der Prozeß der musikalischen*
*Komposition?*

Ich sollte mit dem beginnen, was ich *nicht* wollte, weil die Phantasie, die sich an Ablehnung entzündet, bei Komponisten üblich
ist. Also: Kein Zitat von Bach, auch sonst keine »fremden«
Töne, aber manche Choräle meines *Chorbuch* instrumentieren.
Die Auseinandersetzung mit dem Übervater Bach sollte allein
mittels meiner Musik stattfinden. Ich wußte, daß wichtige biographische wie auch musikalische Abschnitte der *Sankt-Bach-*
*Passion* erst im zweiten Teil des Werkes kommen würden. Ver-
gleicht man aber die Vita Bachs mit den Spannungskurven der
*Passion*, dann kann man die entsprechenden Proportionen genau erkennen. Bis Bach beispielsweise sich zum erstenmal mit
eigenen Worten meldet, sind 15 von 33 Nummern vergangen.
Oder die »Leipziger Periode«, die ein Drittel des Bachschen
Lebens umfaßt, beginnt auf S. 259 und endet mit der letzten
Partiturseite 349. Solche quantitativen Vergleiche sind nur bedingt aufschlußreich, aber sicher informativ. Die Architektur
der Teile zueinander, ähnlich wie in den Bach-Passionen, ist ein
spezielles Problem bei Werken dieses Ausmaßes. Wenn man
Herkunft und Inhalt der Texte in der *Matthäus-Passion* analysiert, dann nimmt man das besondere »timing« dieser zweiein-
halb Stunden wahr. Eine Komposition besteht nicht nur aus
dem momentan Klingenden, sondern auch aus dem Verhältnis
von Gegenwart, Vergangenheit und Zukunft. Gewiß habe ich
nicht versucht, eine neue *Matthäus-Passion* zu schreiben. Doch
man kann bei Bach lernen, wie die Vielfalt der Quellen einem
einheitlichen Impuls gehorchen und sich über alle Widersprüche
hinwegsetzen müssen. Die ersten zwanzig Minuten der *Mat-*
*thäus-Passion* sind – verglichen mit dem, was danach kommt –
etwas schwach: ein wenig schulmeisterlich, fast unentschlossen,
vielleicht kirchenmusikalisch konventionell. Aber plötzlich
schlägt Bach eine andere Gangart an, entscheidet sich für eine
rigorose Ökonomie und Ruhe. Dann entsteht großartigste Mu-

sik, vor allem in den kammermusikalischen Arien, etwa für Oboen oder Sologeigen; eher weniger bei den Tuttistellen. Für mich sind die Da-capo-Wiederholungen – von 70 oder mehr Takten – außerordentlich, weil sie zu Reflexion der Dauer herausfordern. Die Konvention der Wiederholung wird hier durch deren Länge gesprengt. Eine große Lehre, sich Zeit zu lassen.

*Was freilich Schubert oder Wagner zuweilen herbe Kritik eingetragen hat. Kann Spannung erhöht werden durch Wiederholung?*

Ja, wenn eine Wiederholung die Gelegenheit gibt, Neues zu entdecken. Voraussetzung ist eine Musik solcher Qualität, die man beim zweiten Hören mit erhöhtem Interesse wahrnimmt.

*Was zählte zu Beginn der Komposition noch zu den Idiosynkrasien, zu dem, was sie nicht wollten?*

Ich wollte keine konventionelle Vertonung des Textes, sondern eine leichte Phasenverschiebung zwischen Erzählung, Beschreibung und musikalischer Illustration. Eine Passion ist ein Werdegang des Leidens, der eine spezifische Verzahnung von Epik und akustischem Kommentar erfordert. Auch Choräle haben in diesem Zusammenhang eine mehrdeutige Funktion: Stationen der Chronik zu unterstreichen und die musikalische Form nachdrücklich zu gliedern.

*Ich möchte die Gretchenfrage nach der Verwendung des b-a-c-h-Motivs stellen.*

Diese Tonreihe nicht zu verwenden, weil sie schon häufig vorgekommen ist, wäre kein Zeichen von Originalität gewesen. Ich scheue Konventionen nicht, weil sie vom Komponisten eine erhöhte Wachsamkeit verlangen; er würde sonst in Durchschnittlichem verstrickt bleiben. Ich habe mich auch für eine Besetzung entschieden, die mit einem Orchester à la Mendelssohn plus reichhaltigerem Schlagzeug vergleichbar ist. Dies fand ich interessanter als Ad-hoc-Besetzungen oder die Konvention extravaganter Klangquellen. Eine neue Spannung zwischen musikalischer Rhetorik und der Mitteilung durch das Wort schien mir unendlich vielversprechender; b-a-c-h ist ein Topos seit Mozart, den ich allerdings einmal gründlich untersuchen wollte. Also habe ich als serieller Komponist, der ich geblieben bin, b-a-c-h einer Systematik von harmonischen Begleitformeln zwischen kleiner Sekunde und großer Septime unterworfen. So kam ich auf 6912 Grundmodelle, mit denen das Stück komponiert ist. b-a-c-h spielt demnach eine Rolle, zu Beginn eine hörbare, später eine weniger wahrnehmbare und schließlich allgegenwärtig im Verborgenen. Sie bildet innerlich und äußerlich das Gerüst des Ganzen.

*Wie kann man sich die Harmonisierung des Bachschen Tonnamens vorstellen?*

Mich interessierte vor allem die Verbindung des Themas b-a-c-h mit den übrigen acht Tönen der Reihe. Wie waren die Töne zwischen cis und gis zu verteilen, wenn b-a-c-h gleichzeitig erklingt? Wie konnte ich zum Beispiel dieser Tonreihe eine kohärente Harmonik hinzufügen, ohne Töne zu wiederholen? Diese Problemstellung war ergiebiger, als ein Leitmotiv b-a-c-h ununterbrochen zu kneten. Die Gewichte in der kompositorischen Entwicklung verlagern sich durchgehend. So können zum Beispiel wichtige Entdeckungen auf dem Gebiet der Klangfarbe die melodische Erfindung schwächen oder umgekehrt. Seit 1970 habe ich mich mit der Bildung und Verknüpfung von Akkorden intensiv beschäftigt; die elf Stücke von *Programm* oder die *Variationen ohne Fuge* stehen am Anfang dieser Überlegungen. Wenn man harmonische Zusammenhänge verdeutlichen will, dann braucht man, jedenfalls bei Orchestermusik, eine bestimmte Behandlung der Klangfarbe. Akkorde werden in den extremen Lagen meist unverständlich, und die Mittellage bleibt im allgemeinen Trägerin des harmonischen Verlaufs. Hier setzt die aufregende Entwirrung und Verschmelzung von Harmonik und Timbre an.

*Gibt es nicht gelegentlich Kollisionen in der je seriellen Ordnung von Harmonik und Klangfarbe?*

En masse. Ich bemühe mich, keine Musik zu schreiben, die sich einer höheren Automatik unterordnet, sondern versuche, den kompositorischen Prozeß mit Kalkül und Sinnlichkeit zu verbinden. In der Musik Bachs scheint mir diese Balance vollkommen. Die Lust an der Mechanik des Spiels und die Logik des harmonisch-melodischen Fortgangs streben eine Symbiose an. Bach ist nie unflexibel, sondern wird nur oft starrsinnig interpretiert. Strenge Kirchenmusik und Brandenburgische Konzerte sind zwei Aspekte desselben Kerns.

*Besteht übrigens eine Verbindung zwischen Kagel, dem Kabbalisten, und Bach, dem Komponisten von Zahlen?*

Ich hoffe, ich wäre wirklich ein Kabbalist. So bin ich es nur intuitiv und im Rohzustand; dafür um so mehr bestrebt, Sinn und Hintersinn von Zahl und Proportion zu erfahren. Vielleicht kann man von Bach Ähnliches sagen: Er hat sich einer Numerologie bedient, die in der Kompositionskunst seiner Zeit selbstverständlich war, andererseits geheimnisvolle Zusammenhänge ahnen läßt. Aber ich bereue nicht, weder im Mittelalter noch in der Renaissance geboren zu sein. Abgesehen davon, daß damals vieles unkomfortabel war, werden heute Ableitungen und Operationen, die zum Begriff der Zahl gehören, weniger okkultistisch als früher behandelt. Meine Erfahrungen mit der seriellen Technik erlauben mir jetzt einen völlig anderen Umgang mit Urprinzipien der musikalischen Komposition. Das mag mit Reife, aber auch mit einem Wandel des Bewußtseins zu tun haben. Es verhält sich so wie mit dem Zufall, wenn man bereit ist, ihn in die Gestaltung der Details einzubeziehen: Exakt Geplantes und exakt Willkürliches können dann einen ähnlichen Stellenwert erhalten.

*Um bei der Numerologie zu verweilen: Bach, in der* Matthäus-Passion, *hat ja beispielsweise literarische Quellenangaben, die*

*Ziffern der Bibel-Kapitel in Musik umgesetzt. Denkbar wäre,*
*Ihre* Sankt-Bach-Passion *berge ebenfalls Hinweise auf diesen*
*rationalistischen Bach.*

Sicher. Ich setzte mich jedoch nicht nur mit seinem »spekulati-
ven Spätwerk« auseinander, sondern auch mit den Konsequenzen eines Zahlenbegriffes, die auch für die Formulierung nicht-
akustischer Bereiche verantwortlich sein können. Die stumme
Botschaft hinter dem Klingenden ist bei Bach von transzenden-
taler Bedeutung. Und so habe ich in der *Sankt-Bach-Passion* versucht, eine Ebene sich vermehrender Beziehungen zu schaffen,
die bestimmt ist durch die Anzahl des Bachschen Namens, der
Buchstaben, der Silben, durch Quersummen aller Art; damit
habe ich sogar die Klangfarben-Kombinationen und Lautstärke-
verläufe bestimmt. Übrigens: Dem Parameter Lautstärke gerecht zu werden, halte ich immer noch für eine der schwierigsten
Aufgaben. Dies gilt sowohl für Komponisten wie für Interpreten. Wir sind immer noch in romantischen Vorstellungen verhaf-
tet. Stets verlange ich, die Lautstärke streng zu beachten, weil ich
überzeugt bin, daß bereits dies eine besondere Emotion erfordert. Interpreten, die ein vorgeschriebenes Pianissimo tatsächlich beachten, können sicher sein, den Hörer zu treffen. Eine
konzentrierte Haltung seitens des Spielers wird vom Hörer in
der Regel mit einer ebenso wachen Aufmerksamkeit honoriert.
   Die Klangfarbe verdankt sich einem strengen Prinzip zur unterschiedlichen Gestaltung der einzelnen Nummern der *Sankt-
Bach-Passion*. Aber außer gelegentlichen Tuttis wiederholt sich
auch keine Instrumentalkombination. Ausnahmen unterliegen
hier der Spezifik des Textes.

*Mit der Qualifizierung »romantisch« meinen Sie wohl Koppe-
lungen des Schlages höher und leiser, tiefer und lauter?*

Nicht nur. Solche Klischees bilden einen Teil des »Erbes«. Er-
staunt bin ich immer wieder über Bachs Gebrauch der Dynamik:
weder Mißachtung noch Negation, sondern Indifferenz. Darin
liegt eine bedeutsame Lehre. Auch wenn musikwissenschaftlich

nachgewiesen werden kann, daß die Zeit Bachs die Dynamik als den Tonhöhen ungleichwertigen Parameter achtete, gibt es bei ihm eine indirekte Gestaltung der Lautstärke mittels Tonlagen und Klangfarben, die keiner weiteren Differenzierung durch dynamische Angaben bedarf.

*Die* Kunst der Fuge *entbehrt freilich jeglicher Klangfarbe.*

Weil dieses Stück einen Gipfel der Abstraktion bedeutet. Eigentlich wären Aufführungen sogar entbehrlich. Ich schlage eine Ergänzung des Titels vor: »Die Kunst des Fugenlesens«.

*Kehren wir vielleicht zur sinnlichen Konkretion zurück, zu rhythmischen Ressourcen, die Bach bot.*

Aus den Zahlen des Namens Johann Sebastian Bach habe ich Rhythmen abgeleitet, die wiederum neue Strukturen generierten. Vokale, Konsonante, Silben- und Wortanzahl, all dies habe ich seriell in Reihen von Dauern, Lautstärken, Tonhöhen und formalen Proportionen umgesetzt. Schlichte Numerologie ist für jeden Komponisten eine Selbstverständlichkeit. Man schreibt selten ohne das Rückgrat und die Rückendeckung einer sinnvollen Sammlung von Zahlen. Jeder analytische Nachweis eines solchen Zusammenhangs ist jedoch ein wenig naiv, weil ohne ihn Musik kaum zustande kommen könnte. Meine rhythmischen Ableitungen aus der allumfassenden Reihe »Johann-Sebastian-Bach« sind meistens im Innersten des Gewebes zu finden. Dieses Prinzip liegt dem Stück von Anfang bis Ende zugrunde. Ich habe versucht, die Spannungskurven der Harmonik anders zu gestalten, als die rhythmischen Gebilde es verlangten, um eine fruchtbare Phasenverschiebung zu erreichen. Eine Qualität der *Sankt-Bach-Passion* wird vermutlich in der Tatsache liegen, daß man sie anders hören wird, als das Notenbild es offenbart. Solche Rhythmen sind nur ein Indiz. In Klang umgesetzt, ergeben sich oft übergeordnete Betonungen, die aufschlußreicher für die Wahrnehmung sind als der punktuelle Augenblick.

*Gab es bei diesem Stück eigentlich Resultate der seriellen Systematik, die den Autor überrascht haben?*

Ja, zum Beispiel führte manchmal ein Rest von Tonhöhen, die nicht akkordisch gebunden sind, zu Trillern. In der *Sankt-Bach-Passion* kommen Triller kaum vor, obwohl ich diesen Artikulationsvorgang sehr schätze. Erst gegen Ende haben sie die Funktion, den Ausdruck zu intensivieren; ihre Wirkung wird wahrscheinlich um so größer sein. Warten können gehört auch zum kompositorischen System.

*Gab es andererseits Momente, wo die Vorhersehbarkeit solcher Systematik Gefahr lief, nichts als Langeweile zu produzieren?*

Für die Rezeption eines Stückes ist die Mitte von entscheidender Bedeutung. So war es auch hier. Man fragt sich dann, ob der Fluß genügend Substanz geboten hat, ob die zweite Hälfte das gleiche oder ein anderes Grundtempo haben soll und ob der epische Charakter der Musik zur Deutlichkeit verholfen hat oder nicht. Beim Komponieren stellt sich immer die Frage, ob die Vielfalt in der richtigen Proportion zur Substanz steht. Bei diesem Stück handelt es sich um absolute Musik mit Text. Ähnlich verhält es sich häufig bei Bach. Absolute Musik ist keine, die das Wort meidet, sondern eine, wo es zu Musik wird.

*Im Rückblick auf die vierjährige Arbeit an der Partitur der* Passion*: Haben Sie selbst einen besonders dornenreichen Leidensweg dabei zurückgelegt?*

Nicht den unüblichen eines Komponisten; lediglich ein wenig länger als sonst. Ich brauchte Zeit zur Lösung von Detailproblemen. Deswegen habe ich viel Musik unabhängig von der Textvorlage geschrieben und dann gemeinsam semantische Felder für Text und Musik definiert. Die langen Recitativi accompagnati dieser Passion sind für mich aufregend. Freilich wurden die einzelnen Teile nicht chronologisch geschrieben: Manche gegen Schluß des Stückes sind 1981, andere des Anfangs erst 1984 ent-

60

standen. Einheitlichkeit ist kein Resultat linearen Fortschreitens, vielmehr der Folgerichtigkeit in der Behandlung des Materials. Es ging vor allem immer darum, das Thema b-a-c-h und Bach als Thema wie eine Einheit zu behandeln. Musik kann, auch in Handlungen, die das Leben erzwingt, allgegenwärtig sein.

(1985)

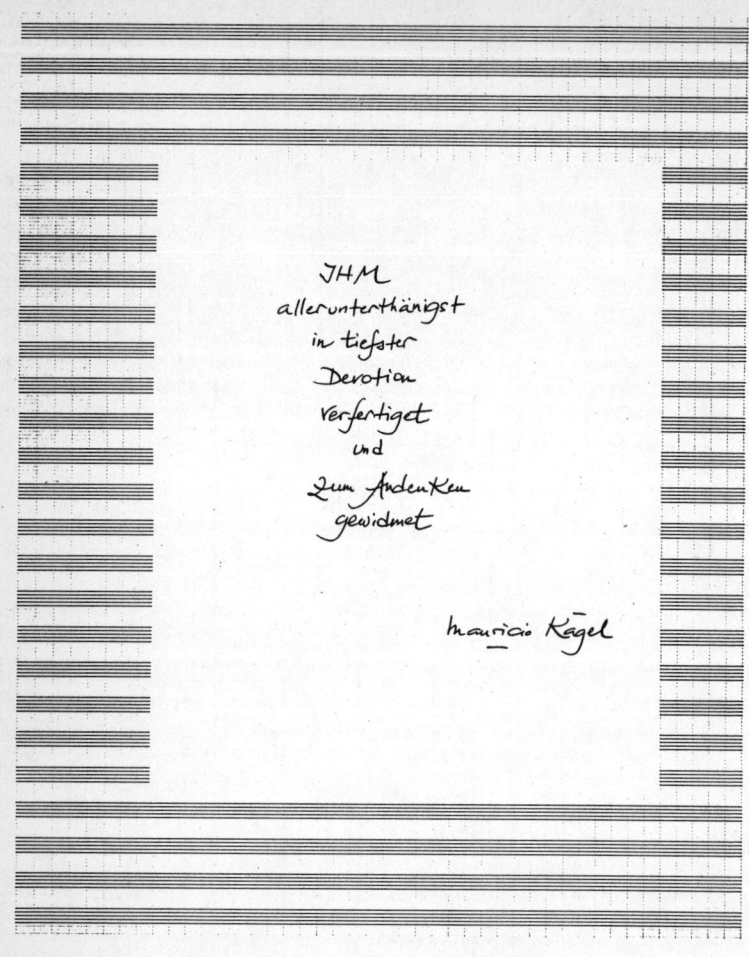

*Sankt-Bach-Passion:* handschriftliche Widmung

Mauricio Kagel

SANKT-BACH-PASSION

für Soli, Chöre und grosses Orchester

1981–85

Textzusammenstellung (nach Original-
dokumenten, Choral- und Kantaten-
texten): Mauricio Kagel

# 1

Chor

o a

e a ia

a o a

e a ia

a o a

e a ia

a o an

eaian bach

(o)n(a)n (e)n(a)n

(ia)n (o)n(a)n

Bariton

Dir, dir, Sebastian, will ich singen,

Denn, wo ist ein solcher Bach wie du?

Dir will ich meine Lieder bringen,

Ach! gib mir deines Geistes Kraft darzu,

Verleih mir, Höchster, solche Güte,

So wird gewiß mein Singen recht getan;

Und so hebt dein Geist mein Herz zu dir empor,

Daß ich dir Psalmen sing' im höh'ren Chor. [1]

1) Bartholomäus Crasselius, 1695. *Ausschnitt, geringfügig verändert.* (Aus: »Klavierbüchlein für Anna
Magdalena Bach«; 1725–1740).

*Sankt-Bach-Passion:* Libretto-Nummern 1–4, Typoscript

Chor

Abba, lieber Vater Bach
Lieber Vater!  (2)


Bariton

Abba!
Wohl mir, daß ich dies Zeugnis habe,


Bariton und Chor

Abba, Vater Bach
io e a
io a e a ia


Bariton

So bin ich voller Trost und Freudigkeit.


Chor

Ich bitt'! Ich bitt'!
Nicht zu versagen
Vater, Abba Abba


Bariton

Und so hebt dein Geist mein Herz zu dir empor.
Lob dir! itzt und in Ewigkeit.


# 2

### Choral: Für deinen Thron tret' ich hiemit  (3)

Mezzosopran, Bariton und Chor

Für deinen Thron tret' ich hiemit,
O Bach, und dich demütig bitt:
Dein genädig Angesicht
von mir blutarmen Sünder, nicht!


2) Crasselius, ebenda. *Es gilt die gleiche Quelle bis Ende dieser Nummer.*

3) Justus Gesenius und David Denicke, 1646. *Nur 1. Strophe verwendet, geringfügig verändert.*
   (Choralgesänge 4. 1787, Nr. 333, »Herr Gott, dich loben alle wir«; 1740).

# 3

Tenor (4)

Johann Sebastian Bach, gehöret zu einem Geschlechte, welchem Liebe
und Geschicklichkeit zur Musick, gleichsam als ein allgemeines
Geschenck, für alle seine Mitglieder, von der Natur mitgetheilet
zu seyn scheinen. So viel ist gewiß, daß von Veit Bachen, dem
Stammvater dieses Geschlechts, an, alle seine Nachkommen, nun
schon bis ins siebende Glied, der Musik ergeben gewesen, auch alle,
nur etwan ein Paar davon ausgenommen, Profession davon gemacht
haben. Dieser Veit Bach war im sechzehnten Jahrhunderte, wegen der
Religion aus Ungarn vertrieben worden, und hatte sich nachher in
Thüringen niedergelassen. Unter vielen vom Bachischen Geschlechte,
welche sich in der praktischen Musik, auch in der Verfertigung
neuer Instrumente hervor gethan haben, sind sonderlich folgende,
wegen ihrer Composition merkwürdig: (Chorsolo: Heinrich Bach,)

ein im Jahr 1692 verstorbener Organist in Arnstadt und dessen
beyde Söhne: (mit Chor) Johann Christoph, (Tenorsolo) Hof- und
Stadtorganist in Eisenach, welcher 1703 verstorben, und Johann
Michael, Organist und Stadtschreiber im Gehren, Johann Sebastians
erster Schwiegervater: Johann Ludewig Bach  (Chor: Herzoglicher
Meynungischer Capellmeister: mmmmmmmm...) und Johann Bernhard Bach,
(Chor: Kammermusikus und Organist in Eisenach,) welcher 1749 in
die Ewigkeit gegangen ist.

# 4

Choral: Ach wie flüchtig, ach wie nichtig  (5)

Chor

Ach wir flüchtig, ach wie nichtig!
Alles, alles, was wir sehen,
Das muß fallen und vergehen.
Wer Gott fürcht', bleibt ewig steh-...!

4) Carl Philipp Emanuel Bach und Johann Friedrich Agricola, später Lorenz Christoph Mizler und Georg
Venzky: Nekrolog auf Johann Sebastian Bach; Leipzig, 1751–54. *Stark gekürzt, geringfügig verändert.*
Die Texte der Tenorpartie (Evangelist) stammen in der Regel aus dieser Quelle. Ausnahmen werden
jeweils angegeben.

5) Textdichter unbekannt. Zugrunde liegt das Lied von Michael Franck, 1652. *Geringfügig gekürzt.*
(Aus der gleichnamigen Kantate Nr. 26, Schlußchoral; um 1740)

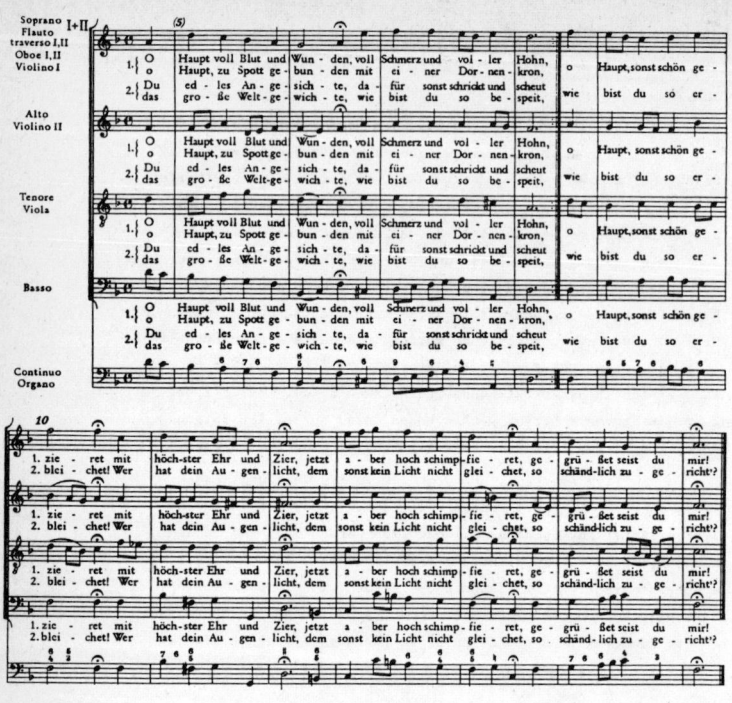

Johann Sebastian Bach, Matthäus-Passion: *O Haupt voll Blut und Wunden*

*Mauricio Kagel, Chorbuch: O Haupt voll Blut und Wunden*

*Sankt-Bach-Passion: O Haupt voll Blut und Wunden (Autograph der Partitur)*

68

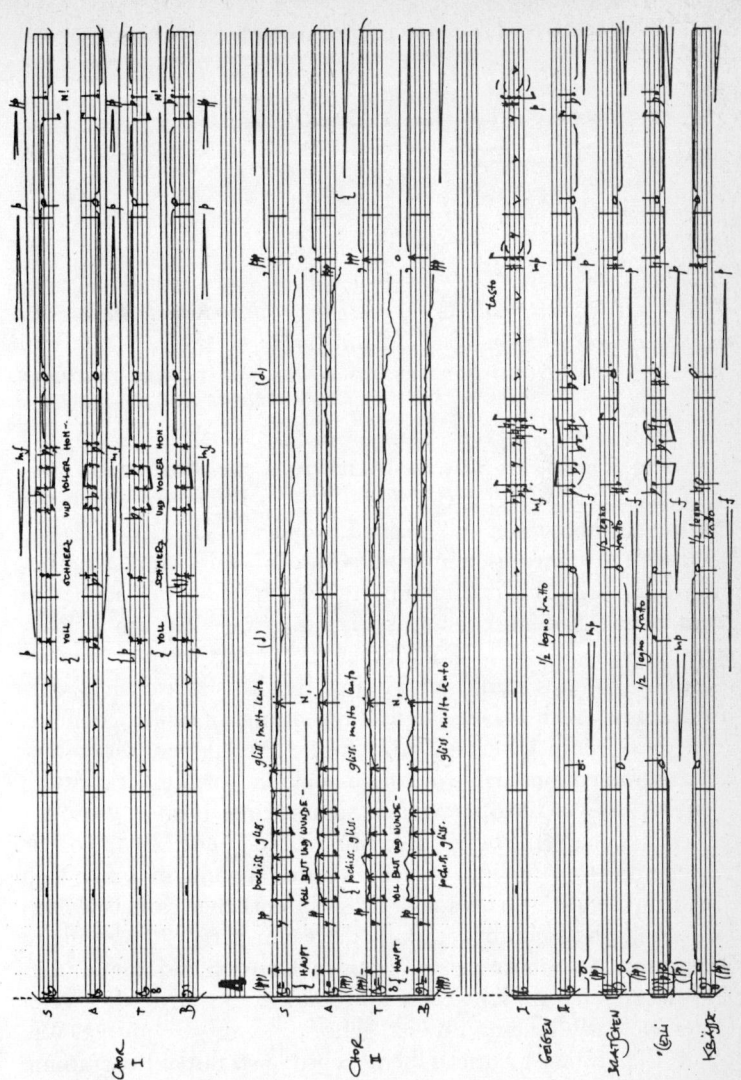

69

# 4. »Was ist an diesem Handwerk noch wert, in Frage gestellt zu werden?«
## Gespräch mit Wulf Herzogenrath und Gabriele Lueg

*Wulf Herzogenrath und Gabriele Lueg: Herr Kagel, Sie kamen im September 1957 nach Köln und erlebten die fruchtbarsten Jahre des »Elektronischen Studios«. Wie kam es dort zu dieser Lebendigkeit?*

Mauricio Kagel: Das Studio für elektronische Musik gab es bereits seit 1952. Als Pierre Boulez 1954 in Buenos Aires meine Partituren sah, riet er mir, nach Europa zu gehen; er erzählte auch vom »Elektronischen Studio« des WDR in Köln. Also bemühte ich mich um ein Stipendium, das ich schließlich auch vom Deutschen Akademischen Austauschdienst erhielt, um in Köln elektronische Musik zu komponieren. Damals war Herbert Eimert Direktor des Studios und Leiter des »Musikalischen Nachtprogramms« vom WDR. Diese Einrichtung und die – ebenfalls vom WDR veranstaltete – Konzertreihe »Musik der Zeit« bildeten zusammen eine der wesentlichen Foren für die Verbreitung Neuer Musik in Europa, weil sie sich in einer idealen Weise ergänzten. Es gab eine beständige Möglichkeit, jene Musik vorzustellen, die in Köln produziert wurde, sowohl in Form von Rundfunksendungen als auch mittels öffentlicher Konzerte. Das »Musikalische Nachtprogramm« hatte eine geradezu ungeheure Wirkung. Die Sendungen wurden in Deutschland sowie über Kurzwelle auch in Schweden und Dänemark, in der Schweiz, Österreich, Holland und Italien gehört und mitgeschnitten. Wie oft zu Beginn jeder ästhetischen Richtung strahlten Programme und Einführungen das Fluidum eines Geheimbundes aus, wenngleich es coram publico stattfand, weil die Hauptinteressenten häufig miteinander korrespondierten. Es war eine Werkstatt über Sprache und Töne der Neuen Musik und zugleich über den gedanklichen Umgang mit ihr.

*Sie sprachen von »Geheimbund«. Die Musiker haben also die Arbeit der anderen verfolgt, beobachtet und diskutiert. War man damals eng miteinander befreundet?*

Ich glaube, daß man die Frage mit leichten Einschränkungen bejahen kann. Dafür würde man vielleicht sentimentale, soziologische, biographische und schließlich auch ästhetische Gründe anführen. Aber über allem lag ein Firnis der Solidarität. Es ging darum, die Musiksprache der jungen Generation zu verteidigen und geeignete Orte der Präsentation zu schaffen. Wenn man für den anderen etwas tat, so tat man es auch für sich. Eine junge Generation, die im Eiltempo komponierte, Unterstützung in Köln und auch woanders in Europa genoß, aber auch a priori feindlich Gesinnte hatte, war störanfällig. Man komponierte mit Tönen und man war selbst immer noch Tonerde. Wir hatten die Chance zu einer verhältnismäßig großen Änderung der Musiksprache, welche zugleich eine ideologische Plattform brauchte. Ich denke, daß die Solidarität mit dem Anliegen der Neuen Musik damals eine relativ ursprüngliche war. Natürlich wurden Auseinandersetzungen und Streitigkeiten nicht vermieden. Das gehört zum elementarsten Handwerk.

Köln wurde damals eines der wichtigsten Zentren für zeitgenössische Musik, nicht zuletzt weil Berlin, als intellektuelle Hauptstadt, kaum vorhanden war. Dorthin wären sicher viele von uns gegangen, wenn das politische Geschehen anders verlaufen wäre. Aber auch München und Hamburg waren unentschlossene Anwälte des Neuen. Die Festivals zeitgenössischer Musik fanden meistens in erlauchter Provinz statt, das gilt für Donaueschingen genauso wie für Darmstadt und Köln. Zugleich knüpfte dies an eine Tradition an, die in der deutschen Kultur immer gegenwärtig geblieben ist. Das Bauhaus wurde auch nicht in Leipzig oder Dresden, sondern in Weimar und Dessau beheimatet. Ebenso hatte sich schon in den 20er Jahren vieles im Rheinland oder Niedersachsen abgespielt. Ich glaube, daß viele

71

Künstler glücklich waren, abseits der großen Städte nicht weniger intensiv, aber grundsätzlich entspannter arbeiten zu können.

*Wie war hier um 1960 die Verbindung zu den anderen Szenen? Kamen auch andere Komponisten in Berührung mit bildender Kunst, oder ist es eine Besonderheit der damaligen Situation, daß Sie allein die Grenzen der absoluten Musik überschritten, um mit Wort, Bild und Skulptur zu arbeiten?*

Ich kann kaum etwas über die nachhaltige Wirkung anderer Künste auf die Arbeit meiner Kollegen sagen. Natürlich interessierten sich einige für das, was in ihrer Umgebung passierte, viele dagegen beharrten auf einer Haltung, die vielleicht in ihren Augen puristisch war. Komponisten waren immer an optischer Kunst ziemlich interessiert, weil sie selbst Akustisches mittels graphischer Zeichen herstellen. Partituren sollen hauptsächlich eine klangliche Bedeutung haben, aber wie sie aussehen, ist ebenso von Belang. Parallel zur Entwicklung der musikalischen Sprache fand in den 60er Jahren ein Ausbruch aus der konventionellen Notation statt, welcher durch den Umgang mit anderen Kompositionstechniken bedingt wurde. Die Arbeit mit elektronischer Musik hatte auf unser Denken die Sehnsucht nach einer – endlich! – exakten Wissenschaft ausgelöst. Die Sprache über die Sprache der Neuen Musik bekam eine bis dahin ungeahnte Erweiterung durch Neologismen und ein Vokabular, das durch die Entdeckung einer zukunftsgerichteten Technologie ermöglicht wurde. Man hatte ständig den Eindruck, daß man zugleich für heute und morgen komponierte. Infolge dieser Entwicklung begannen Komponisten, sich den Kopf auch über Notationsprobleme zu zerbrechen. Ich möchte jedoch nicht verheimlichen, daß ich mich wenig für den ästhetischen Stellenwert der Partituren im Sinne einer selbständigen visuellen Kunst interessiert habe. Deshalb habe ich nie graphische Musik als Zweck zum Mittel gemacht, sondern mich intensiv an der Recherche in umgekehrter Richtung beteiligt. Eine wesentliche Charakteristik der 60er Jahre sehe ich in der ständigen Durchdringung von heterogenen Materialien mit fremden Ideen und Einfällen. Der Ausbruch aus der Konvention der traditionellen Notation geschah eher durch Einbeziehung einer bis dahin unbekannten Dreidimensionalität der Partitur (wie zum Beispiel in meinem *Transición II* für Klavier, Schlagzeug und zwei Tonbänder von 1958/59, wo Translationsleisten und Rotationsscheiben aus Papier auf den Partiturseiten tatsächlich schiebbar und drehbar sind) oder durch eine immanente Mehrdeutigkeit der verwendeten Notationssymbole (zum Beispiel im *Sonant* für Gitarre, Harfe, Kontrabaß und Fellinstrumente von 1960). Der Kommunikationsfluß zwischen Komponisten und Interpreten wurde damals – und nicht nur von mir allein – zum ersten Mal in der Geschichte der Musik auf mehrfachen Ebenen relativiert.

Der Einzug psychologisierender Momente auf dem Gebiet der Notation und ihrer Deutung schlug nach beiden Seiten des Geschriebenen aus: Der Komponist wurde zum Interpreten seiner Quellen, der Interpret letztendlich zum Komponisten eines ihm vorgeschlagenen Materials. Die Partituren rein graphischer Notation dagegen, wo Komponisten ein spontanes Eigenleben ersten Ranges für den Ausführenden vermuteten, degenerierten im Laufe der Zeit zu nichtssagenden Blättern, weder von musikalischem noch von optischem Wert. In diesem Zusammenhang muß ich vielleicht über eine bestimmte Erfahrung berichten, die sich bereits Ende der 50er Jahre abspielte. In Köln wurde damals die Zeitschrift »Magnum« herausgegeben, sozusagen ein lebendigeres »Du« mit ausgezeichnetem Bildmaterial und gut redigierten Texten. Als ich Anfang der 60er Jahre im »Elektronischen Studio« an *Transición I* arbeitete, kam ich auf den Gedanken, das akustische Grundmaterial und seine Bearbeitung durch fotografische Prozessierung zu bestimmen, ja *notieren* zu können. Der Grundgedanke war, Lautstärke mit Grauwerten zu definieren, zum Beispiel: leise Ereignisse = hellgrau, laute Ereignisse = dunkelgrau bis schwarz. Die Idee, daß die elektronische Musik insgesamt ein mehrfacher Generator ist, hat meine Recherchen stark beeinflußt, und ich durfte dann im Fotolabor des Zeitungsverlages DuMont Schauberg experimentieren. Aus Punkten (= Impulsen in der elektronischen Musik) konnte ich Linien ziehen, indem ich meine Negative bewegte und allerlei ähnliche Operationen wie in der elektronischen Musik simulierte. Vieles, was beim Suchen geschieht, braucht nicht eine praktische Anwendung als Bestätigung, aber es gibt Prozesse, die helfen, klarer zu sehen oder Wegen zu folgen, die man später unter Umständen in gewandelter Form wieder verwenden kann. Die Tatsache, daß ich versuchte, eine neue Notation mittels Fotografie zu entwickeln, war für mich insgesamt eine Bereicherung. Über diese Arbeit schrieb ich dann den Beitrag »Eine musikalische Notation?« für »Magnum« im Juni 1960.

*Wie kam es zum »Labor zur Erforschung akustischer und visueller Ereignisse e. V. Köln«? Wer gehörte zu diesem Kreis?*

Kurz nach dem 1. Kölner Kunstmarkt im Herbst 1967 begannen Wolf Vostell und ich über die Möglichkeit der Einrichtung eines Ortes nachzudenken, wo man unabhängig von etablierten Institutionen – wie Rundfunk, Fernsehen und Theater – interdisziplinär arbeiten konnte. Zu diesem Zeitpunkt hatte ich bereits einige meiner ersten Filme in Deutschland (*Antithese*, *Match*, *Solo*) gedreht und zahlreiche musikszenische Werke geschrieben (unter anderem *Sur Scène*, *Phonophonie*, *Tremens*, *Pas de Cinq*, *Die Himmelsmechanik*, *Camera Obscura*, *Kommentare und Extempore*). Vostells Arbeit und Neigungen waren sicherlich eher in der Nähe der Ästhetik von Fluxus und Happening zu suchen als in meinen Kompositionen. Das lag in der Natur seines visuellen Programms, das vom amerikanischen Zeitgeist und der New Yorker Kunstexplosion der 60er Jahre wesentlich geprägt wurde. Ich hatte wiederholt Einladungen, an den Manifestationen von Fluxus teilzunehmen, nicht befolgt (Konzerte in Köln, Wuppertal und ein Festival in Wiesbaden), hauptsächlich weil ich an der Weiterentwicklung eines eigenen Weges und meiner Intuitionen interessiert war. Außerdem: Im Bereich der Musik geschah bei Fluxus kaum Beachtenswertes. Die Bewegung war als Fortsetzung der Revolte, die mit dem Dadaismus begann, sehr aufregend, aber die Parallelen lagen auf der Hand: Auch der Surrealismus hat keine nennenswerten Komponisten inspiriert, jedoch große Maler und Schriftsteller. Ich habe schon damals den sich wandelnden Wertbegriff von einem endgültigen zu einem offenen Kompositionsprozeß verteidigt, aber nicht aufgehört, weiterhin *Stücke* zu konzipieren. Es ging mir weniger darum, literarische Manifeste, Situationen oder Events akustisch zu begleiten, als vielmehr umgekehrt Musik in Kontakt mit anderen Disziplinen zu bereichern, zu versuchen, den Hörer zu irritieren, zu beunruhigen. Aber beide Positionen, Vostells und meine, ergänzten sich damals zum gemeinsamen unternehmungslustigen Handeln. Die Gründungsmitglieder waren Ursula Burghardt, Alfred Feussner, Fritz Heubach, Mauricio Kagel, Mercedes Olivenza, Wolf Vostell und Caspar Wassermeyer.

*Wie funktionierte die Zusammenarbeit und was planten Sie?*

Zunächst haben wir durch eigene Beiträge einen Fonds zusammengetragen, der uns gezielt ermöglichen sollte, öffentliche Ereignisse durchzuführen. Bald reichte aber unser Kapital nicht mehr aus, und so beschlossen wir, die Form eines »eingetragenen Vereins« zu wählen, um anderen Personen, die unsere Arbeit durch Spenden unterstützen wollten, die üblichen steuerlichen Vorteile bieten zu können. Es kam zu einem äußerst poetisch schnorr-freudigen Rundbrief an zehn Personen, die durch Unterstützung des »Labors« mit DM 25 im Jahr zu Ehrenmitgliedern ernannt werden sollten. Eigentlich war das Schreiben schön unverfroren und von jener besonderen Chuzpe, die allein Wohltätigkeit animieren kann. Der Text läßt sich immer noch wie ein Gedicht vernehmen.

Unser mittelbares Ziel war damals die Beteiligung an dem alternativen Kunst-(Jahr)markt im Oktober 1968, der von vielen kleinen Galerien organisiert wurde und parallel zu dem bereits etablierten »erhobenen« Kunstmarkt stattfinden sollte. Da diese Kunstmesse der Armen (»Woche der alternativen Kunst-Galerien«) noch nicht in den Olymp der arrivierten Kollegen zugelassen wurde, bauten die Unternehmer ihre Kojen auf dem Neumarkt – die anderen dagegen im prunkwidrigen Gürzenich. Wir wählten für unsere Aktionen die noch nicht fertiggestellte Tiefgarage unter der Kunsthalle und organisierten ein »5-Tage-Rennen« im leeren Parkhaus. Schon die Bezeichnung – in Anlehnung an die einen Tag länger rollenden Drahtesel in der Sporthalle – war Programm und ästhetische Plattform zugleich. Es sollte vom 15. bis zum 20. Oktober 1968 täglich zwischen 10 und 22 Uhr laufen.

Das Programm:
Gabor Altorjay *Kurzschluß*
Ursula Burghardt *Schiefe Ebene*
Alfred Feussner *Vorspann*
Fritz Heubach *Kommunikation*
Mauricio Kagel *Ornithologica Multiplicata*
Nam June Paik *Auswahl aus Ausstellung der Musik*
Wolf Vostell *Magnetostriktion in Milch*

Als Gast: *Stützpunkt* und *Lidlraum* von Chris Reinecke und Jörg Immendorf aus Düsseldorf.

Kurt Hackenberg, der damalige Kulturdezernent der Stadt Köln, half uns mit einer großzügigen Spende und der kostenlosen Überlassung der Tiefgarage. Sogar die Tontechnik wurde auf seine Bitte von der Oper zur Verfügung gestellt, und so konnten wir einigermaßen entlastet planen. Er wußte genau, daß vielfältige Aktivitäten Voraussetzung waren für eine lebendige Durchdringung von oben und unten.

*Wie verliefen die Aktionen in der Tiefgarage?*

Zunftgemäß. In dem wahrhaft riesigen Raum verteilten wir unsere Environments weit auseinander, wie unterirdische Bahnhöfe. Es war eine sehr glückliche, enge Zusammenarbeit, ohne Verkaufsabsichten. Die Zuschauer erlebten hier sehr unterschiedliche Ansatzpunkte, ebenso ohne die Hektik des Kunstbetriebes im Nacken. Es wurde die Ausstellung von Laborergebnissen eines gemeinsam konzipierten Durchgangs, geprägt durch persönliche Projekte. Allerdings: Das »5-Tage-Rennen« dauerte in Wirklichkeit nur... drei Tage.

*Mangels Besuchern?*

Keineswegs. In Köln brodelte es ständig, sowohl in künstlerischer wie in politischer Hinsicht. Es war die Zeit der Apo, der sich formierenden außerparlamentarischen Opposition. Die moralische Last des Vietnam-Krieges begann für die mittlere Generation so unerträglich zu werden, wie es der Spanische Bürgerkrieg 1936 für die Generation meiner Eltern war. 30 Jahre danach wiederholte sich zwar nicht die historische Konstellation, aber für die Antifaschisten doch das Gefühl, daß man hier nicht mehr zuschauen durfte. Die Hälfte eines Volkes sollte nicht – aus welchem Grund auch immer – massakriert werden. Anläßlich des Kölner Kunstmarktes 1968 lud Kurt Hackenberg das Kölner Studio für den unabhängigen Film *Xscreen* ein, internationale Experimentalfilme zu zeigen. Sie bekamen dafür den soeben fertiggestellten U-Bahnhof am Neumarkt zur Verfügung. Der Publikumszulauf zu den Vorstellungen zwischen 18.00 und 23.30 Uhr war unvorstellbar.

Bereits am ersten Tag (15. Oktober) kamen etwa 1000 Besucher. Am 16. Oktober gegen 22 Uhr jedoch traf die Kölner Polizei mit ca. 70 Beamten in Uniform und Zivil ein, besetzte den U-Bahnhof (der Bahnverkehr fand noch nicht statt), riegelte alles ab und die Aktion – wie es damals im Informationsblatt des Republikanischen Clubs Köln stand – »zuerst offiziell als erweiterte Jugendstreife… nahm immer mehr die Form einer Großrazzia an«. Es entstanden Panik, Handgreiflichkeiten, Verletzungen, Durchsuchungen und Beschlagnahmen ohne die gesetzlich vorgeschriebene Anordnung, kurzum Terror an einer völlig friedlichen, neugierigen Zuschauermenge. Stein des Anstoßes sollen vier Filme von Otto Mühl gewesen sein, ein läppischer Grund für die unerhörte Provokation seitens der Staatsgewalt. Nun solidarisierte sich »Labor« mit den Veranstaltern beider antagonistischen Kunstmärkte, mit Kölner und fremden Galerien, den Bühnen der Stadt Köln und anderen Gruppen und schloß die Gittertüren der Tiefgarage. Es herrschte eine mutig kämpferische, aber zugleich depressive Stimmung. Ich dachte an das frühere Verbot der Aufführung von Bartóks *Wunderbarer Man-*

*darin* in der Kölner Oper 1926 wegen (vermeintlicher) Obszöni-
tät durch den damaligen Oberbürgermeister Konrad Adenauer.
Irgendwie paßte dies in eine Entwicklung, die für die Intelligenz
der Bundesrepublik mit Franz Josef Strauß' Befehl zur Durchsu-
chung der Spiegel-Redaktionsräume 1962 begann: der Einsatz
brutalster Machtmittel zur Rechtfertigung illegitimer Zwecke.
Die Rechnung jedoch ging nicht vollständig auf, weil die demo-
kratische Gesinnung der Mehrheit und die politischen Verhältnisse in der Bundesrepublik eine Ausschaltung wesentlicher
Grundrechte nicht zuließ. Hoffentlich bleibt es so.

*Und in der Zukunft?*

Schauer und heiterer Himmel abwechselnd, bei zunehmend fro-
stigem Wetter.

*Warum ging es mit »Labor« nicht weiter? War das zu experimen-*
*tell oder einfach noch zu früh, um solche Gedanken zu formulie-*
*ren?*

Ich glaube, daß es hauptsächlich am Schock der künstlerischen
und politischen Ereignisse von 1968 lag, aber auch an den ver-
schiedenen Interessen und Wirkungsstätten ihrer Mitglieder.
Weder Vostell noch ich haben aufgehört, akustische und visuelle
Ereignisse auch weiterhin »zu erforschen«. Jedoch mit anderen
Mitteln.

*War »Labor« vergleichsweise interdisziplinärer angelegt als das*
*»Elektronische Studio« des WDR?*

Das »Elektronische Studio« war nie interdisziplinär, sondern
reine Monokultur. Aber 1967, zum Zeitpunkt der Gründung
von »Labor«, begann das Studio technisch zu veralten. Was hier
geschah, ist musikhistorisch interessant und sicher charakteristisch für einen Ort, der zu einem gewissen Zeitpunkt großen
Einfluß ausgeübt hat. Köln und Paris gehörten zu den Pionieren
auf dem Gebiet der auf Tonband verarbeiteten Musik. Paris war

zwar richtungsweisend mit der Musique concrète, aber Köln wurde das puristische Pendant mit seiner angeblich streng logischen, materialstringenten Kompositionstechnik. Es entfachte sich ein lächerlicher Konkurrenzkampf, der wie so oft nicht mit Argumenten, sondern durch die Eitelkeit einiger Beteiligter geschürt wurde. Man wollte in Köln zeigen, daß elektronische Musik die zukunftsweisende Erbin kompositorischer Traditionen war. Ein naiver Gedanke, weil solche Behauptungen sich nur in Form von Werken beweisen lassen, welche wiederum stets punktuelle Dokumente sind. Das Schicksal wollte nun, daß einige der hervorragenden Stücke der Kölner Schule auf Elementen der konkreten Musik basierten. Es entstand eine groteske Situation, vom kulturpolitischen Neid der Akteure mehr getragen als von grundlegenden Unterschieden in der Machart.

Jedenfalls war Köln bis Mitte der 60er Jahre ein Anziehungspunkt für Leute aus der ganzen Welt, welche wiederum nach Hause gingen, um dort für die Einrichtung eines Studios zu sorgen. So wurden am Italienischen und Polnischen Rundfunk wie auch an vielen großen und kleinen amerikanischen Universitäten Studios aufgebaut, ebenso in Israel, Jugoslawien, Holland, Schweden und anderen Ländern. Viele Institute begannen mit sehr wenig, denn nicht immer stand eine Rundfunkanstalt Pate, die die nötigen Mittel für die unerläßliche Wartung der Apparaturen und die ebenso wichtige Weiterentwicklung zur Verfügung stellte. Andere Studios rechtfertigten ihre Existenz durch einen didaktischen Betrieb. Auf diese Weise erhielten sie ein regelmäßiges Budget und konnten damit weiterbauen, neues Material anschaffen, veraltete Geräte ersetzen. Das geschah in Köln dagegen kaum.

Das hiesige Studio wurde allmählich zu einem Wachsfiguren-Kabinett – würdig einer Madame Tussaud –, da es sich technologisch und ästhetisch nicht erneuerte und in wörtlichem Sinn geistig und physisch verstaubte. Bereits ab Mitte der 60er Jahre begann das Kölner »Elektronische Studio« allmählich an Bedeutung zu verlieren; im Verlauf der 70er Jahre war es jedenfalls in zahlreiche technische Einzelheiten fast auseinandergebrochen.

Ich erzähle dies, weil ich 1967 deutlich gespürt habe, daß von persönlichen Konstellationen ein Richtungswechsel im »Elektronischen Studio« nicht zu erwarten war und die Erforschung von neuen Möglichkeiten auf dem Gebiet von Musik und Bild, Musik und Szene, Musik und jede Art von nichtakustischen Phänomenen ausgeschlossen war. Meine Überlegungen zielten darauf, unabhängig von Rundfunkgeldern, mit dem »Labor« etwas Lebendiges entgegenzusetzen. Zugleich war ich in einer merkwürdigen Situation: einerseits ständig von der Notwendigkeit absoluter Musik überzeugt, andererseits ebenso sicher, daß zahlreiche Zwischenbereiche entwickelt werden sollten.

*»Labor« sollte also vom WDR völlig losgelöst sein?*

Ja. Aber es fehlte jemand, der das Ganze technisch koordiniert hätte. Was mir vorschwebte, war etwa vergleichbar mit dem IRCAM in Paris, aber nicht nur auf Musik begrenzt, sondern in der Struktur offen, so daß die Einbeziehung von Malern, Theaterautoren, Objektkünstlern und Filmemachern möglich sein sollte. Eine Werkstatt, wo man projektgebunden und sehr frei Ideen verwirklichen konnte. Mir war von vornherein klar, daß eine Forschung ohne gezieltes Ergebnis für den künstlerischen Elan abträglich gewesen wäre.

*Gab es sonst noch Beispiele, die Sie exemplarisch für eine solche Kooperation in Köln sehen würden? Gab es in den frühen 60er Jahren in Ihrem Werk auch schon die Zusammenarbeit mit anderen Medien bzw. machten Sie damals schon Stücke, die eine Visualisierung einbezogen?*

Im Juni 1963 fand im Kölner Schauspielhaus eine Matinée statt mit der szenischen Uraufführung von *Antithese*, Spiel für einen Darsteller mit elektronischen und öffentlichen Klängen, dessen Musik ich in München 1962 fertiggestellt hatte. In diesem Stück versucht der Protagonist zum Beispiel viele verschiedene elektroakustische Geräte zu verbinden, sie in einen nicht zu rettenden entropischen Zustand zu versetzen.

Alfred Feussner spielte mit großem Impetus ebenso wie später in dem Fernsehfilm *Antithese* (1965), den ich für den NDR Hamburg drehte. Für einige war dieses Stück sicherlich ein Greuel, weil die elektronische Musik damals etwas seltsam Hygienisches ausstrahlte: Auf der Bühne keine Interpreten, nur sauber aufgestellte Lautsprecher, nicht veränderbare, vom Tonband wiederholbare Klänge und immer ein Hauch antiseptischer Akustik. Zwar begann auch damals die Mischform elektronische Musik plus Live-Aufführung Gestalt anzunehmen. Aber die Anarchie in diesem Stück war omnipräsent. Ich leugne es nicht: Einige Quellen meiner Arbeit entstanden schon in Argentinien, wo ich spanische Anarchisten kennenlernte, die dort aufgrund des Bürgerkrieges im Exil lebten. Anarchie im klassischen Sinne – und nicht in der pervertierten Begriffsverwirrung, mit der man später in ganz Europa operierte – ist sicher eine der edelsten Gleichsetzungen für Utopie und hat eher mit Freiheit als mit Gewalt zu tun. Motor des Anarchismus ist die Sehnsucht nach einer tiefgehenden, gerechten Freiheit und nicht nach Unfrieden und Terror in Permanenz.

Die Aktionen, die der Darsteller von *Antithese* pausenlos durchführt: reparieren, beeilen, abtreten, zerstören, gastronomisch, ängstlich verhindern, zielen auf eine anarchische Einheit von Leben und Kunst. Die Aufführung war keine Produktion der Kölner Bühnen, sondern ein Gastspiel im Schauspielhaus; Feussner und ich wurden an den Einnahmen beteiligt, damals sicher ein Novum für diese Art Musiktheater. Der Film wird immer noch häufig gezeigt und ist allmählich zu einem Dokument der 60er Jahre geworden.

*Das leitet über zu dem Thema Zusammenarbeit mit dem WDR: Filmmusik, Musik mit Film, Film als musikalisches Medium. Ihr Fernsehfilm* Antithese *ist ja nicht nur ein Dokument, sondern er ist ein besonders gestalteter Film. Hängt auch das wieder mit der Kölner Situation zusammen, daß man hier durch die Nähe der verschiedenen Medien solche Möglichkeiten hatte?*

Nein, Institutionen bedeuten nichts ohne jene Menschen, die dem Apparat tatsächlich zum Leben verhelfen. Andernfalls werden die Einrichtungen träge und langweilig und siechen als nicht existierende Organismen hin. Das konnte ich mir in jungen Jahren nicht vorstellen: Die Kraft der Institutionen, von denen unsere künstlerische Entwicklung und unsere Produktionsmöglichkeiten abhängig sind, beruht hauptsächlich auf der Phantasie und dem Mut von wenigen. In der ersten Hälfte der 60er Jahre wurden die III. Programme im Fernsehen gegründet. Nun stellte sich klar heraus, wo man arbeiten konnte und wo nicht. Es lag weniger an der Bereitschaft der Musikredakteure, etwas Neues anzubieten, sondern im wesentlichen an dem eigenartigen Mangel an optischer Begabung. Diese ist bei Musikern meist unterentwickelt, weil sie schlicht keine optischen Menschen sind, und es fehlt ihnen die kritische Betrachtungsweise und die Intuition, um optische Zusammenhänge zu erfassen; sie sind einfach auf diesem Gebiet ungeschult. So kamen eine Reihe von Redakteuren in Fernsehanstalten zum Zuge, die genauso gut oder mäßig jede andere Art von Musikprogrammen im Rundfunk hätten machen können. Sie wußten vielfach damit wenig anzufangen, und das Medium, für das sie arbeiteten, war eher ein Hindernis für die Vorbereitung von Musik als ein Ansporn, Neues zu entwickeln. Einiges der verbrieften Provinzialität von heute wurde bereits damals gesät.

*Ihre Film-Produktionen entstanden aber doch meist außerhalb von Köln?*

Ich begann zwar in Hamburg auf Einladung von Hansjörg Pauli und Rolf Liebermann beim NDR. Danach jedoch interessierten sich WDR/WDF, und ich realisierte nacheinander *Match*, *Hallelujah* und *Ludwig van*. Diese drei Filme sind inzwischen so etwas wie Klassiker des Genres geworden. Eine pejorative Verwendung des Begriffes liegt mir fern; in meinem Alter werden einige von uns allmählich zu »Klassikern«, oder unsere Arbeit hat vielleicht nicht jene Wirkung, die sie letztlich haben sollte: kontinuierlich helfen, durch beispielhafte Modelle das Neue weiterzuentwickeln.

Tradition ist nicht etwas, was auf einem lasten soll, ganz im Gegenteil. Sie zu verdammen bedeutet, sie nicht zu verstehen.

*Für Köln müssen wir zwei Dinge noch erwähnen: Die Kurse für Neue Musik und Ihre Lehrtätigkeit, weil das ja die übergreifende Aktivität mitbeschreibt, die Mauricio Kagel für den Bereich der bildenden Kunst so besonders interessant macht.*

Daß meine Beziehungen zur Schule bereits als Student diffizil waren, ist bekannt. Vielleicht deswegen hat mich das Problem der Weitergabe von Kenntnissen beschäftigt. Die Idee von »Labor« hängt damit aufs engste zusammen. Einige meiner Ideen begannen sich ebenfalls in Argentinien zu entwickeln. Als ich bei Jorge Luis Borges englische Literatur hörte, war es auch an einer freien Universität, weil die Regierung ihm jede offizielle Tätigkeit verbot. Um die Existenz verschiedener Dozenten zu sichern, die ähnlich wie Borges nicht lehren durften, wurde eine freie Universität auf privater Basis gegründet, mit dem Ergebnis, daß der brillanteste Lehrkörper des Landes sich an einem Ort versammelte. Was ein Dozent gerade erforschte, wurde häufig zum Thema des Semesters. Ich konnte dort beobachten, welch ein Glücksfall dies für Lehrer und Studenten bedeutete. Ähnliches geschah in New York mit der School of Social Research, ein vorübergehendes oder dauerndes Refugium vieler deutscher Emigranten. Lehren ist für mich ein Teil der Utopie. Unter Vermeidung der konventionellen Pädagogik versuche ich eine ästhetische Didaktik zu entwickeln, ohne daraus ein Credo zu machen, weil das häufig zu fatalen Konsequenzen führt. Nagelfeste Prinzipien können auch eine schwache Systematik heraufbeschwören.

Nach meinem Besuch der internationalen Ferienkurse für Neue Musik Darmstadt begann ich an eine andere Art von Seminaren zu denken, wohl beeinflußt durch meine Erfahrungen in Argentinien. Im Spätsommer 1959 schlug ich Karlheinz Stockhausen vor, mit mir an der Planung eines solchen Projektes zusammenzuarbeiten. Wir stellten eine Liste der möglichen Dozenten für die drei Abteilungen Forschung und Theorie, Komposition und Interpretation auf. Es war nicht unsere Absicht, Konkurrenz zu Darmstadt zu machen, sondern einfach eine andere Art von freier Universität der Neuen Musik zu betreiben. Im Oktober 1963 war es dann soweit, daß die Rheinische Musikhochschule die Organisation der Kurse und Stockhausen die Leitung übernahm. Als er 1968 aufhörte, wurde mir diese Tätigkeit anvertraut. Ich entwarf einen Zehnjahresplan, der jährlich ein zentrales Thema als Schwerpunkt vorsah. Damals war dies wirklich ein Novum, weil man auf dem Gebiet der zeitgenössischen Musik nicht gewöhnt war, in Form gebündelter Arbeitsgemeinschaften zu lehren. Bis 1965 habe ich jährlich vier Wochen im Herbst und mit Hilfe vieler Dozenten folgende Themen behandelt: 1969 Musik und Bild, 1970 Musik als Hörspiel, 1971 Kinderinstrumente, 1972 Musiktherapie, 1973 Musikanalyse, 1974 Außereuropäische Musik, 1975 Politische Musik?. Es würde sicher den Rahmen dieses Gespräches sprengen, wenn ich versuchen wollte, alle Einzelheiten, Verästelungen und unmittelbare Wirkungen der Kölner Kurse auf die Musikszene in Deutschland zu erläutern. Ich versuchte – ähnlich wie bei meiner kompositorischen Arbeit – Theorie und Praxis unlösbar zu verbinden.

Ich wollte den Studenten vor allem die Möglichkeit professionellen Handelns ermöglichen, sei es durch gemeinsam konzipierte Fernsehproduktionen, Hörspiele, Bau von Instrumenten für Kinder im Vorschulalter oder durch grundsätzliche Erfahrung mit Musiktherapie an den Orten, wo sie vielleicht wirksam sein kann. Als ich später im Anschluß an die Kölner Kurse Dozent für Neues Musiktheater an der Musikhochschule in Köln wurde, habe ich mir vorgenommen, diese Hebammen-Rolle nicht zu vernachlässigen. Was kann ein Lehrer anderes tun, als angespornt durch die Fragen der Studenten sich selbst fragen, was ist an diesem Handwerk noch wert, in Frage gestellt zu werden?

(1986)

# 5. »Wer von uns allen wird darüber berichten können?« Gespräch mit Dieter Rexroth

*Dieter Rexroth: Sie leben seit 1957 in Europa, in Köln. Sie haben die Neue Musik eine große Wegstrecke lang begleitet und die Entwicklung der Musik in den letzten Jahrzehnten selbst entscheidend mitgeprägt. Sicherlich war es eine Fülle von Erfahrungen, die Sie dabei beeinflußt hat; ich denke allerdings, daß es auch vor Ihrer Übersiedlung nach Europa ganz wichtige Impulse gegeben hat, die für Sie bestimmend gewesen sind.*

Mauricio Kagel: Als ich 1931 geboren wurde, waren die Väter der Neuen Musik fast alle noch am Leben. Die Tatsache, daß es Musik gab, bevor ich zu komponieren begann, habe ich immer als günstigen Ausgangspunkt bewertet. Ich bin dankbar dafür, unverkrampft die Kontinuität in der Entstehung von Musik beweisen zu können. In Joseph Roths Roman *Hotel Savoy* findet man einen außergewöhnlichen Satz: »Es gibt kein Ende, sondern lediglich Fortsetzung, Anknüpfung.«

Damit kann man natürlich nicht erklären, was Musik ist, aber doch annähernd, was sich in dieser Kunst abspielt. Um es pauschal zu sagen: Tradition gehört zu ihrem Wesen. Bereits als 13-, 14jähriger kam ich in Kontakt mit viel Kammermusik, unter anderem von Schönberg, Webern, Strawinsky. Sehr früh begann ich in der ältesten, in den 30er Jahren gegründeten Gesellschaft für Neue Musik in Buenos Aires mitzuarbeiten. Neue Musik zu hören, selbst zu spielen, mitzugestalten, zu organisieren und zu verwalten, das alles war mir geläufig, bevor ich nach Europa kam.

Auch in Argentinien hatte der Einsatz für die Neue Musik etwas Geheimbündlerisches – eine Art zeitgenössische Schubertiade –, was bis heute noch in vielen Orten anzutreffen ist. Selbstverständlich haben mich die Komponisten der Zweiten Wiener Schule zutiefst beeindruckt. Es gab da eine Fülle von Fragen und Lösungen zugleich: die Frage des Handwerks an sich – nennen wir es »absolutes« Handwerk – und die Frage nach der Verbindung des absoluten Handwerks mit einer bestimmten formulierten Ästhetik. Für Schönberg war äußerst wichtig, Handwerk als Teil des ästhetischen Vorhabens zu betrachten und nicht als selbständig funktionierendes Werkzeug. (Die Emanzipation des Handwerks hat häufig geholfen, sehr viele schlechte Musik zu schreiben.)

Meine Berührung mit Musik war aber nur eine Seite. Ich war schon damals ein eifriger Leser, und mich haben Kafka, Faulkner, Joyce oder die Surrealisten weit mehr als nur interessiert, sie haben meine Ansichten und Empfindungen damals entscheidend geprägt. Gleichzeitig hat mich das Kino fasziniert, das Theater übrigens weniger, da gutes Theater dort nur selten zu sehen war. Aber lohnende Filme gab es zahlreiche. Durch meine Arbeit an der Argentinischen Cinematèque, die ich zu gründen mitgeholfen hatte, war ich auf natürliche Weise in ständigem Kontakt mit diesem Jahrhundert. Allerdings: Ich betrachtete den Film als eine logische Fortsetzung der ästhetischen Entwicklungen des 19. Jahrhunderts. Wenn man diese Hinweise für eine mögliche Biographie bewertet, dann ist selbstverständlich, daß ich mich für Zeitloses interessiere. Vergangenheit war und ist für mich nie etwas Abgeschlossenes. Ebenso betrachte ich das Zeitgenössische schlechthin nicht als etwas speziell Modernes. Im Gegenteil. Oft habe ich den Eindruck, daß die Gegenwart besonders kurzlebige Musik hervorbringt, also längst vergangene Vergangenheit.

*Nun hört man ja des öfteren gerade von jungen Komponisten, daß die Tradition der Musik durch ihre allgegenwärtige Präsenz in unseren Konzertsälen auch zur Belastung werden kann, daß also den Komponisten bestimmte Wege durch diese Präsenz von Traditionen gewissermaßen vorgeschrieben werden. Wenn ich Sie recht verstanden habe, ist Ihr Umgang mit Traditionen dies-*

*bezüglich ein ganz anderer, ein sehr viel komplizierterer. Für Sie ist Tradition nicht etwas, was Ihnen Wege und Möglichkeiten verbaut, sondern was gewissermaßen Material und Ideen zur kompositorischen, zur künstlerischen Auseinandersetzung zur Verfügung stellt.*

Selbstverständlich ja, aber ich möchte Ihre Bemerkung über die Haltung von Komponisten zur Tradition etwas präzisieren. Es ist nicht die Tradition per se, die eventuelle Möglichkeiten verbaut, sondern es sind vornehmlich die Verwalter der Tradition, die aus dieser eine Last machen können. Das hat weder mit Ästhetik noch mit Gelehrsamkeit zu tun, sondern mit der Art, wie das Musikleben organisiert und eine »traditionsreiche« Tradition am effektivsten vermarktet wird. Richtig ist, daß es nicht eine, sondern viele Traditionen gibt; und das ist zunächst der einzige Ausgangspunkt, um sich mit Tradition vernünftig auseinanderzusetzen. Es gibt viele verschiedene Traditionen, die gleichzeitig stattfinden, von ungleicher Kraft und mit unterschiedlicher Auswirkung. Denken wir zum Beispiel an russische Komponisten: sie können sicher keine Musik schreiben, ohne an ihre musikalischen Vorfahren anzuknüpfen, auch wenn die Stücke heute typisch »unrussisch« klingen mögen. Es ist unmöglich zu komponieren, ohne Zusammenhänge herzustellen. Eigentlich ist Komponieren zugleich ein Programm entwerfen, indem man sich für eine bestimmte Musik entscheidet und andere augenblicklich ablehnt. Es gibt keine Alternative zu der fortwährenden Auseinandersetzung mit dem, was war.

Will man etwas »Neues« schreiben, dann entscheidet man sich ebenso für eine Negation von Dagewesenem. Ist man an Problemen interessiert, die Komponisten der Vergangenheit vielleicht nicht zu Ende gedacht haben, dann ist dies wie das Redigieren eines Gespräches: entlang *vorliegenden* Formulierungen verbessern, kürzen, hinzufügen. Vergangenheit und Gegenwart gegeneinander auszuspielen ist absurd, weil die erste von beiden ohnehin mehr Beifall und Wertschätzung erntet als die zweite. Fast Unbekanntes kann selten hypnotische Beliebtheit finden. Aber eines kann ich kaum vergessen: Der gleiche utopische Charakter, den wir mancher zeitgenössischen Musik leihen, ist in einer beträchtlichen Anzahl von Werken der Vergangenheit vorhanden. Die erlauben uns auch, die große Musik von gestern als frappierend modern zu empfinden.

*Immer wieder habe ich den Eindruck, daß vergangene Musik gerade in ihren utopischen Inhalten gewissermaßen eine immerwährende Aktualität behält. Wir haben heute eine Situation in Verbindung mit Tradition bzw. Traditionen, die in dieser Form nicht immer gegeben war. Sie sprachen vorhin von der Verwaltung der Traditionen. Das ist etwas, was uns gewissermaßen alltäglich oder tagtäglich in unserem Konzertleben entgegentritt, und wenn ich Sie recht verstehe, so bedeutet für Sie dieser Moment der verwalteten Kunst, der verwalteten Vergangenheit eine besondere Anziehung. Ich erinnere hier an Ihren berühmten Beethoven-Film von 1970* (Ludwig van), *der ja doch im Grunde genommen eine Auseinandersetzung mit dem darstellt, was aus Beethoven »gemacht« worden ist. Wie verhält es sich mit dieser Spannung von Tradition, wie sie sich in den Werken selbst darstellt, und der Tradition des verwalteten Konzertlebens? Inwiefern ist das ein Bedingungsmoment für Ihre künstlerische Arbeit?*

Die Verwaltung – vielleicht besser: die Weitergabe – von Musik ist ein immer aktuelles Problem gewesen, nicht nur heute. Es bedeutet etwas Wesentliches für das Musikleben, und zwar die Möglichkeit, Unerhörtes, Unbekanntes kennenzulernen.

Die meisten Menschen partizipieren nicht an den großen Entscheidungen der Kultur, sie delegieren das in die Hände weniger. Durch diese allgemeine Ohnmacht, an der Neugierde zu partizipieren, haben sich Konzertveranstalter bestätigt gefühlt in ihrer Beschränkung auf ein Repertoire, das man immer wieder hört. Das ist nichts Neues. Beispiellos geblieben dagegen ist der Einsatz, um kleine Segmente aus dem nicht-lebensfähigen Repertoire der Vergangenheit zu retten.

Die Veranstalter funktionieren sowohl als Kulturspender wie auch als Kulturfilter, und daß viele Zuhörer zur Schallplatte flüchten, wird deshalb verständlich. Es existiert ein Parallelmarkt mit »eingefrorener« Musik, die man nie live erleben wird. Aber vielleicht ist es auch eine Chance, daß man solche Stücke hören kann. Letztlich stellen sie ein Pendant zur zeitgenössischen Musik her, indem sie den Umgang mit vielen Werken der Vergangenheit und Gegenwart vornehmlich als Lautsprecher-Beziehung signalisieren. Dies kann wahrhaftig nicht Zweck der Sache sein!

*Zwei Dinge sind mir jetzt an Ihren Ausführungen besonders aufgefallen: Das eine ist, daß Sie von den Veranstaltern als Kulturfilter gesprochen haben, und ich nehme an, daß Sie in diesem Zusammenhang eben beklagen, daß eine aktive Stellungnahme seitens des Publikums gegenüber künstlerischen Hervorbringungen, wenn nicht stillgelegt, so doch gedämpft und gesteuert wird. Zum anderen sprachen Sie von einem »Zweck der Sache«. Ich unterstelle hier, daß Sie unter »Sache« Musik verstehen, und daß Sie mit Musik unter ganz konkreten historisch-gesellschaftlichen Bedingungen, in denen Sie leben, tatsächlich einen »Zweck« verbinden. Wie sind diese beiden Momente zusammenzubringen? Ich nehme an, daß der »Zweck der Sache« für einen Komponisten zunächst etwas Selbstverständliches ist. Aber es kommt der Zeitpunkt in dieser Entwicklung, wo der Zweck der Sache sozusagen noch eine zusätzliche Bestimmung erfährt, die sich in der Hinwendung des Künstlers zur Öffentlichkeit manifestiert. Ist Ihre künstlerische Arbeit in diesem Punkt eine Herausforderung, die Aktivität des Gegenübers gegenüber sowohl traditioneller Kunst herauszulocken, wie auch dem gegenüber, was heute und hier sozusagen geschieht?*

Ich glaube, daß Herausforderung etwas sein muß, was mit legitimen Mitteln stattfindet. Damit meine ich folgendes: Provokation – épater le bourgeois – ist unter bestimmten Umständen einfach. Es gibt in jeder Gesellschaft Themen, die fast oder vollständig tabu sind. Sie brauchen diese Themen nur unorthodox zu behandeln, und die Herausforderung stellt sich automatisch ein.

Diese Art von Provokation hat mich nie interessiert, auch nicht im Falle *Ludwig van*. Es war nicht beabsichtigt, die sogenannten Beethoven-Freunde zu kränken. Ich habe den Film gedreht, weil ich glaubte, es machen zu müssen; dies sicherlich rücksichtslos. »Rücksichtslos« aber steht hier für das Wort konsequent. Man kann nur konsequent sein, indem man tatsächlich ohne Rücksicht konsequent ist.

Solche Rücksichtslosigkeit ist letztlich jene einzig sublime Herausforderung, die der Zuhörer als Infragestellung seiner Privatriten und Wertmaßstäbe betrachtet. Jeder von uns hütet solche Kategorien, sie gehören zum Fundus der Erfahrungen im Umgang mit musikalischer Bildung und Repertoire. Wenn uns ein Musikstück aus der Bahn wirft, durch die Klänge und durch die Zusammenstellung des Klangmaterials, dann finde ich, daß dies eine Herausforderung ist, über die es sich lohnt, zu sprechen. Instrumente kaputtmachen hat mich dagegen nie interessiert, weil mir die Provokation zu offensichtlich, also billig vorkam. Ich kann Ihnen spontan zehn Stücke nennen, die sicherlich einen Skandal hervorbringen würden. Erfinden diese Stücke ja, aber sie schreiben oder realisieren: nein.

Es gibt einen Punkt, der für mich stets von Bedeutung geblieben ist. Sie zitierten den »Zweck der Sache«. Die Frage danach stellt sich jeder Komponist: Wofür, für wen schreibt er? Ich unterstelle, daß Komponisten diese Frage stets bewegen muß. Man kann unseren mühsamen Beruf nicht nur als Selbstbefriedigung betrachten. Dadurch, daß man durch Töne, die auf tausend verschiedene Arten zusammengestellt werden können, Zuhörer erreicht, anregt, befremdet, langweilt, interessiert, hat man ununterbrochen die Wirkung der Musik vor Augen.

Wenn ich ein Adagio komponiere, dann weiß ich, daß die Aura des langsamen Satzes eine Tradition des Ausdrucks hat, die seit dem Barock gepflegt wurde. Es handelt sich also nicht nur darum, Klänge zu erfinden, die sparsam fallen, sondern »Adagio« bedeutet auch heute eine sehr präzise *Dichte der Mitteilung*. Sie können diese Wirkung des Adagios nicht von der Tatsache trennen, daß dafür eine ausdrückliche geistige Präsenz, eine wortlose Aufrichtigkeit erforderlich ist. Das meine ich auch unter »Zweck der Sache« subsumieren zu können.

*Nun scheint mir aber, daß solche Grundhaltung im Rahmen von Neuer Musik gar nicht selbstverständlich ist. Ich erinnere hier daran, daß es lange Zeit verpönt war, in Verbindung mit Neuer Musik von der Aura zu sprechen. Sie aber beziehen in Ihr Komponieren, in Ihre künstlerische Zielsetzung ganz bewußt etwas ein, was kompositorisch vielleicht nicht greifbar ist, was aber in der Tradition des Hörens – und diese Tradition schlägt sich ja, wie Sie eben dargelegt haben, in bestimmten musikalischen Gattungen, in bestimmten Typen nieder – eine Rolle spielt. Solche Dinge beziehen Sie ganz bewußt mit in Ihre kompositorische Praxis ein.*

Es ist keine Binsenwahrheit, wenn ich meine, Musik wäre erfreulicherweise bereits *vor* mir erfunden; dies gehört zu meiner Auseinandersetzung mit ihr. Ich setze fort, ich knüpfe an; es ist nicht so, daß ich, wenn ich das sage, irgendwelche Ästhetik zu verteidigen versuche, es ist meine Art, Kontinuität zu verstehen. Eine Skala von fein abgestuften Schattierungen des Komponierens und des Hörens spielt ununterbrochen eine Rolle in meinem Verständnis des Zusammensetzens von Musik.

*Das heißt doch auch, daß Sie sich als Komponist ganz bewußt nicht nur mit Ihrem Material beschäftigen, sondern auch immer mit den Bedeutungen, mit der Semantik, die dem Material gewissermaßen zugewachsen ist durch die Geschichte des Hörens.*

Aber selbstverständlich! Semantik ist nichts anderes als Sinn. Wenn man versucht, eine künstliche Ordnung in die Beliebigkeit der Natur zu bringen, dann kann es sich gar nicht darum handeln, diese Ordnung ohne Sinn zu erfinden. Aber damit habe ich nicht vermeintliche oder geplante Sinnlosigkeit ausgeschlossen, weil wir tatsächlich nicht so hören, wie Komponisten erfinden; die Langsamkeit des Komponierens kann man in der Aufführung nicht wiedergeben. Eine Aufführung ist das Beispiel par excellence einer vielfachen Beschleunigung, während Komponieren nur als langsamer Vorgang möglich ist, auch wenn man einen Computer verwendet.

Komposition bedeutet eine Introvertierung und eine Präzisierung der Langsamkeit; jede Aufführung hingegen ist die Negation dieser Langsamkeit. Das macht natürlich die Maßstäbe der Rezeption zum Teil zunichte. Und es erfordert das, was wir der Musik der Vergangenheit immer gönnen, nämlich wiederholte Aufführungen. Nur so kann jener Prozeß, der durch Langsamkeit erreicht worden ist, wiedergegeben werden; dann gewinnt die musikalische Komposition die Chance, wahrgenommen zu werden, wie sie im kompositorischen Prozeß selbst zustande kam. Mit anderen Worten: Wenn Sie ein Streichquartett von Beethoven im Laufe Ihres Lebens so oft hören, daß Sie es fast auswendig kennen, daß Sie alle Übergänge intim kennen und wahrnehmen können, dann beginnen Sie, mit einer anderen Geschwindigkeit zu hören, nämlich einer langsameren. Wenn Sie gezwungen werden, immer a tempo zu hören, dann kommen Sie nie in den Genuß dieser unverbrauchten und notwendigen Langsamkeit.

*Das ist eine sehr interessante These. Könnte daraus die Tatsache resultieren, daß bei vielen Musikern, je älter sie werden, eine veränderte Einstellung zum Tempo stattfindet, und zwar in dem Sinne, daß das Tempo meistens entschieden langsamer genommen wird als etwa in der Jugendzeit?*

Etwas Wesentliches spielt da mit: Interpreten mit großer Erfahrung, die ihre Ressourcen und Möglichkeiten kennen und die notwendige Dichte in dieser Langsamkeit erreichen, sind fähig, in jedem Moment einen sensiblen Höhepunkt zu sehen. Es gibt für sie nichts, was nicht wichtig ist, während in jüngeren Jahren die Wirkung bestimmter Abschnitte Vorrang hatte.

*Ich glaube, daß viele Musiker heute ihre Interpretation so anlegen, daß das Ganze eine übergreifende Bewegung von Anfang bis Ende darstellt. Mit zunehmender Reife und Einsicht in die Komplexität des Komponierten wird es wichtiger, das Werk aus der Vielfalt seiner Augenblicke heraus zu entfalten.*

Das hat mit Komposition zu tun. Gute Interpreten werden im Laufe ihres Lebens zu Komponisten der Interpretation. Sie widerspiegeln dabei manche Prozesse, die der Komponist erlebt hat – in der Auswahl und in der Gestaltung der Mittel. Es ist tatsächlich so, daß wir die Musik, die wir lieben, als etwas Apodiktisches, als die optimale Auswahl des Ausdrucks und der Gestaltung akzeptieren. Dieses letztere aber muß unter Umständen gar nicht zutreffen. Selbst die größten Komponisten haben unter Zeitdruck komponiert, haben sich selbst nachgeahmt, heimlich Abschnitte übernommen, variiert und frisiert, und jene Mittel eingesetzt, von denen sie wußten, daß sie eine erfolgreiche Wirkung hervorrufen. Kein Komponist möchte Mißerfolge komponieren. Also beginnt man von daher differenziert zu sehen und stellt fest, daß unter Umständen einige Lösungen, die große Komponisten angeboten haben, nicht auf dem Niveau von dem sind, was sie hätten machen können, wenn sie sich mehr Zeit genommen hätten. Wenn wir das als eine bestimmte Dimension in der Wiedergabe von Musik akzeptieren, dann kann Interpretation von Musik außerordentlich aufregend sein, weil man das Stück eben immer wieder anders befragen kann. Jedes Stück großer Musik hätte auch anders formuliert werden können. Nur mäßige, mittlere Musik akzeptiert man so, wie sie ist, oder lehnt man ab. Große Musik gibt immer eine Fülle von Fragen auf, und zu diesen Fragen gehört der Zweifel, der dort angesiedelt ist, wo gleichsam viele Möglichkeiten nebeneinander liegen.

*Mit vielen anderen habe ich den Eindruck, daß der Zweifel ein konstitutives Moment in Ihrer kompositorischen und künstlerischen Arbeit darstellt. Das jüngste Werk, das Sie komponiert haben und das Sie für die Frankfurt Feste fertiggestellt haben – ein Chorwerk mit Instrumentalbegleitung –, trägt den für Sie wohl sehr charakteristischen Titel:* Fragende Ode. *Das Werk stellt eine Auseinandersetzung mit dem Thema dar, das in diesem Jahr 1989 sehr viele Menschen – auf jeweils verschiedene Weise natürlich – beschäftigt. Es ist die Auseinandersetzung mit den drei entscheidenden Begriffen, welche die Deklaration der Menschenrechte zur Verfügung gestellt hat, nämlich »Freiheit, Gleichheit, Brüder-*

*lichkeit«. In diesem Jahr sich auf diese Begriffe einzulassen, ist eigentlich ein schwieriges Unterfangen, weil man sich sofort in der Situation sieht, diese Begriffe entweder affirmativ zu verwenden oder sie als bloße Hülsen zu betrachten, deren Inhalte in einer bestimmten geschichtlichen Phase gesellschaftlich enorme Impulse ausgeübt haben, die aber heute als Bestimmungsmomente ihre Bedeutung verloren haben. Was hat Sie veranlaßt, diese Auseinandersetzung anzunehmen und aufzunehmen?*

Ein viertes Wort – nämlich »wann« – war der auslösende Moment. An »Freiheit – Gleichheit – Brüderlichkeit« interessiert mich nur eines: Wann werden diese Begriffe tatsächlich verwirklicht? Ich möchte hier aus dem Vorwort der Partitur zitieren:
»Die Textvorlage dieses Vokalwerks besteht lediglich aus vier Worten und deren Übersetzung in mehr als 30 Sprachen:

Freiheit / Gleichheit / Brüderlichkeit / Wann?

Es wäre auch möglich gewesen, die berühmten Losungsworte der Französischen Revolution in eine viel größere Anzahl von Sprachen und Dialekte zu übertragen, weil die Begriffe, um die es sich handelt, überall noch auf eine angemessene, aufrichtige Verwirklichung warten. Die Auswahl der Sprachen bedeutet hier keine Einschränkung, sondern soll stellvertretend auf die Zustände in *allen* Ländern dieser Welt hinweisen. Vor jedem der häufig vorkommenden Fragezeichen steht sinngemäß also ein Wortbruch. Die Buchstaben, aus denen er besteht, sind daher auswechselbar.«*

*Mich würde aber interessieren, wie Sie diese Auseinandersetzung kompositorisch betrieben haben.*

Zuallererst, indem ich mich nicht damit begnügt habe, die drei Begriffe nur französisch oder deutsch zu verwenden, sondern in dreißig Sprachen, die man natürlich hätte erweitern können auf

---

* Siehe auch die Rede »Im Namen der Freiheit« zum Kölner Symposium, S. 122.

vielleicht hundertfünfzig oder mehr. Das aber war nicht notwendig. Die Idee ist eben, die Nichtverwirklichung zu vermitteln – in jeder Sprache der Welt. Und eine »Fragende Ode« ist die Komposition nicht nur, weil ich »Wann« ununterbrochen in verschiedenen Sprachen fragen lasse, sondern weil ich hinter jedem Begriff ein Fragezeichen gesetzt habe. Freiheit? – Gleichheit? – Brüderlichkeit?

Ich frage mich und frage alle, ich versuche, diese Begriffe öffentlich abzuklopfen. Und daraus entsteht Musik, weil das Fragen einen bestimmten Gestus mit sich bringt, in sich trägt.

Die Komposition ist doppelchörig konzipiert: der erste Chor fungiert hauptsächlich als Sprech-, der zweite als Gesangschor. Diese Dichotomie ist wesentlich für die Fragestellung, weil so eine große Dichte und zugleich die notwendige Transparenz zu erreichen ist. Dazu eine Instrumentalbesetzung von dreizehn Bläsern und vier Schlagzeugern. Auch die Bläser haben eine sprachähnliche Funktion. Das betrifft nicht nur die Art, wie sie spielen, sondern häufig auch die Weise, wie sie die Harmonik färben können. Dies ist wichtig bei einer »fragenden« Melodik.

*Worin konkretisiert sich diese? Mir fällt auf, daß Sie mit bestimmten harmonischen Grundklängen arbeiten, auch mit Dreiklängen, wie gleich zu Beginn mit einem a-Moll-Klang, dem Sie eine vierte Stimme hinzugefügt haben, die sich nicht in diesen Dreiklang einpaßt, sondern die dazu ein dissonantes gis intoniert. Was besagt diese Harmoniebildung? Betrifft sie die Ambivalenz, die in unserem Begriffsfeld enthalten ist, verschränken sich da die Positivität der Ideale mit dem Schmerz der Erinnerung und des Eingedenkens daran, daß eben Freiheit und Brüderlichkeit in der Wirklichkeit kaum realisiert sind?*

In der Tat gibt es in dem Stück eine Auseinandersetzung zwischen Tonalität und Atonalität. Ich möchte keine von beiden einem bestimmten Begriff von Freiheit oder Gleichheit zuordnen – das wäre naiv. Aber es ist doch immer so, daß die Menschen unter Harmonie sich etwas Bestimmtes vorstellen. Das lebt latent in jedem von uns. Ich darf Schönbergs letzte Worte vor seinem Tod zitieren: »Harmonie, Harmonie, Harmonie!« Mich interessiert hier die historische Authentizität nur bedingt. Authentizität und Geschichte können auch erfunden sein oder ein Resultat der Vorstellungskraft oder der Interpretation. In der *Fragenden Ode* gibt es verschiedene Schichten. Eine Schicht, die latent vorhanden ist, suggeriert eine Art Invasionsstimmung durch Militär. Eine andere Schicht besteht in der Reibung zwischen Tonalität und Atonalität. Dies gehört zum Wesen der Fragestellung.

*Es gibt Reibungen in diesem Werk auf mehreren Ebenen, so eben auch in Form dieser chorischen Dichotomie. Der eine Chor ist musikalisch und textlich präzise auskomponiert, der andere Chor ist mehr geräuschhaft, in den Details meistens nicht fixiert, mehr von einer gestischen Sprachartikulation her disponiert. Auf verschiedenen Ebenen also begegnen wir diesen Reibungen. Mir erscheint in diesem Sinne die Komposition* Fragende Ode *als eine Metapher für Geschichte, und speziell: für das Thema »Französische Revolution heute«. Und ich empfinde sie als Ausdruck dieses modernen Bewußtseins, daß die Entwicklung seit der Französischen Revolution, von ihr ausgehend, die Einlösung der Ideale, der geforderten Menschenrechte nicht gebracht hat.*

Meine Erfahrung ist, daß man sich als Komponist kaum an wirklich wichtige Themen heranwagen kann, ohne wichtige Fragen der Musik, des musikalischen Handwerks und der Musikgeschichte gleichzeitig zu berühren. Das ist auch für mich immer der Fall gewesen, wenn ich z. B. durch meine Beschäftigung mit Theologie gleichzeitig musikalische Dinge in Frage stellte, die man scheinbar für abgeschlossen hielt. Und das ist die Bestätigung dafür, daß wir, wenn wir von Sinn in der Musik sprechen, diesen Sinn nicht abkoppeln und isoliert betrachten können. Über die ästhetische Frage kann man sich grundsätzlich und sehr heftig streiten, aber es gibt Begriffe, wie den des Sinns, die letzten Endes eine Definition erlauben und auf eine bestimmte Weise sich erfüllen lassen.

*Aber immer bezogen auf einen ganz konkreten historischen Augenblick bzw. Kontext. Vor 80 Jahren bestimmte sich das, was Sie als Sinn bezeichnen, als etwas anderes als heute.*

Ja, ich habe diesen Begriff Sinn absichtlich nicht an eine ästhetische Lösung, eine handwerkliche Frage koppeln können, sondern ich habe versucht, ihn abstrakt zu behandeln. Damit will ich folgendes sagen: Es gibt Fragen, die sich immer mit neuen Inhalten füllen lassen, aber die ihre Notwendigkeit beweisen, indem sie weder modern noch altmodisch, sondern ein nicht wegzudenkender Bestandteil des Denkens sind. Zum Beispiel musikalische Übergänge: sie sind notwendig und sinnvoll geblieben, behielten eine ähnliche Funktion, sie haben aber Unterschiedliches bewirkt. Der Begriff Übergang ist unabhängig von jedwedem Ausdruck, Stil oder musikalischer Sprache.

*Gehen wir noch einmal auf Ihre* Fragende Ode *ein. Eine Ode, eine Setzung solcher Begriffe wie »Freiheit«, »Gleichheit«, »Brüderlichkeit« hat ja zunächst einmal etwas Affirmatives, aber auch etwas Pathetisches. Es hat etwas, woran ich glaube. Insofern ist das ein Thema, das zu singen sich lohnt. Dort, wo alles sozusagen zum Übergang wird, wo eben das Thema als solches sich gar nicht mehr artikulieren kann, bleibt letztendlich nur noch das Thema als Frage übrig. Ist das nicht genau das Problem unserer Zeit? Wir stecken voller Zweifel, voller Fragen gegenüber allen Setzungen, allen Sinngebungen, gegenüber der Tatsache, daß ein Sinn durch einen anderen Sinn aufhebbar ist.*

Die Auseinandersetzung mit dem, was letztendlich sinnvoll ist, gehört zu unserer Haltung einer Welt gegenüber, in der Sinnvolles und Sinnloses gleichsam durcheinandergemischt werden. In solcher Welt, wo Rationalität und Irrationalität ineinander verschlungen erscheinen, ist es sehr schwer, Antworten zu finden, die wie die Losungsworte der Französischen Revolution das Aufhören dieses Dilemmas bewirken sollen. Ich glaube nicht, daß es meine bescheidene Rolle als Komponist sein kann, Lösungen zu geben. Meine Aufgabe ist es, eher Fragen zu stellen, wie

97

sie sich viele Menschen unentwegt stellen, ohne diese zu artikulieren. Ich darf nur an das Elend des Zweiten Weltkrieges erinnern. Man spricht von der Dritten Welt, aber weit weniger von dem fortdauernden Dritten Weltkrieg. Und doch erleben wir ihn täglich, ununterbrochen, als telegene Summe im Fernsehen. Es gibt Millionen, die nicht mehr glauben, daß das Wort Freiheit erfunden worden ist – von Gleichheit und Brüderlichkeit ganz zu schweigen. Als ich die »Fragende Ode« komponierte, habe ich immer wieder darüber nachgedacht, was wohl das Wichtigste ist: Freiheit, Brüderlichkeit oder Gleichheit? Man muß wählen, man kann nicht alles haben, das wäre unverbesserlicher Idealismus. Ich habe versucht, eine Wertskala zu finden. Und es ist die Brüderlichkeit, der ich die erste Stelle eingeräumt habe, weil ich glaube, daß Brüderlichkeit die beste Voraussetzung wäre, um die beiden anderen Rechte zu verwirklichen.

*Im Grunde ist es auch dieser Begriff der Brüderlichkeit, der für uns heute vielleicht die größte Herausforderung darstellen müßte. Auch ganz aktuell gesehen, wenn ich an unser Verhältnis zu Gastarbeitern, zu den Asylsuchenden denke. Es ist uns schwer geworden, in anderen Menschen den Bruder zu sehen. Die Paradoxie freilich ist, daß wir in einer sozial strukturierten Gesellschaft leben, deren Folgen genau diese Verluste an geschwisterlichem Verhalten sind.*

Gleichheit ist ein schlüpfriger Begriff, geeignet für tausendfache Interpretationen. Deswegen hat die Musik der sechziger Jahre es auch so schwer mit dem *modus operandi* der Freiheit gehabt. Keiner wußte genau, wie damit umgehen. Gleichheit beinhaltet vielleicht eine noch utopischere Dimension als Freiheit, weil sie tatsächlich das ist, was am wenigsten in gesellschaftlichen Systemen funktioniert, die Gleichheit institutionalisiert haben. Gleichheit als Ideologie erlaubt die Bildung einer Kaste, die die Ungleichheit verwaltet. Aber wenn Brüderlichkeit und Geschwisterlichkeit tatsächlich als Lebenspraxis verwirklicht würden, dann wären Freiheit und Gleichheit die Folgen. Wer von uns allen wird darüber berichten können? (1989)

# 6. Komponieren in der Postmoderne
*Gespräch mit Werner Klüppelholz*

*Werner Klüppelholz: Die Vokabel Postmoderne scheint die Moderne vorauszusetzen. Vielleicht sollten wir uns zuerst diesen Begriff vornehmen?*

Mauricio Kagel: Beide Begriffe sind kaum voneinander zu trennen. Aber: Beim Reizwort *post*modern geistert vielerorts die Wunschvorstellung mit, Geschichte sei umkehrbar. Man merkt förmlich die Genugtuung, wir würden uns endlich in einer idyllischen *Prä*moderne befinden. In dieser ideologisch verbrämten Verwechslung liegt die offen getragene Abrechnung mit dem Geist der Moderne. Von hier sollten wir ausgehen, weil die herrschenden Ressentiments für oder gegen die Postmoderne den Blick auf Wesentliches trüben. Die Moderne als Glied einer logisch begründbaren Entwicklung ist, als das Zeitgenössische schlechthin, stets genauso notwendig gewesen wie das Nachdenken über Folgen und mögliche Varianten von allem Neuen.

*Betrachten wir zwei höchst unterschiedliche Beispiele Ihres eigenen Œuvres. Anagrama (1957/58), eine auf einem lateinischen Anagramm beruhende Sprach- und Lautkomposition in fünf verschiedenen Sprachen, die freilich kaum semantisch verständlich werden, und die fast ein Vierteljahrhundert später geschriebene Kantate Mitternachtsstük (1981/82), wo Sie – unter sorgfältiger Gewährleistung der Wortverständlichkeit – Texte aus den frühen Tagebüchern Robert Schumanns durchaus traditionsnah vertonen. Was hat Sie zur einen, was zur anderen Komposition bewogen?*

*Anagrama* ist aus dem Wunsch heraus entstanden, Sprachen weniger als Vehikel der Vertonung zu benutzen, als sie vielmehr in ihre akustischen Bestandteile zu zergliedern, um so musikalische Kategorien zu gewinnen. Sätze und Worte wurden sowohl durch einen rhetorisch-logischen wie auch durch einen systematisch-willkürlichen Fleischwolf gedreht. Alles wurde auf die Gestaltung von Mischklängen gerichtet. So entstand Zerhacktes und zugleich Geformtes aus Zerhacktem. Daß dies nicht ohne das Rückgrat eines Bündels an Kompositionsmethoden möglich gewesen ist, dürfte selbstverständlich sein.

Zwanzig Jahre später hat sich nicht nur bei anderen Komponisten meines Alters, sondern bei mir ebenfalls die Notwendigkeit einer Weiterentwicklung durch langsamen oder abrupten Wechsel ergeben. Die Musik der 60er Jahre durch Klonierung der Werke weiter zu reproduzieren wäre töricht, weil dies auf dem Glauben beruhte, es gäbe irgendeine Wahrheit, die man über den Höhepunkt ihrer ästhetischen Wirkung hinaus verewigen solle. Zum Beispiel: Die Diskussion über den Einfluß der Zweiten Wiener Schule sowie über ihre mittelbaren und unmittelbaren Nachfolger wird müßig, sobald man Zwölftonmethodik und Serialität mit einem Wahrheitsanspruch koppelt. Dies hat bereits in der Vergangenheit zu einer fast faschistoiden Ästhetik geführt, weil die Utopie, über alle Parameter die totale Kontrolle zu behalten, bis auf einige gültige Werke, eher den Absolutismus über die Zuhörer brachte. Komponisten können zwar auf die Aufrichtigkeit ihrer Werke hinweisen und sie sogar als Denkmodelle preisen, werden aber nie verhindern, daß diese Bemühungen von anderen Komponisten und Betrachtern als seltsam obsolet, ja unfreiwillig komisch, empfunden werden.

Das Kulturleben liebt Manierismen, Ismen, Etiketten. Dies weist auf eine latente Vereinfachung in Einschätzung und Ortung des ästhetischen Phänomens. Dagegen sind Autoren, Maler, Komponisten ständig beschäftigt, ihre eigenen Erfahrungen in der Erfindung von Neuem einzuarbeiten, das Procedere anzureichern. Das führt oft zu langsamen Veränderungen, die von Kritik und Zuhörer manchmal erst wahrgenommen werden, wenn der Unterschied zum Vorherigen bereits gewaltig ist. In den 60er Jahren finden sich in meinen Arbeiten auch Beispiele für die Ablehnung herrschender Rezepte. So weisen einige Aspekte in *Phonophonie* bereits auf *Mitternachtsstük*, bloß in rudimentärer Form. In diesem letzten Stück reizte mich der nahezu expressionistische Text von Schumann, und dies zwang mich zu einer folgerichtigen musikalischen Umsetzung, wo Verständlichkeit oberstes Gebot blieb. Mich hat ohnehin immer gestört, daß die Textvorlagen, die Komponisten manchmal zu Manifesten inspirierten, nur über die Begleitnotiz im Abendprogramm erfaßbar wurden. Sprachragouts sind weder modern noch postmodern, sondern mittlerweile eine verbreitete Charakteristik wie hoch, tief oder langsam. Mit anderen Worten: Unverständliches ist a priori nicht zeitgemäßer als klar vernehmbare Worte oder umgekehrt. Elemente der Postmoderne sind in meinen Kompositionen bereits früh vorhanden, weil ich immer von der Chance fasziniert war, die Komponisten haben: geerbtes Material neu anzuleuchten und weiterzugeben.

*Vor Ihrer offen sichtbaren Wende zur Tradition, markiert durch* Ludwig van *(1969/70) oder die serielle Tonalität des* Programm, *gibt es dafür allerdings Hinweise schon in manchen Werktiteln, zum Beispiel* Mirum *für Tuba (1965).*

Titel sind oft Dokumente einer Stellungnahme oder Teil einer Attitüde. Ich versuche solche zu finden, die zumindest den Eindruck vermeiden sollen, meine Musik erhebe den Anspruch, eine exakte Wissenschaft zu sein. Man muß Mathematiker oder Physiker lachen hören, wenn sie manch prätentiösen Erguß lesen, den Komponisten verfassen, um ihren Werken die Aura unfehlbarer Präzision zu geben. Im Grunde haben Komponisten kaum die Ausbildung und erforderliche Ausrüstung, um aus ihrer Beschäftigung mit naturwissenschaftlichen Disziplinen einen wissenschaftlich aufregenden Beitrag zu leisten. Was mich tatsächlich interessiert, ist etwas anderes.

Ein alter Traum von Komponisten ist der Glaube an die Notwendigkeit der von ihnen gefundenen Töne. Diese Sachlage ist jedoch komplizierter, als man meint, weil Komponisten fest davon überzeugt sind, daß *alle* ihre Tonkombinationen unerläßlich sind. Wenn man so will, eine Art musiktheoretisches Postulat der Unfehlbarkeit.

Zurück zu *Mirum* für Tuba. Liest oder hört man diesen Titel zum ersten Mal, dann denkt man unweigerlich an Mozarts *Requiem*. Mir ist dies lieb, weil das Reservoir unserer musikalischen Bildung unverkrampft für eine Doppel-, Tripelbödigkeit sorgt, einen Lufthauch der Musikgeschichte, der in einer anderen Hörerwartung münden kann. Dieser Titel war vielleicht ein frühes Zitat postmoderner Ästhetik, jedoch ohne ausdrücklich zu zitieren.

*Schönberg empfand anders: Ihm war entschieden daran gelegen, den zartesten Lufthauch der Geschichte, jedenfalls die geringste Assoziation an die Tonalität aus seiner Musik fernzuhalten. Vergeblich, wie man weiß. Liegt darin aber nicht ein wesentlicher Unterschied zur heutigen Lage?*

Schönberg hat an der Einschätzung seiner Rolle als Störenfried immer gelitten. Und dabei birgt sein Werk soviel Tradition: Wagner, Brahms, Hugo Wolf und andere mehr. Sie gab ihm die Kraft, überhaupt so zu komponieren. Er ist ein schlechtes, weil mißlungenes Beispiel für den Versuch, Tradition fernzuhalten. Ich stelle als Hobby Statistiken auf: *Verklärte Nacht* habe ich nun im Verlauf meines Lebens wahrscheinlich dreißigmal häufiger gehört als das vierte Streichquartett, *Pierrot lunaire* unzählig öfter als die Lieder op. 22. Damit möchte ich keine These aufstellen, erst recht nicht für oder wider die Tonalität – als Ideologie. Aber ich würde gerne aus einem Brief zitieren, den Max Ernst 1920 an Tristan Tzara in Paris schrieb. Ich tue es aus Pietät in dem original französischen Wortlaut: »Les intellectuels allemands ne peuvent pas faire caca ni pipi sans des idéologies.« Nun lebe ich in Deutschland und bin Zeuge und Mitgestalter eines ideologischen Magmas, gegen das ich mich aufrichtig wehre. So bin ich ständig überrascht zu erfahren, wie unterschiedlich andere Personen Musik hören als ich – als wir, Fachleute – und was sie herausfinden. Die Postmoderne ist sicher ein Affront gegen den ideologischen Überbau, gegen jene sich selbst als streng definierende Strenge. Ich sage es nicht als Anwalt der Postmoderne, vielmehr als Zeuge einer grassierenden Unsicherheit, die auch die Kritik erfaßt hat. Krisen im Ästhetischen begrüße ich; stimmige Theorien, festgefügte Systeme waren mir stets verdächtig, ich fühle mich wohl auf schwankendem Boden. Außerdem: Fantasievolle Theorien sind nur spannend als Teil einer Gesamtfiktion. Vieles ist mir willkommen, solange Ideologie und Dummheit nicht in gleiche Richtung marschieren.

*Mir scheint die Wende zur Tradition gegen Ende der sechziger Jahre aber noch nicht hinreichend geklärt. Denkbar wäre doch gewesen, Sie hätten – wie Jüngere in den 80er Jahren – sich einen Pfad in die Innerlichkeit gebahnt.*

Mein Drang zur Kohärenz hat mich daran gehindert. Und außerdem: die 60er Jahre waren selber kulturphilosophisch ein Ausflug in eine Form von Innerlichkeit, die man damals jedoch nicht so definierte. Die Überbetonung des Strukturellen in der kompositorischen Methodik führte – via spekulative Musik – zu hermetischen, mehrfach zu decodierenden Botschaften. Es wäre naiv zu behaupten, daß Musik, die sich abriegelt, kommunikativ sein will. Genauso naiv wie der Glaube, wir könnten gesellschaftliche Prozesse durch Musik beeinflussen. Wir sind lediglich wie Wetterfahnen, die sich zwar drehen, bevor der Wind weht, aber dessen Richtung später nicht mehr bestimmen können.

*An welchem Werk oder welcher Werkgruppe würden Sie selbst rückblickend eine Stilwende erkennen?*

Solange die Wandlungen sich vollzogen, war es schwer, ein System daraus abzuleiten. Dies gilt insbesondere für einzelne Werke. Gewiß waren aber *Ludwig van* und die *Variationen ohne Fuge* eine furchtlose Auseinandersetzung mit Form und Ausdruck des 19. Jahrhunderts.

Wie würden die Komponisten der Vergangenheit heute

schreiben? Diese Frage hat mich in ihren möglichen Auswirkungen immer beschäftigt, weil ich mich in der Kontinuität einer unaufhörlichen Musiktradition begreife. Den Terminus »Große Musik« zum Beispiel habe ich zum ersten Mal in Deutschland gehört. Sein Gebrauch ist höchst interessant: Jeder empfindet dabei etwas anderes und dennoch gibt es Stücke, bei denen sofort darüber Einigkeit herrscht, daß es sich definitiv um große Musik handelt. Das Adagio aus Beethovens *4. Klavierkonzert* ist eine solche Musik, und Sie werden zustimmen, daß die unaussprechliche Emotion, die man gegen Ende dieses Satzes fühlt, uns fast hoffen läßt, es würde kein Allegro folgen. Nicht alle gute Musik ist große Musik, über der höchsten Ebene der ernsten Musik liegt scheinbar eine allerhöchste Ebene, reserviert für jene Musik, die uns fassungslos zu machen imstande ist. Bei jedem der Komponisten, die die Musikgeschichte geprägt haben, gibt es solche Stellen, obgleich keiner die Kraft hatte, dauernd große Musik zu schreiben. Bei der Betrachtung einer solchen Meta-Ebene der musikalischen Empfindung fesselt mich weniger die Frage, was Beethoven, Mozart oder Wagner bewirkt haben, als vielmehr: Was hätten diese Komponisten 150 oder 200 Jahre später als musikalische Sprache entwickelt? Die Antwort würde wahrscheinlich mit dem Wesen der Postmoderne zu tun haben.

*Ist diese utopische Fortsetzung nicht buchstäblich eine halbe Selbstaufgabe – in Gestalt einer Identifikation, wie sie jeder an sich selber beobachten kann?*

Aber ja! Wenn ich Musikschriftsteller wäre, müßte mich interessieren, was Hanslick über die Musik von heute schreiben würde. Ich bin aber lediglich Komponist und trotzdem davon überzeugt, daß meine Musik von einer logischen Weiterentwicklung musikalischer Sprachen nicht herausgelöst werden kann. Deshalb habe ich niemals verkündet, daß Neuartigkeit wertvoller wäre als die Substanz der Sache selber. In all meinen Schriften und Gesprächen habe ich niemals ein Plädoyer für die Notwendigkeit der Moderne gehalten, dies wäre wirklich überflüssig. Andererseits haben Bezeichnungen wie Ars Nova eine Relativierung von früheren kompositorischen Techniken ermöglicht, deren neue Ausleuchtung man dann a posteriori machen konnte. Die lineare, eindimensionale Betrachtung der Musikgeschichte wurde in den letzten Jahrzehnten durch musikethnologische und musiksoziologische sowie philosophische Ansichten ergänzt und verfeinert. Der Höhepunkt jedes Ismus gestattet die Analyse des vorangegangenen Ismus auf eine differenziertere Weise; in einem solchen Verhältnis stehen auch Postmoderne und Moderne. Nur ist es schwierig, dies zu tun, ohne Verallgemeinerungen über die Moderne von sich zu geben, weil sie eigentlich bereits mit der Neuzeit, also im 16. Jahrhundert, beginnt. Zu einer Definition der Moderne gehört ebenfalls eine Technik des Ausdrucks, die wir anzuwenden und als Teil unserer Bildung zu verstehen gelernt haben. Mag sich auch die Technologie ständig erneuern, konstant geblieben ist das Ziel, durch verständliche Zeichensysteme zu kommunizieren. Und es ist gleichgültig, ob wir dieses Ziel durch Collage, Décollage, Durakkorde oder Zwölftonreihen anstreben. Serielle Musik darf nicht als Gipfel der musikalischen Moderne verstanden werden und die nachfolgenden Werke mit unterschiedlichem ästhetischen Hintergrund quasi als Verrat. Diese Betrachtung verkennt grundsätzlich die Komplexität nichtserieller Stücke.

Um ein Beispiel aus der bildenden Kunst zu geben: Als die Collage neben dem Zeichnen oder Malen als legitime Technik akzeptiert wurde, erweiterte sich nicht nur die Palette, sondern es fand auch ein Umdenken statt. So gab es die Möglichkeit zu einer methodischen Erweiterung des Handwerks. Nicht die Akademie hat dies bewirkt, sondern der Geist der Moderne.

*Mir scheint, Moderne war um die Jahrhundertwende primär eine Frage der Moral, wie es der Satz »Ornament ist Verbrechen« ja ganz wörtlich ausdrückt.*

Adolf Loos war freilich selber ein Verfechter des Ornaments, nur: des strengen, sachlichen Ornaments. Diese Art von poetischer Blindheit existiert bis heute; das wird verboten, jenes verpönt. Es zählt letztlich nur das Ziel.

*Trotzdem: Der Argwohn gegenüber der »Postmoderne« dünkt berechtigt, daß die Haltung des Laisser-faire zuletzt auch die ästhetische Moral preisgibt, denn ein moralischer Kodex, der eben nicht alles erlaubt, ist stets noch die Grundlage jeglichen Begriffes von Kunst – an dem übrigens selbst das unsägliche Genudel des Philip Glass etwas partizipieren möchte.*

Es gab immer Mitläufer, die jene Werke lieferten, auf die man wartete, um eine bestimmte Ästhetik abzulehnen oder sie zu verdammen. So war es in der Seriellen Musik ebenso wie im Neoklassizismus, in der Neoromantik oder Minimal Music. Einen fast systematischen Output an Werken, die überflüssig sind, hat es allzeit gegeben. Es wäre aber ungerecht, solche Werke mit denjenigen zu messen, die eine historische Wandlung bewirkt haben. Der Satz von Loos ist nicht zuletzt aufregend, weil wir in den 70er Jahren Zeugen einer unerwarteten Bewertung des Jugendstils sein konnten. Ich selbst habe auch gelernt, die edle Strenge des Jugendstils nicht länger als Kitsch zu betrachten, wie ich es vorher pauschal tat, und daß gewisse Entwicklungen im Bauhaus ohne Jugendstil nicht verständlich sein können. Natürlich bin ich Verfechter der Bauhaus-Ideale gewesen, doch bekenne ich aufrichtig, daß ich viele kunsthistorische Zusammenhänge erst später begriffen habe. Die Hamburger Ausstellungen über die Malerei des 19. Jahrhunderts im letzten Jahrzehnt waren außerordentlich, weil sie nicht aus affirmativem Geist entstanden sind, gegen das Neue, sondern um die Moderne umfassender zu verstehen. Viele Betrachter begannen so, sie neu zu sehen. Zu Beginn der 60er Jahre behauptete ich, daß, solange das 19. Jahrhundert nicht gründlich bearbeitet wird, das 20. weder souverän bewertet noch wirklich frei weiterentwickelt werden kann. Mit anderen Worten: Ich war schon damals von der Tradition der Modernität in der Tradition überzeugt, aber nicht aus sentimentalen Gründen, oder um den Rückschritt zu verkünden, sondern einfach, weil mich dies aus der Sicht eines Komponisten des 20. Jahrhunderts brennend interessierte.

*Sie haben serielles Denken auf die Klangtypen der Tonalität appliziert, was Sie – in gewohnter Freude am Paradoxon – serielle Tonalität nennen. Die serielle Stringenz soll vermutlich garantieren, was Sie als Kohärenz bezeichnet haben. Diese wiederum hat die Aufgabe, vor dem Eklektizismus zu bewahren – oder hat der Begriff heute ohnehin keinen rechten Sinn mehr?*

Intuitiv und formal habe ich nie Eklektizismus betrieben. Dafür bin ich viel zu streng und zugleich ökonomisch. Ich versuche aus wenigem viel zu machen, dies erfordert ein kohärentes, klassisches Handwerk. Es ist ähnlich wie in der Chemie: aus drei oder vier gegebenen Elementen eine maximale Anzahl von Ableitungen machen. Jene, die optimal sind, dienen zur Herstellung weiterer Verästelungen eines formalen Gefüges. Natürlich findet man dieses Modell vom 18. Jahrhundert bis heute immer wieder auf das vollkommenste verwirklicht. Mich interessiert der Eklektizismus auch deshalb nicht, weil wir ohnehin durch die Medien in einer ununterbrochenen eklektischen Realität leben, die ich in meinen Werken nicht noch einmal zu reproduzieren gedenke. Dies wäre vielleicht Postmoderne in Reinkultur, aber zugleich eine Art Mediennaturalismus, der meiner Ästhetik wirklich fernliegt. Der Konflikt zwischen Moderne und Postmoderne basiert auch auf der Illusion, eines könnte das andere ohne weiteres ablösen, als ob man durch Beschluß entscheiden würde, ab jetzt gilt Irrationalität da, wo früher Rationalität galt. Weder das eine noch das andere trifft den tieferen Zeitgeist. Es könnte auch sein, daß die heutige Postmoderne später als gleitende Stufe, als Förderband zu einem noch virulenteren Modernismus bewertet wird. Wer wagt dies mit Sicherheit vorauszusagen?

(1989)

# Reden

# 1. Zur Eröffnung der Kölner Philharmonie

Die ungeduldig erwartete Eröffnung der Kölner Philharmonie ist nun Wirklichkeit und somit eines der größten Bauvorhaben in der Geschichte dieser Stadt zu Ende gebracht worden. Niemand darf über die verflossene Zeit zwischen Projektbeginn und dem heutigen Tage – knapp über ein Jahrzehnt – auch nur ein Wort des Spottes fallenlassen. Wenn wir an die biblische Bauzeit des Kölner Doms denken, die mit geschmacklos langen Pausen etwa fünfundzwanzig Generationen in Anspruch nahm, so muß jeder zugeben, daß eine halbe Generation kaum der Rede wert ist. Ich kann mir lebhaft vorstellen, daß Sie in diesem Augenblick hastig den Dom mit der Philharmonie und den Museen Wallraf-Richartz und Ludwig vergleichen und allerlei Schlüsse ziehen. Es ist gut so. Alles, was die Mauern dieser alten Stadt beinhalten und uns als beständiger Ort des Zusammenlebens geboten wird, sollte uns und die nachfolgenden Bürger zur Stellungnahme anspornen.

In der Tat: Ich habe einige Protokolle der öffentlichen Ratssitzungen der Stadt Köln gelesen, wo dieses Bauprojekt seit 1975 behandelt wurde. Es ist eine durchaus spannende Lektüre gewesen, voller unerwarteter Wendungen und auftauchender Ängste, besorgter Zwischenrufe, heiterer und geduldiger Grundsatzerklärungen, Lebensregeln, Sprüche, Gebote, Argumente, Denkworte. Dabei ist mir die Bemerkung eines Ratsmitglieds in der Sitzung vom 27. März 1979 in Erinnerung geblieben: »Nie wird so polemisch getritten, wie wenn alle drei Fraktionen einem Projekt zustimmen.«

Hier wurden niemandem die Lippen versiegelt, und die Aufzeichnungen dokumentieren ausgiebig Ernst und Tragweite der

111

Verhandlungen. Es heißt in dem Bericht eines anderen Beigeordneten: »Die Mitglieder des Sonderausschusses versuchten in fairer, sachlicher, harter und – nicht zuletzt – zäher Diskussion, sich eine einheitliche Meinung zu bilden.« Die Wahrheitsfindung in einer Demokratie ist langwieriger als sonst, weil man darüber spricht.

Der Stadt Köln für die glückliche Bewerkstelligung ihrer Aufgabe und die Entscheidung, einen so großzügig bemessenen Saal bauen zu lassen, den Baumeistern für die menschenfreundliche Architektur und Ausstattung des Raumes, dem Westdeutschen Rundfunk für die wesentliche Unterstützung und weitere Beteiligung an dem Vorhaben möchte ich, als Komponist und Ausführender, auch stellvertretend für alle Kollegen der deutschen und internationalen Musikwelt, meinen tiefsten Dank aussprechen. Und sollte die Akustik des Saales sich jenen Werten nähern, die beim Musikmachen das Machen vergessen helfen, dann wird die Danksagung in wohlgeformt klingenden Tönen allabendlich wiederholt werden. Kann man sich eine zwingendere Erwiderung wünschen?

Ich darf zugeben, daß mich die Gewißheit, lebendig vorgetragene Musik ist immer noch imstande, solche Anstrengungen in der Gesellschaft zu mobilisieren, mit Genugtuung und Stolz erfüllt. Konzerte bleiben das Triebwerk unserer akustischen Erfahrungen und üben weiterhin eine ungebrochene Anziehungskraft aus. Über die pessimistischen Befürchtungen, der omnipräsente *Lautsprecher* würde alle anderen Mitstreiter zu nebensächlichen *Leisesprechern* degradieren, können wir heute nur lächeln. Aber man darf das tatsächlich verlorene Terrain nicht einfach leugnen. Beide Ansichten, sowohl die eine, die im Vorhandenen grundsätzlich Negatives aufspürt, wie auch die andere, die im Erreichten einen tadellosen Endpunkt sieht, verkennen die eigenwillige Dynamik der Wünsche und Notwendigkeiten unserer Gesellschaft. In einer Welt voller Tragödien scheint mancher Wettstreit, manche Auseinandersetzung überheblich, ja überflüssig. Optimismus und Pessimismus sind daher Begriffe, die in bezug auf Kulturarbeit und Kulturpolitik stets fehl am Platze sind.

Lebendige Musik zu hören ist zweifellos eine der extravagantesten Arten, Geld auszugeben. In Museen verbleiben die Bilder, Objekte und Skulpturen, in Bibliotheken das Gedruckte, im Theater kann man, von der Not getrieben, das Leinen der Prospekte und das Holz der Podeste sogar wiederverwenden. Aber bei der Musik? Die Konservierung durch Tonaufnahmen ist nicht Regel und sine qua non der Darbietungen, sondern manchmal ein existenzsichernder Kompromiß. Die gängige musikalische Praxis bleibt eher drahtlos orientiert und scheint Kabeln und Mikrophonen gegenüber ein leises Mißtrauen zu pflegen. Welche Faszination muß das Erlebnis von Musik auf uns ausüben, daß wir nicht müde werden, dem flüchtigen Ritual einen würdig-dauerhaften Rahmen zu geben. Die ideale Bleibe der Musik jedoch befindet sich an einem Ort jenseits von Raum und Zeit. Dort ist sie vor allen Stilwandlungen der Architektur sicher, von Druck und Abhängigkeiten befreit, ebenso von allen zerstörerischen Folgen einer Ideologie von Angebot und Nachfrage, die nur darauf zielt, das Repertoire noch schmäler zu machen.

Meine grundsätzliche Erfahrung belegt, daß das Publikum nie braver ist als viele seiner braven Bevormunder. Bereits das Vorhandensein von Musik kann als Zeichen einer täglich wiederholbaren Utopie auf Erden gedeutet werden. Widerstand gegen jede Einengung sollte daher ein Gebot sein.

Die zunehmende Erweiterung des Konzertbegriffes und die Auflockerung tradierter Darbietungsformen ist unumkehrbar geworden. Dieser Prozeß, von wenigen Komponisten Anfang der 60er Jahre zaghaft initiiert und von ebenso wenigen Veranstaltern und Interpreten in die Tat umgesetzt, ist längst keine Domäne der Neuen Musik mehr, sondern umfaßt heute viele andere Sparten und Musiksprachen. Von den Überlegungen im einstigen Elfenbeinturm (den keiner von uns ausdrücklich wollte und der mittlerweile beträchtliche Risse aufweist) haben viele Konzertreihen und Festivals für Renaissance- und Barockmusik, für Klassik und Romantik geradezu profitiert. Der frische Wind weht ungehemmt weiter und ist besonders ohrenfällig da, wo es nicht – oder nicht mehr – um zeitgenössische Musik geht. Eine unverkrampfte Behandlung der Konventionen, wie man Konzertprogramme zusammenstellt, anbietet und an ungewöhnlichen Orten verwirklicht, hat sich durchgesetzt. Es geht hier schließlich um nichts anderes als um jene uns allen teure, unumgänglich-notwendige, immer einträgliche und zu jedem Anlaß gut passende Tradition.

Schon ein vorsichtiges Lüften des überlieferten Konzertschemas hat gezeigt, daß gerade in der Musik der Vergangenheit, im allumfassend »klassisch« genannten Repertoire, ein ungeheures Potential an neuen thematisch übergreifenden Schwerpunkten steckt. Je unorthodoxer die Musik anderer Jahrhunderte durchleuchtet wird, desto deutlicher gewinnt man Einblick in die unerschütterliche Kontinuität der Tradition. Heute sind vergleichbare Entwicklungen und Fragestellungen von damals gegenwärtig: Mißverständnisse und Widerstand beim Auftauchen jeder neuen Ästhetik, die Tendenz zur Abschwächung des Kühnen, die unnötige Erhärtung der Fronten. Wir ernten immer noch vieles von dem, was im 18. und 19. Jahrhundert gesät wurde, und sind paradoxerweise imstande, theoretische *und* praktische Erkenntnisse des 20. Jahrhunderts auf die Vergangenheit zu projizieren. Die Zuhörer haben so vielfach Gelegenheit, sich differenziertere, subtilere Meinungen zu bilden. Somit erfüllt die Musikwelt einen gewichtigen Teil ihres gesellschaftlichen Auftrags dem Publikum gegenüber, ihrem treuesten Mäzen.

(Trotz alledem sind wir noch weit davon entfernt, uns von Programmvorstellungen zu lösen, die, wie mit einem TÜV-Siegel versehen, dem sicheren Happy-End zusteuern. Wann wird man mit dem »Bolero« beginnen und die Haydn-Symphonie zum Schluß spielen? Ungewöhnliche Abfolgen können die Aufgabe von Dirigent und Orchester vielleicht erschweren, das Publikum aber zugleich auffordern, manches neu zu durchdenken. Nirgends steht geschrieben, daß eine Apotheose zum Auftakt den schiefen Ausgang ankündigt.)

Es ist selbstverständlich geworden, daß eine Veranstaltung, wenn die Dramaturgie des Programms es verlangt, ebenso fünfzig Minuten wie auch vier oder mehr Stunden dauern darf. Simultankonzerte, bei denen das Publikum promenieren kann, sind ebenso möglich wie andere, wo jeder Zuhörer sich im voraus unter gleichzeitigen Angeboten zu entscheiden und somit die Wahl seiner Qual zu tragen hat. Mischformen aller Art, wo zur Musik Diapositiv- und Filmprojektionen stattfinden, sind genauso gang und gäbe wie die Einbeziehung von Hörspiel und Sprechtheater. Die räumlichen Beziehungen zwischen Interpret und Zuhörer sind gründlich auf den Kopf gestellt worden. Mangels geeigneter Säle sitzt manchmal das Publikum auf dem Konzertpodium, Orchester und Chöre im Parkett oder rund um die Zuhörer. Auch sind viele Werke geschrieben worden, wo Instrumentalisten und Publikum in engster Tuchfühlung durcheinander sitzen oder stehen.

Wofür das alles? Es ist nur bedingt wahr, daß ein Experimentieren um des Experimentes willen – und weil die Mittel dafür vorhanden waren – der geheime Antriebsgrund dieser Entwicklung gewesen ist. Viel wichtiger scheint mir die unerfüllte Hoffnung, sicherlich auch der Herzenswunsch vieler Komponisten und einiger Veranstalter, einen *aktiven Dialog* mit dem Publikum zu erreichen. Dieses für Fragen der Rezeption zu interessieren, gibt uns schließlich das Gefühl, daß Musik als eminent gesellschaftsfreundliche Manifestation eine zunehmend freundliche Gesellschaft braucht.

Eine hohe Besucherzahl kann nur partiell die Existenz von Kultureinrichtungen sichern, wenn keine Anstrengungen unternommen werden, die Arbeit den möglichen Benutzern *verständlich* zu machen. Es geht hier nicht um populistisch befriedigende Maßnahmen, um Alibis höherer Gnade, die eine bestimmte Programmpolitik rechtfertigen könnten. Das Angebot an Musik hat sich in den letzten zwei Jahrzehnten pausenlos weiterentwickelt. Dies bedeutet zugleich eine logische Erweiterung des Publikumspotentials und die Einbeziehung von Zuhörern, die früher, aus welchen Gründen auch immer, den Konzertsaal als Negativsymbol mieden. Es gibt heute in vielen Städten mehr als jene 300 spezialisierten Zuhörer, von denen Otto Klemperer sprach. Wenn ein Kammerkonzertsaal dreihundert Plätze umfaßt, sind vielleicht 120 Zuhörer anwesend, stehen aber tausend Plätze zur Verfügung, können es auch 600 sein. Welchen Gesetzen diese geheimnisvolle Mechanik gehorcht, wage ich nicht zu enträtseln, aber es gibt tatsächlich eine Steigerung oder Abnahme jener 300, als würde eine strategische Vorkenntnis des Raumvermögens den Publikumzufluß selbständig regulieren. Insofern war es richtig, in Köln einen 2000 Zuhörer fassenden Saal bauen zu lassen. Die Vermittlung von Musik im großen Stil braucht den entsprechenden Rahmen.

Und welch abenteuerlichen Werdegang hat die Geschichte der Musikvermittlung durchgemacht, wenn man die Vielfalt der räumlichen Modelle von Konzertsälen und anderen Aufführungsorten seit Beginn des vorigen Jahrhunderts betrachtet!

Schon 1806 schlug Ignaz Ferdinand Arnold in Erfurt vor, dem Musiksaal der Zukunft ein alttestamentarisches Bilderverbot zu verordnen. Alles, was Auge und Ohr ablenken könnte, müsse, »um den Genuß der Musik zu erhöhen«, vermieden werden. Chor und Orchester seien deshalb durch Stoffschirme zu verhüllen. So früh also wurde der Bayreuther Orchestergraben mit den Prinzipien des Grammophonkonzertes vom Ende des gleichen Jahrhunderts kombiniert, und sollte – weil der Äther so begünstigt wird – als Stammbaum des Rundfunks gelten. Dies ist nur ein Beispiel einer Entwicklung, die die Entdeckung neuer Klangwirkungen und Instrumente, musikalischer Formen und Aufstellungsschemata von Anbeginn begleitet hat. Eines ist vom anderen nicht trennbar, und die Zuspitzung der forschenden Neugierde, wie unterschiedlich Musik komponiert und aufgeführt werden kann, ist heute nicht geringer geworden.

Wir erleben in den letzten Jahren eine Skepsis gegenüber der Neuen Musik, die man auch als neuen Ausdruck einer alten Ratlosigkeit definieren dürfte. Im Unterschied zum Sturm und Drang der noch ausklingenden Nachkriegszeit hat sich im Musikleben eine diffuse, wenngleich ansteckende Malaise breitgemacht, die zu einer merkwürdigen Erleichterung in der Ohnmacht geführt hat. Das Argument, es gäbe schon genug Griesgram und Existenzangst, um einer zusätzlichen Umsetzung in Musik zu bedürfen, ist mittlerweile anderen, geistvolleren Darlegungen gewichen. Zum Trost sollte man nicht vergessen, daß man von keiner Periode der Musik- und Kulturgeschichte behaupten kann, auch wenn Schaffende und Kontemplative es manchmal wünschten, sie stelle einen lapidaren Endpunkt dar. Jeder Ankündigung, das Ende dieser Welt stünde demnächst bevor, folgte bis heute eine gesteigerte Lust am Weiterleben. So ist bereits eine Post-Postmoderne in Sicht, die pflichtgemäß einen neuen hemmenden oder befreienden ästhetischen Kodex einführen wird.

Elias Canetti erzählt in seinen Memoiren eine bewegende Geschichte. Als er in den 30er Jahren nach Prag fuhr, war er vom tschechischen Wort für Musik begeistert: hudba. Er empfand, daß dieses endlich den richtigen Terminus »für Strawinsky's *Les Noces*, für Bartók, für Janáček«, kurzum, insgesamt für all jene Neue Musik sei, die seiner Meinung nach einer anderen als der gängigen Bezeichnung »Musik« bedürfe. Er schöpfte Mut und ging zu Alban Berg, um ihn zu fragen, »ob es nicht auch andere *Worte* für Musik geben sollte«, weil die Schwierigkeiten vieler Zuhörer – Canetti erwähnt ausdrücklich das Wiener Publikum, aber eine Verallgemeinerung ist hier legitim – vielleicht damit zusammenhänge, »daß sie mit ihrer *Vorstellung* von diesem Wort vollkommen eins geworden waren, so sehr, daß sie nichts zu dulden vermochten, das den Inhalt dieses Wortes für sie verändere. Vielleicht, wenn es anders *hieße*, wären sie eher bereit, sich daran zu gewöhnen.« Berg wollte davon nichts wissen. »Jedes andere Wort dafür«, sagte er, »wäre *Betrug*.«

Bei jedem leidenschaftlichen Musikhörer darf man Spuren von Sucht vermuten, und wäre diese meßbar, so müßten wir sicherlich über die alarmierenden Daten beunruhigt sein. Ich meine wörtlich *jeden* Hörer, ob er sich der ernsten oder der Unterhaltungsmusik widmet. Diese allzu bequeme, weil zu starre, Unterscheidung führt zu allerlei Mißverständnissen, da jeder, der Musik liebt, letztlich unterhalten werden möchte. Wer das Gegenteil behauptet, sei leidenschaftslos auf die Herkunft des Wortes *Unterhaltung* verwiesen. Wichtige Musikwerke aller Stile haben eins gemeinsam, sie sind oft langatmig, aber stets kurzweilig.

Darin besteht vielleicht das spezifische Gewicht dieser geistigen Nahrung, die wir »Musik« nennen und auf die wir unter *keinen* Umständen – ja, keinen: weder politischen noch ökonomischen oder religiösen Umständen – verzichten wollen. Im Gegenteil. Je verworrener, krisenhafter und prekärer die Umstände sind, desto dringlicher und aufrichtiger scheint unser Appetit auf Musik zu sein. Hier gibt es vielleicht einen kausalen Zusammenhang zwischen der elementaren Notwendigkeit des Hörens und dem existentiellen Ursprung der Musik; zwischen einer – freilich unmeßbaren – Aktivierung des Innenlebens und dem allmählich zur Kunst gewordenen Spiel mit Klängen.

Jeder Hörer, der an bestimmten Melodien und Begleitformeln, an Akkordfolgen und Klangfarben, an Stimmlagen, Tempi und Lautstärken Gefallen findet und seine Erfahrungen oft und ausgiebig, in welchen zeitlichen Abständen auch immer, wiederholen möchte, ist offenkundig in Gefahr. Jedesmal, wenn er Linderung für seine Unpäßlichkeit braucht, darf er sich hierher, in diese Philharmonie zur Ambulanz begeben und sicher sein, daß die verabreichte Medizin nur negative Wirkung haben kann: die Schwäche nämlich dürfte immer chronischer und dabei unheilbar werden.

Bei dieser Sucht geht es zugleich um eine *Sehnsucht* besonderer Art. Musik gehört par excellence zum Bereich des Künstlichen. Was wir im Konzertsaal – aber ebenso in der Mehrzweck- oder Sporthalle – hören, ist in der Natur nie vorhanden. Vielmehr verleiten uns unzählige Ereignisse, die wir im Freien wahrnehmen, vom gewaltigsten Urgeräusch bis zum zärtlichsten Vogelsang letztlich zum Vergleich mit Tonkonstellationen und Instrumenten, die uns bekannt sind und ausschließlich von Menschen gestaltet wurden. Und doch ist die »Weigerung« der Natur, den Lauf der hörbaren Dinge im Sinne der musikalischen Komposition zu beeinflussen, nur begrüßenswert, weil sie dadurch eine akustische Ebene ermöglicht, eine künstliche und natürliche zugleich, die imstande ist, als Musik eine vielfältige Rolle in unserem Leben zu spielen. Musik jedoch stellt nicht den Gegensatz zur Natur, sondern, weil in dieser nicht vorhanden, ihre selbstverständliche Ergänzung dar. Vielleicht sind die akustischen Naturerlebnisse, die Umsetzung von »Empfindungen auf dem Lande« in Musik, wie zum Beispiel in der *Pastorale* von Beethoven, für zahlreiche Hörer heute zur seltenen Naturerfahrung überhaupt geworden. Die Deutung der Ereignisse unter freiem Himmel in musikalischen Abläufen, die man hauptsächlich mit einem Dach über dem Kopf hören sollte, hat die Sehnsucht nach einer Musik erweckt, die latent in Konkurrenz zur Wirklichkeit steht. Darüber hinaus ist Musik für außerordentlich viele Menschen kein Ersatz, sondern primär ein Ausdruck unerläßlicher Natur geworden. Mit anderen Worten: Musik als die erste akustische Natur schlechthin. Somit wäre sie unersetzbar und eine notwendige Realität. Man müßte sie eigentlich unter Naturschutz stellen.

Musikhören ist nicht anstrengend, es sei denn, man hört tatsächlich zu. Das Konzert bietet dem Hörer die unschätzbare Möglichkeit, sich öffentlich zu einer bestimmten Rolle zu bekennen. Ja, er ist gekommen, weil er, in Gemeinschaft mit anderen, an einer nicht nachprüfbaren Handlung – nämlich: dem Hören – teilnehmen will. Er weiß noch nicht, ob er konzentriert oder unkonzentriert zuhören wird; die Erörterung dieser heiklen Frage, nur als Ergebnis intensivster Auseinandersetzung mit der Sache möglich, ist schwer und bleibt oft ein gut gehütetes Geheimnis. Ob der Hörer wegen der Musik oder hauptsächlich ihrer Interpreten, wegen des Gesamteindrucks von Werk und Deutung oder dem Gefühl der Zugehörigkeit zu einer Schicht von Liebhabern, wegen der anheimelnden Atmosphäre in den Pausen oder der schlichten Abwechslung zum Aufführungsort eilt: Immer wieder wird er vorher eine gewisse Aufregung spüren und diese häufig erst einige Minuten nach Beginn des Konzertes dämpfen können.

Musik kann immer allgegenwärtig sein, und nachdem ihre mechanische Reproduzierbarkeit uneingeschränkt möglich ist, werden wir vielleicht oft und beharrlich von ihr bedroht. Sie bleibt dennoch eine der aufregendsten, beispiellosen, Glück spendenden Verrichtungen, die der Mensch in Anspruch nehmen kann.

Aber: Nimmt er sie wirklich an *Ort und Stelle* in Anspruch?

Wenn ich auf die Angaben des Statistischen Bundesamtes für 1985 über die jährlichen Freizeitausgaben eines Vier-Personen-Arbeitnehmerhaushaltes mit mittlerem Einkommen hinweisen darf, dann macht der Posten für Kino, Theater *und* Konzert *insgesamt* 132 DM aus.

Der Harmonie wegen, die dieser friedlichen Eröffnung gebührt, werde ich keine Zahlen nennen, die man aus einer Gesamtsumme von 5574 DM für die restlichen neun Sparten aufwendet. Daraus wird ersichtlich, wieviel noch zu tun bleibt und welche Intelligenz, Beharrlichkeit und Ausdauer erforderlich sind, um für alle sichtbaren und unsichtbaren Darbietungen erfolgreich zu werben. Mit guten Vorsätzen, mit dem Hochmut des Bekehrenwollens, der klassischen Missionierung der Unwissenden durch die Gebildeten ist in einer Gesellschaft, die zugleich in Überfluß *und* Not lebt und viele süße Reize frei Haus geliefert bekommt, wenig zu erreichen. Eigentlich sind einer fortdauernden Kampagne und einer Aufklärung in Permanenz keine Grenzen gesetzt, die sich nicht mit Phantasie, Organisationsgabe und den notwendigen Mitteln bewerkstelligen ließen.

Die Dezentralisierung der Kulturhoheit hat der Bundesrepublik seit ihrem Bestehen unvergleichbare Vorteile gebracht und Länder und Kommunen zu einer Aktivität angespornt, die eine zentrale Gewalt in solchem Ausmaße kaum hätte steuern können. Keine bestimmte Musik ist seit vier Jahrzehnten auf dem Index, ein Faktum, das uns erlaubt, an diesem Tage sowohl ein Werk von Bernd-Alois Zimmermann und Mahlers Achte zu hören. Auch die Rheinische Symphonie eines Sachsen hätte unter anderen Voraussetzungen verdächtig sein können. Von meinem Erscheinen hier ganz zu schweigen.

Sollte ich aus der Geschichte des leidgeprüften Gürzenichsaales einige Werke nennen, die dort uraufgeführt wurden, so würde ich das *Konzert für Violine, Violoncello mit Orchester* op. 102 von Johannes Brahms, *Till Eulenspiegel* von Richard Strauss und die *5. Sinfonie* von Gustav Mahler anführen. Das ist schon lange her und es sind gewiß solche Stücke rar, die den eigentlichen Schatzfundus eines Austragungsortes bilden. Aber nur Musik von allerhöchstem Anspruch verleiht einem Konzertsaal letztlich jene Daseinsberechtigung, die wir brauchen und erhoffen. Die Musik der Vergangenheit hat die meisten Erstaufführungen, die man mit der Vorsilbe *Ur* besonders kennzeichnet, bereits gefeiert. Naturgemäß werden die uraufzuführenden Werke also nur zeitgenössische Musik sein; dies bedeutet für Köln und seine wahrhaftige Philharmonie eine bleibende Chance. Wir gratulieren uns allen dazu.

(14. September 1986)

# 2. Im Namen der Freiheit
## Zum Symposium in der Kölner Philharmonie

Es ist merkwürdig, aber wahr: Beim Nachdenken über das Thema dieser Veranstaltung ist es mir nicht gelungen, eine flüchtige, doch hartnäckige Veränderung des Titels zu unterdrücken. So akzeptierte ich schließlich, daß aus »Der Name der Freiheit« »Im Namen der Freiheit« wurde. Für diese leichte, doch gewichtige Umfunktionierung bitte ich Sie alle um Verzeihung.

Allerdings scheint mir dieser Schritt folgerichtig: Welche Taten und Untaten werden immer noch im Namen dieser Freiheit begangen, ähnlich jener lapidarisch-pathetischen Floskeln wie »Im Namen des Volkes«, »Im Namen der Gerechtigkeit« oder als Gipfel der Anmaßung: »In Gottes Namen.«

Es könnte aber auch sein, daß die Frage nach der Definition der Freiheit oder – vielleicht besser – nach der Definition von dem, was *wir* Freiheit nennen, nur auf Umwegen beantwortet werden dürfte. Genauso, wie unser Erinnerungsvermögen überfordert wird, wenn man das geflügelte Wort »seit Menschengedenken« abruft, um Gewohnheiten, Bräuche und Verhaltensweisen zu rechtfertigen, so ist das Gedächtnis des homo erectus zu schwach und unpräzise, aber vermutlich auch aus Notwehr mürbe, sobald man es als unfehlbare Stütze einsetzen will. Gerade hier, dank der Unfähigkeit des Menschen, Erfahrungen von einem Gebiet auf das andere vernunftgemäß zu übertragen, zeigt sich, daß unsere Auffassung des teuersten Begriffes »Freiheit« beträchtliche Risse und Unterschiede aufweist.

Zuallererst muß man akzeptieren, daß Freiheit nur aus der Summe von vielen verschiedenen Freiheiten entstehen kann. So wird man wohl gezwungen, den angeborenen Hang zur Idealisierung, sobald man vom Wesentlichen redet, in die Schranken zu weisen. Denn diese vielen verschiedenen Freiheiten wollen – auch wenn sie scheinbar unbedeutend sind – beim Namen genannt werden, verlangen nach Lösungen, nach Wegen und Verfahren, um vielleicht ihr Scheindasein in konkrete Freiheit zu verwandeln.

Wer, wie ich, den vorläufig letzten Anbruch des Begriffes »Freiheit« in der Musik nach 1950 erlebt hat, wird nicht umgehen können, Vergleiche in der Anwendung des Schlüsselworts zu ziehen, Gemeinsamkeiten und Gegensätzlichkeiten herauszuarbeiten. Und hier zeigen sich gerade die Schwierigkeiten. Was für die einen Freiheit bedeutete, war für die anderen nur ein Zeichen von bedrohlichem Chaos; was viele Komponisten als Glück einer losgelassenen Erfindung interpretierten, nahmen noch zahlreichere Interpreten, Kritiker und Hörer als eine weitere unglückliche Bescherung der Moderne wahr. Vielleicht ist dies einer der charakteristischen Aspekte der Freiheit: die Ambivalenz ihrer Einschätzung je nach Standort des Betrachters.

Musik, Kunst, Literatur und öffentliche Medien leiden erheblich unter dieser Ambivalenz, sobald sie den verwalteten, herkömmlichen Freiheitsbegriff tangieren. Aber: Kann man die kodifizierten Freiheiten des Redens, des Denkens, des Handelns tatsächlich »tangieren«, also berühren? Man könnte glauben, die Grenzen der Freiheit wären so scharf umrissen, daß alles, was sich dazu nicht kongruent verhält, als Krankheitssymptom gelten dürfte. Und doch ist es nicht so. Gewiß ist Unfreiheit ansteckend und zwar in solch beängstigenden Ausmaß, daß es uns häufig bis zur Resignation und Lethargie sprachlos macht. Dagegen ist Freiheit unspektakulär, weil sie nur als Normalzustand im Lot ist. Es gibt kein Freiheitssyndrom, das irgendeiner Therapie bedürfte. Freiheit begreift man erst da, wo Unfreiheit offensichtlich waltet.

Und trotzdem: Genauso wie Intelligenz ihre Grenzen kennt, kann Dummheit grenzenlos sein. Freiheit ist ein höchst relativer Begriff, deren Theorie ausnehmend gut in der Praxis unstabiler Verhältnisse gedeiht. Das gilt sowohl im politischen Leben wie in der Kunstszene. Zwar will Kunst nicht immer politisch sein, aber sie kann es nolens volens werden, wenn die gegebenen Umstände ideologischen Druck ausüben. Man ist geneigt, die wackelige Kulisse der Freiheit mit einem Potemkinschen Dorf zu vergleichen: hinter den Versatzstücken findet man nichts. Nur manchmal das präzise Gleichnis einer perfekten Utopie: hier frei, dort sein. »Frei-sein«. Frei sein als winziger Dienstbotenausgang in einer streng gebauten Dekoration?

Beispiel Musik: Zum Wesen der Komposition gehört ein ständiger Neubeginn. Alles, was Komponisten aus der Vergangenheit erben, ist ein Teil ihrer selbst, sozusagen rückwirkende Gegenwart. Die Trennung zwischen Heute und Gestern ist keine Realität für Menschen meiner Zunft, weil die Unterschiede zwischen den Musiksprachen weniger bedeutend – und öfter im Wandel – sind, als die Maßstäbe, die wir für den Begriff Qualität aufgestellt haben. Das führt unweigerlich zu Konflikten: Was für die einen selbstverständlich ist, kann für die anderen unfaßbar sein.

Unser Umgang mit Musik fußt auf Texttreue, und auch diese ist Gegenstand zahlloser Interpretationen. Im Laufe der Jahrhunderte haben Komponisten und Interpreten gemeinsam versucht, die Eindeutigkeit der Notation und das Instrumentarium der Auslegung ständig zu verfeinern, wirksamer zu machen. Und zugleich sind in den letzten Jahren zahlreiche Erneuerungsvorschläge gemacht worden, die in eine diametral entgegengesetzte Richtung weisen. Es ging darum, gerade eine Dimension der Mehrdeutigkeit in der Niederschrift und Interpretation musikalischer Vorgänge zu gewinnen. Daß man sich davon eine stattliche Portion Freiheit durch Überraschungen erhoffte, ist unbestreitbar. Die lateinische Lokution *ad libitum* wurde mehr als reichlich und wahrscheinlich viel zu beliebig bemüht. Aber der Zwang nach einem freiheitlichen Umgang mit dem, was wir mißverständlicherweise »Freiheit« nannten, ergriff die meisten von uns vollkommen. Dabei handelte es sich wiederholt um das Angebot verschiedener Möglichkeiten, das den Ausführenden ermuntern sollte, eine einmalige, persönliche Fassung des Werkes zu bestimmen. Die Würfel sind damals methodisch gefallen, und das »alea jacta est« des Caesar wurde kompositorisch geprüft. Beiläufig übersah man, daß erst als Caesar den Rubikon überschritt und seine zitatwürdigen Worte sprach, der Bürgerkrieg regelrecht beginnen konnte.

Nicht so blutig, jedoch lehrreich ist die Entwicklung der letzten Jahre im Umgang mit spezifischen Freiheitsformen musikalischer Aufführungspraxis. Die Anzahl der Musiker, die dagegen opponierte, ist Legion. Die zweifelhafte oder – je nachdem – exquisite Chance, auch manchmal komponieren zu dürfen, wurde rundum und fast einhellig abgelehnt. Unzählige Aggressionen und Mißverständnisse sind entstanden und bilden seitdem den Humus für Auseinandersetzungen mit gleichbleibendem Szenario. Manche Komponisten bedauern es und machen dafür das Musikleben, die Gesellschaft, die Erziehung, den Staat, Europa oder die Unvollkommenheit dieser Welt verantwortlich. Andere, und ich gehöre sicher dazu, freuen sich, daß die Farce dieser Auseinandersetzung, die weder ontologisch geführt noch ernstgemeint war, vorläufig zu Ende ist. Erkenntnis und Realität werden nicht umsonst in der Ontologie künstlich getrennt. Künstlich und nicht künstlerisch. Viele Interpreten fühlen sich erst befreit, wenn sie den Notentext auswendig gelernt haben und ihn technisch beherrschen. Der Preis dieser Freiheit ist harte, ununterbrochene Arbeit. Aber niemand sollte wieder auf den Gedanken kommen, Arbeit vor Freiheit zu stellen. Die umgekehrte Reihenfolge ist eher richtig: Freiheit macht Arbeit.

Genauso verhält es sich mit dem Ideal einer spontanen, wirklich freien Musik durch Improvisation. Gerade hier sind Überlegung, Erfahrung und Disziplin unumgänglich, um vielleicht jene unbefleckte Inspiration zu finden, die zur Quelle schöpferischer Musikalität führen könnte. Der Zusammenhang von Freiheit und Selbstdisziplin dürfte jedenfalls zu Beginn jeder Diskussion über musikalische Improvisation stehen und – warum nicht? – über dem Rahmen, in dem sich die geplante Improvisation unseres Daseins abspielt. Vielleicht ist Freiheit nur ein notwendiges Phantom, das wir brauchen, ähnlich jener ständig vor dem Esel hängenden Mohrrübe, damit er pausenlos laufe. So schön der Name der Freiheit sein mag, so zweifelhaft und widersprüchlich kann das Verhalten mancher ihrer Verteidiger sein. Als in den 70er Jahren das Kulturleben und die Redaktionen bundesdeutscher Feuilletons von selbsternannten, recht autoritären Polit-kommissaren bevölkert wurden, die Denunziation scheinbar wie ein Lebenselixier brauchten, dachten viele von uns an die Zeiten der Inquisition und die nachfolgenden Modelle. Es gibt wahrscheinlich kaum Schwierigeres zu verwirklichen als eine real existierende Freiheit.

Dies war einer der Gründe, warum ich den Kompositionsauftrag für ein Vokalwerk annahm, das im August dieses Jahres beim Internationalen Chorfestival in Frankfurt uraufgeführt wird. Auch diese Veranstaltung soll dem Thema gewidmet sein, das uns heute hier zusammengebracht hat. Ich beschloß, eine »Fragende Ode« zu schreiben, deren Textvorlage lediglich aus vier Worten besteht, die jedoch in mehr als 30 Sprachen übersetzt werden: *Freiheit? / Gleichheit? / Brüderlichkeit? / Wann?*

Besonders schwierig erwies sich das Ende des Stückes. Während der Komposition lief in meinem Kopf, ähnlich einem sich endlos wiederholenden Filmstreifen, eine Bilanz meiner Erfahrungen, Lektüren und Beobachtungen. Vieles von dem, was ich Revue passieren ließ, verdiente bloß jene Bezeichnung, die mit rettender Ironie Südamerikaner erfunden haben: Democratur. Welcher der vielversprechenden Begriffe sollte den asketischen Chortext abschließen? Vielleicht würde dies als Fazit meiner Position gelten, als Hinweis der Rangordnung, die ich bei der Triade »Liberté-Egalité-Fraternité« zu finden hoffe. Nicht Freiheit oder Gleichheit stehen am Ende meines Werkes, sondern: »Brüderlichkeit. Wann?«*

(29. April 1989)

---

* Siehe auch das Gespräch »Wer von uns allen wird darüber berichten können?«, S. 85.

# 3. Briefe nach Berlin
## Werdegang und Nachhall meiner Aufführungen

*Der Angeklagte: »Schwören Sie*
*nur die Wahrheit, die reine*
*Wahrheit und nichts als die Wahrheit zu sagen?«*
*Der Justizbeamte: »Ja.«*            (M. K.)

Über meinen ersten Besuch in Berlin im Juni 1960 habe ich keine Abschrift wesentlicher Schriftstücke in meinen Ordnern gefunden: Veranstalter des Konzertes war der Westdeutsche Rundfunk Köln als Gast in einer vor kurzem eröffneten Konzertreihe der Berliner Akademie der Künste. Ich selbst hatte also erfreulicherweise wenig zu organisieren.

Kurz nach der Uraufführung von *Anagrama*, einem Werk für Soli, Sprechchor und Kammerensemble, beim Festival der Internationalen Gesellschaft für Neue Musik in Köln flogen Otto Tomek, Karlheinz Stockhausen und ich am frühen Morgen nach Berlin Tempelhof. Es gibt ein merkwürdiges Foto unserer Ankunft: Am Ausgang des damaligen Flughafens, gleich an der Rotunde, wo man die Taxen nahm – im Hintergrund ein Ausschnitt der gekrümmten Tragflächen aus Beton –, sieht man zwei entnervte, unausgeschlafene Komponisten, beladen mit schweren Koffern, voller Partituren und Tonbändern. Daß Kultur als schwere Bürde umschrieben werden kann, bedarf für jeden, der beruflich Gedrucktes zu schleppen hat, keiner poetischen Vorstellungskraft mehr. Es ist eher die Allegorie des Sisyphus, die uns das Fürchten lehrt: nie aufzuhören, Ballast zu tragen, in Erwartung, daß auch dieser seine Verwendung findet.

Seit 1957 in der Bundesrepublik, hatte ich selbstverständlich erhofft und zugleich befürchtet, bald nach Berlin zu kommen. Alles, was sich mit dem Namen dieser Stadt verbindet – oder soll ich gleich von West- und Ostberlin, also von zwei grundverschieden gewordenen Städten gleichen Namens sprechen? – alles ist so komplex, wie es nur sein kann, wenn die typologische Ansammlung vor Ort riesig ist. Bei jeder anderen mit schwächerer Ausstrahlung, einer historischen Nebenrolle und erheblich kleinerem Ausmaß gesegneten Stadt würde das Reservoir jener Gemeinplätze, das jeder mit sich zu tragen pflegt, notgedrungen schmäler sein. Aber hier ging es selten um Neben-, sondern stets um Hauptrollen, selbst wenn diese mit Zustimmung der Mehrheit von Chargen besetzt werden dürften. Es scheint, als wären Komparsen jedweder Art in Berlin willkommen, auch als Zeichen der Lust, die großartige Kulisse belebt zu halten und ihr Fassungsvermögen zu prüfen. Wir befinden uns hier in einer Stadt, wo der großzügige Umgang mit unbebautem Raum sowohl zum Stil gehört wie auch zum historischen Anspruch, diesen Raum in jede beliebige Richtung auszudehnen. Natürlich waren damals meine Klischeevorstellungen von Berlin denen nicht unähnlich, die unzählige Intellektuelle sogar heute noch haben: Die Roaring Twenties und so weiter. Aber: Warum sollte es anders sein?

Die Lähmung durch unzählige Todesstiche, die die Kulturgeschichte dieser Stadt mit der Machtergreifung der Nationalsozialisten erlitt, wurde besonders im Ausland registriert. Während die Entwicklung hier zum Erliegen gebracht wurde, konzentrierte sich die Aufmerksamkeit außerhalb Nazideutschlands auf die unmittelbare kulturelle Vergangenheit. Man brauchte dabei den Fokus nur jeweils auf einen anderen Punkt der zwanziger Jahre dieses Jahrhunderts zu richten, um den Mythos zu vervollkommnen. Die Reaktion der Intellektuellen auf das politisch Reaktionäre war süß und gerecht: Man verherrlichte gerade das, was das berühmte Jahrzehnt bis 1930 an Entartetem – und weniger Entartungswürdigem – hervorgebracht hat. Nun war der dauerhafte Erfolg dieses Kults gesichert.

Wir verließen Tempelhof und fuhren durch Kreuzberg zum Hansaviertel. Und hier sah ich zum ersten Mal etwas, was ich seitdem nicht vergessen konnte: Jene direkt auf Fassaden und Brandmauern mit schwarzer Farbe gemalten Werbeschriften der Vorkriegszeit. Sicher, es war für mich ein Novum, Reklameflächen so gestaltet zu sehen. Jedoch: Es berührte mich seltsam, daß die Trauerflorstimmung der schwarzen Schriftzüge auf Trümmern und verletzten Häusern sich frevlerisch anpaßte. Es war weder kundenfreundlich noch -unfreundlich, sondern entsprach der häufig makabren Umgebung eine unfrohe Werbung. Und plötzlich begriff ich, daß die Farbe, wie ein Schatten ihrer selbst, zugleich ein Zitat war, als hätte sie im Flammenmeer des Bombardements ihre leuchtenden Pigmente verloren. Einige Zeit später verstand ich auch, daß diese raschen Bilder im Vorbeifahren mich an jene berühmt gewordene, gespenstische Aufnahme von Hiroshima erinnerte, wo, kurz nach Abwurf der Atombombe auf einer Wand, lediglich der Schatten eines verflogenen Menschen zu sehen war. Welches Dokument einer lodernden Inszenierung!

Das neue Haus der Akademie der Künste erinnerte mich an USA-Architektur schon bevor ich erfuhr, daß es dank der Stiftung eines Berliner Emigranten aus Amerika von einem hiesigen Architekten errichtet wurde. Die Großzügigkeit der Anlage spiegelte sich in vielen angenehmen Details, so zum Beispiel in der Breite der Gänge. Sie waren – sie sind es noch – vielleicht einen Meter breiter als gewöhnlich, aber ein untrügliches Pendant zu der allgegenwärtigen Breite Berliner Alleen. Man war dort so froh und stolz, endlich eine Wirkungsstätte mit vielen Möglichkeiten zu haben, ein eigenes Programm mit Konzerten, Ausstellungen, Filmreihen und Theaterproduktionen zu veranstalten oder fremde Projekte zu verwirklichen, daß ich glaubte, die Akademie böte den Berlinern die Wirkung bestimmter therapeutischer Pflanzen: Wachhalten durch Umwandlung der Energie in geistige Nahrung. Ich bin dort seitdem viele Male Gast gewesen, habe lange Perioden in dem einen oder anderen Atelierraum gewohnt, die herzliche Atmosphäre genossen. Als ich 1976 Mitglied wurde, gab es tatsächlich keinen Unterschied mehr; es war eine Ehre, die mir virtuell von Anbeginn erteilt wurde, jeder kleinlichen Trennung zwischen

Mitgliedern oder fremden Gästen abhold. Meinen tiefen Dank hier an diese stets gefährdete und daher um so notwendigere Einrichtung.

Das Konzert mit Kompositionen aus dem Studio für elektronische Musik des WDR fand am 22. Juni 1960 statt. Es wurde unter anderem mein *Transición I* (»Übergang I«) für elektronische Klänge von 1959–60 uraufgeführt, mit 13 Minuten 13 Sekunden damals das wahrscheinlich längste Stück der auf elektronischem Wege erzeugten Musik ohne Beimischung konkreten oder instrumentalen Klangmaterials. Das Publikum nahm das Werk auf, wie man in jenen heroischen Zeiten die elektronische Musik wahrzunehmen pflegte, also stumm oder beinahe so, als wäre sie ein Fragment sakraler Musik, wo es sich nicht ziemt, Beifall zu zollen. In der Tat: Die Konzerte mit absoluter Musik elektronischer Provenienz entwickelten eine eigenartige Liturgie. Statt Bilderverbot wurden die Zuhörer unerbittlich nur mit nackten Lautsprechern konfrontiert und hatten also nichts zu sehen, was sie gewohnheitsgemäß ablenken konnte. Für viele schaulustige Musikliebhaber wahrhaftig eine Strafe, obwohl diese Konzertform als Modell das einsame Hören von Rundfunk und Schallplatten zu Hause hatte. Es wurde wie eine öffentliche Devotionalie zum gemeinsamen Erlebnis gemacht.

Ausschnitte aus damaligen Rezensionen:

»Mit Musik hat dieser elektronische Spektakel... wenig oder gar nichts gemeinsam, eher schon mit einer Varietévorstellung.« *Telegraf*

»...das wenige an Gestalt, das die Kunst des Übergangs hier anbietet, bleibt im vorkompositorischen Bereich.« *FAZ*

»Es sollten sich einmal starke künstlerische Talente mit sicherem Instinkt und wachem Intellekt der elektronischen Komposition widmen. Sie hätten dann... die Kraft und das

handwerkliche Können. Dann hätte Kunst entstehen können.« *Die Welt*

In diesem Zusammenhang möchte ich eine maßgebliche Person
des Berliner Musiklebens zitieren, die gleich bei diesem ersten
Besuch mir gegenüber klagte, daß es in Berlin »kaum ernstzunehmende Musikkritiker« gäbe, oder »diese für Neue Musik kein
echtes Verständnis hätten, weil sie diese einfach nicht kannten.«
Wie recht sie hatte.

1962 bat mich Gerhart von Westermann, damaliger Direktor
der Berliner Festwochen, zu einem Beitrag für die Ausstellung
»Scripturale Malerei«, die im Haus am Waldsee stattfinden
sollte. Manfred de la Motte leitete damals das Vorhaben und
plante dazu ein Konzert mit meinen Werken. Der Katalog der
Ausstellung ist heute eines der ersten Zeugnisse von dem, was
später »graphische Musik« genannt wurde, und versammelte sowohl Maler und Dichter – die letzteren zum Beispiel aus der
lettristischen Bewegung –, die mit Buchstaben und Wörtern eine
bildnerische Darstellung auf die Fläche projizierten, sowie
Komponisten, die in der Verbindung von graphisch notierter
Musik und spontaner Gestik nach neuen Wegen suchten. Die
Zuhörer hörten neugierig und fragten ebenso. Daß niemand jene
klassische Frage der Verlegenheit stellte: »Ist-das-noch-Mu-
sik?«, werteten wir als Erfolg. Kein Wunder, es waren sicher
keine Musiker anwesend.

Eine für mich wichtige Veranstaltung fand im Oktober 1965
statt. Auch diesmal war der WDR für einen Teil der Vorbereitungen zuständig. Es handelte sich um eines der ersten Konzerte
mit Musik der Gegenwart in einer langen Reihe von Koproduk-
tionen mit dem Sender Freies Berlin. Mein Beitrag bestand
hauptsächlich in der gründlichen Einstudierung eines neuen
Stückes in Köln, das im Konzertsaal an der Masurenallee uraufgeführt werden sollte: *Match für drei Spieler* von 1964.

Ich möchte nicht in einer detaillierten Beschreibung dieses
Werkes verweilen, weil ich die Entstehung und schriftliche Präzisierung der Komposition bereits in einem ausführlichen Text dargestellt habe, in der einschlägigen Literatur wiederholt erschie-

nen.* Es sei hier nur kurz erwähnt, daß ausgehend vom Modell eines Tennisspiels, das viele musiktheatralische Situationen für zwei Violoncellisten und einen Schlagzeuger als Schiedsrichter erlaubt, im Verlauf der Aufführung die klangliche Dramaturgie an Komplexität so zunimmt, bis vieles von dem, was zuerst offensichtlich komisch wirkte, in sein Gegenteil umschlägt, ohne daß ersichtlich wird, wo und wann die eigentliche Wandlung dieses Humors stattfindet. Ursprung des Stückes ist ein Traum, der hartnäckig und wiederholt meinen Schlaf beunruhigte.

Die Uraufführung am 22. Oktober 1965 mit Siegfried Palm, Klaus Storck und Christoph Caskel war köstlich; die Spieler, Virtuosen ihres Faches, wußten die sparsamen aber präzisen Aktionen adäquat umzusetzen und sicherten so diesem frühen Beispiel instrumentalen Theaters einen hinreißenden Schwung. In der erwähnten Einführung zu *Match* bemerkte ich, daß das Berliner Publikum bei dieser Gelegenheit viel lachte, ohne sich dabei zu amüsieren. Lachen ohne zu lachen, Lachen über das Lachen, Lächeln statt Lachen, Lachen mit Erlaubnis, Lachen als Prothese, trostloses Lachen: Wie viele Variationen kann diese Lauthalshandlung ertragen? Ich weiß es nicht. Aber vielleicht können Sie, verehrte Bürger dieser Stadt, die für ihre Begabung diesbezüglich bekannt sind, helfen. Instinktiv habe ich mich bei der privaten Erforschung des Themas stets zurückgehalten, vielleicht aus Angst, daß theoretische Erkenntnisse die Ziele meiner Praxis beeinflussen könnten. Das Resultat dürfte dann verheerend sein. Als Student der Philosophischen Fakultät las ich die einschlägigen Schriften von Freud und Bergson. Dabei ertappte ich mich, wie ich von Witz zu Witz eilend die Kommentare nur flüchtig überflog.

Einen kurzen Ausschnitt aus der Rezension dieses Konzertes:

»Hier stritten zwei Violoncellisten um den zweifelhaften Ruhm, ihre Instrumente zu immer größerem Schallunfug zu mißbrauchen... Die Sache ist reiner Studentenulk, und

* Siehe vollständigen Abdruck in Dieter Schnebel »Mauricio Kagel, Musik ∗ Theater ∗ Film«, DuMont Dokumente, Köln 1970.

man versteht nicht recht, warum für dieses Minimum an geistiger Arbeit die Virtuosität drei berühmter und sogar im Quatsch noch überlegender Musiker aufgeboten wird...«
*Hans Heinz Stuckenschmidt (in der Sendung »RIAS gehört und beurteilt«)*

Ich muß gestehen, daß diese Bestrafung des Stückes und das lapidare Urteil mich zu weitgehenden Überlegungen über Wesen und Funktion der Musikkritik verleiteten. Die häufige Tendenz, zu richten statt zu berichten, ist mehr als bedauerlich. Halbwissen, Unkenntnis der Aufführungspraxis, Unsicherheit in der ästhetischen Ortung, mangelhaftes Partiturlesen, gekränkt oder beleidigt sein, Zeitmangel beim Verfassen des Beitrages, nacktes Kalkül, grundsätzliche Verurteilung oder instinktive Ablehnung, persönliche Animosität, sich einfach abreagieren, Mißlingen einer beabsichtigten Karriere, politische, kulturpolitische oder pseudopolitische Beweggründe können zu leichtfertigen, ungerechten Meinungen führen, für Interpreten und Komponisten vielleicht mit unangenehmen Folgen verbunden. Es ist sicher nicht einfach, immer eine druckreife Meinung zu haben. Überhaupt: Ich stelle es mir sehr anstrengend vor, sich *immer* eine Meinung bilden zu müssen. Nach dem Hören eines bewegenden Stückes oder einer aufregenden Interpretation ist es ein paradiesischer Zustand, wenn man *sprachlos* ist, wenn Empfindungen nicht in Worte eingepfercht zu werden brauchen.

Andererseits weiß ich, daß Leser das Recht auf umfassende Informationen haben und dazu die tägliche Beschreibung des Geschehens aus dem Musikleben gehört. Nun leidet die Musikkritik in der Zeitung unter dem Druck, objektiv und parteilos zu sein. Dies, scheint mir, ist das größte Hindernis zu einer wahrhaftigen, aufrichtigen, ja sogar rücksichtslosen Subjektivität. Das Bekenntnis zur Unsachlichkeit sollte eingerahmt als Standardwarnung auf jeder Seite des Feuilletons stehen.

*Match* wurde malgré Stuckenschmidt so etwas wie ein Klassiker des Genres. Jahre später, nach der 125. Aufführung und der Verfilmung des Stückes für das Fernsehen, war es meine Absicht, dem Rezensenten eine Postkarte zu senden, mit der redlichen Bitte, er möge mir weiterhin solche »Eintagsfliegen« wünschen. Aber das wäre lediglich verlorene Mühe gewesen. Wenn er meinen musikalischen Humor nicht verstand, wie sollte er meine Ironie goutieren? Stuckenschmidt, auf die Berliner 20er Jahre fast ödipal fixiert, war überzeugt, daß das meiste, was nach dem 2. Weltkrieg geschah, bereits früher stattgefunden hatte. Er fühlte sich gezwungen, lauter Ergüsse von früher Dagewesenem zu hören, als wäre er das Opfer und wir Komponisten sinnentleerende Übeltäter. Kein fröhliches Omen für uns! Vielleicht spielte seine tiefsitzende Enttäuschung eine Rolle, als er in einem der früheren Darmstädter Ferienkurse während eines Roundtablegespräches über Komponisten äußerte: »Wir sind schließlich hier alle vom Fach« und der einzige Komponist am Tisch fragte: »Wer, außer mir, ist hier von meinem Fach?«

Wenden wir uns anderen Ereignissen zu. Walther Schmieding ließ die Verbindung mit den Festwochen nicht abreißen. Für 1971 bat er mich zu überlegen, ob ich ein »Raumakustisches Konzert« in der Philharmonie geben wollte. Am 20. September führte das »Kölner Ensemble für Neue Musik« mein Werk *Acustica, für experimentelle Klangerzeuger und Lautsprecher* auf. Während der Einrichtungsprobe am Mittag des gleichen Tages erschien Herbert von Karajan auf dem Podium der Philharmonie und ließ sich manches erklären. Er zog von dannen, als hätte ihn die Heilige Cäcilia irgendwie verraten. Seine unausgesprochenen Gedanken: Kann man Musik mit solchen abfallwürdigen Konstruktionen spielen? Die Weihe des Raumes verlangt nach entsprechenden Instrumenten, nicht wahr? Und nicht nach Schwirrvögeln, durchlöcherten Kartonröhren, doppelsohligen Holzpantinen, Flammenwerfern, unansehnlichen Resonanzkörpern, stummen Megaphonen, Querstromlüftern, Büroklammern, Plastikkämmen. Wofür das alles? Wenn man musikalisch etwas zu sagen hat, dann gibt es dafür bereits das passende Instrumentarium, nicht wahr? Und nicht bloß... Gerätschaften.

Es ist ein großer Verdienst der Festwochen, Berlin nicht nur mit Wohlklang bedacht – und so unter Umständen im Stich gelassen – zu haben. Die Programmgestaltung in dieser Stadt war immer kompliziert, nicht zuletzt weil hier stattliche Menschenmassen gewöhnt sind, große Musik mit großen Interpreten zu hören. Das sind klare Verhältnisse. Die Kosten des Ganzen oder die Eintrittspreise haben letztlich eine relativ sekundäre Rolle gespielt. Diese relevante Dimension des Musiklebens durch entsprechende Programme zu befriedigen bedeutet aber nicht, nur die eine Form der ernsten Unterhaltung zu bieten.

Vielleicht ist der auffallende Unterschied zwischen einer Großstadt und allem anderen, das wir eher pauschal und leichtfertig mit dem Begriff Provinz bezeichnen, der Umfang und das Angebot an Unterhaltung. Es ist sicher ein rein statistisches Problem: Wo viele Menschen wohnen, ist das Bedürfnis quantitativ größer als dort, wo wenige ansässig sind. Unterhaltung: Reichlich von dem, was politisch in dieser Stadt seit den 60er Jahren – aber auch vor dem 2. Weltkrieg – geschehen ist, sei es unter freiem Himmel oder unter Dächern, sollte einmal in Verbindung mit dem angeborenen Appetit nach Unterhaltung der Berliner gesetzt werden. Hier zeigt Berlin die Fähigkeit, als erster Ort in der Bundesrepublik einiges in vitro – allerdings mit viel caput vitrum – auszuprobieren.

Aus einem Brief vom 7. Februar 1973 nach Köln:

»...nun darf ich Sie herzlich einladen, mit mir an Projekten für Berlin weiterzuarbeiten. Ich bin jederzeit für alles, was Sie vorschlagen, aufgeschlossen. Besonders richtet sich mein Blick auf das Jahr 1975, wenn die Berliner Festwochen 25 Jahre alt werden. Zu diesem Anlaß würde ich gerne bei Ihnen ein Projekt in Auftrag geben, und zwar sollte es sich um eine Sache handeln, die wiederum in erster Linie Vermittlung und Rezeption experimentell weiterentwickelt. Vielleicht könnten wir uns über Möglichkeiten bald einmal unterhalten.«

Soweit die Einladung des damals frischgebackenen Intendanten der Berliner Festwochen Ulrich Eckardt. Nachdem mein erster Vorschlag nicht verwirklicht werden konnte, weil die vorgesehenen Koproduzenten aus Berlin absprangen, entwickelte ich ein zweites Projekt, das nun als eigene Produktion der Festwo-

chen am 15. September 1975 im neuen Hochschulsaal Fasanen-
straße uraufgeführt werden sollte. Der Titel: *Mare Nostrum,
Entdeckung, Befriedung und Konversion des Mittelmeerraumes
durch einen Stamm aus Amazonien.*

Hier möchte ich einen Exkurs hinzufügen, der das Thema
dieser Berliner Lektion betrifft. Als Torsten Maß mir im Januar
dieses Jahres von der Vortragsreihe erzählte und mich liebens-
würdigerweise aufforderte, mitzumachen, sagte ich wegen Ar-
beitsüberlastung auf der Stelle ab. Mein Werkzeug ist eher der
Bleistift als die Feder und ich fürchte mich weit mehr vor dem
Schreiben als vor dem Komponieren. Es ist auch schwieriger
für mich abzuschätzen, wieviel Zeit ich zum Verfassen eines
Manuskriptes brauche als für Musik, die man in Anzahl von
Takten mal Dichte der Besetzung messen kann. Der angelsäch-
sische Brauch, Texte nach Wortumfang in Auftrag zu geben –
zum Beispiel 15 000, 20 000, 30 000 Worte – ist für mich, der in
Notenköpfen denkt, ein schauderhaftes Rätsel. Wie sollen solche Worteinheiten aneinandergereiht werden? Darf man, wie
ich vor einigen Jahren in einem erstaunlichen Text aus Dijon
von 1841 fand, *nur* monosyllabische Worte verwenden? Jedenfalls, und wie es nicht anders zu erwarten war, überredete mich
Torsten Maß, meine Zeitnot zunächst durch Bedenkzeit zu ver-
schlimmbessern. Als er pünktlich wieder anrief, war mein
»nein« bereits abgestumpft. Wegen chronischer Verknappung
schlug ich ihm vor, bloß aus Briefen nach Berlin vorzulesen, die
sich mit dem Werdegang meiner Arbeit befaßten. Mit einigen
verbindenden – nicht abgezählten – Worten ließe sich die Aufgabe bewältigen und, abgesehen von der erfreulich kurzen
Mühe meinerseits, vielleicht eine kurzweilige Montage herstellen. Weit verfehlt!

Zwar wußte ich nicht, als ich in zartem Alter beschloß, Komponist zu werden, daß Telefon und Schreibmaschine ebenso
wichtig, wenn nicht oft noch dringlicher sein können als die Ab-
geschiedenheit vor dem Notenpapier. Auch diejenigen glücklichen Komponisten, die sich nur als Schreibtischtäter verstehen,
sind vor Telefonaten und Briefen nicht sicher. Und wenn sie sich
mit ihrem einsamen Delirium akustisch abschirmen, droht als

Strafe die stets liegengebliebene Korrespondenz. Wenige Geschichten haben mich so nachhaltig beeindruckt wie jene über die bizarre Neurose Arthur Honeggers: Nach Dienst in der Armee beschloß er, das Lesen vorgefundener Briefe zu verschieben, um sein Verlangen nach Kompositionsarbeit sofort zu befriedigen. Nun kamen neue Briefe hinzu und – als wäre er ein echter Südamerikaner – vertagte er die Angelegenheit wiederholt auf »mañana«. Allmählich entwickelte sich eine solche beispiellose Aversion, daß er bis ans Ende seines Lebens keine Briefe mehr anfaßte, weder öffnete noch schrieb. Jene Personen, die dringend mit ihm zu tun hatten, durften lediglich telefonieren. Immerhin: schon die halbe Qual. Honeggers erschreckendes Beispiel vor Augen, bemühe ich mich nun, meinen Briefkasten lebhaft zu entleeren und die Antworten einigermaßen prompt folgen zu lassen. Aber im Falle *Mare Nostrum* habe ich in meinem Archiv vierundachtzig (!) Seiten Briefe, Telefonprotokolle, kurze und längere Mitteilungen, Telegramme und eilige Depeschen gefunden. Zugegeben, hier war ich sowohl für Musik und Text wie auch für die Regie des Stückes verantwortlich. Aber diese doppelte, oft dreifache Verpflichtung von Komponisten ihren Werken gegenüber ist eine Thema dieser, zumindest für mich, aufschlußreichen Lektion. Neue Stücke sind mehr als alle anderen bereits aufgeführten Arbeiten grundsätzlich gefährdet. Eine schlecht vorbereitete Aufführung kann sich ebenso verheerend auswirken wie eine gute Einstudierung mit der falschen Besetzung. Komponisten möchten hauptsächlich eines: Die neuen Werke sollten möglichst getreu ihren Vorstellungen wiedergegeben werden. Jedermann würde meinen, dieses sei zumindest eine Minimalforderung. Im Gegenteil: Es bleibt weiterhin nur ein utopischer, unverbesserlich idealistischer, unfroher – weil oft enttäuschender – Ansatz, um eine Maximalforderung zu erreichen. Ist die Aufführung akzeptabel und das Stück schwach, dann sind die Spielregeln unseres musikalischen Opfergangs eingehalten worden, und alles weitere ergibt sich von selbst. Das Werk hat vermutlich seine Letztaufführung erlebt und kann in Ehren für immer verschwinden. Je gründlicher ich diesen Vortrag vorbereitete, desto aussichtsloser wurde meine Absicht, den lückenlosen Werdegang auch nur *einer* Berliner Produktion unverschleiert darzustellen. Denn: Solche Vorgänge sind die Summe von wichtigen Änderungen wie auch von scheinbar nebensächlichen Entscheidungen, die eventuell das Resultat um so mehr beeinflussen. Ich beschloß also, nicht die zahlreichen Briefe wortwörtlich zu zitieren, weil eine unvollständige Lesung wegen Zeitbeschränkung weit weniger als Bruchstück eines Torsos wäre, dafür einiges über die Vorbereitungen, Umstände und Auswirkungen, die der *Geist* dieser Briefe auslöste, zu erzählen. Mögen mir die Zuhörer die Umwandlung des angekündigten Themas verzeihen. Ich hoffe trotzdem, bald einen bescheidenen Beitrag zur Offenlegung heutigen Komponistendaseins zu leisten, indem ich zumindest auf diesen unerquicklichen Aspekt unserer Tätigkeit aufmerksam mache. Dafür brauche ich selbstverständlich die aktive Mitarbeit einiger meiner Partner, und dies ist bestimmt nicht einfach. Nur einseitig meine Briefe zu veröffentlichen kann für all jene unbefriedigend sein, die sich für die wirkliche Mechanik des Zustandekommens interessieren. Es sei denn, sie sind wie ein enger Freund von mir der Meinung, daß man in leiser Panik vor einem Entwirren dieser Welt leben soll.

*Mare Nostrum* nimmt unter meinen Kompositionen eine wichtige Stellung ein. Dieses Stück war für mich die Notwendigkeit, auch Geschichte musikhistorisch zu reflektieren, und ich schrieb es unter dem Imperativ »Es muß sein«. Ich wünsche mir, das unumgängliche »Muß es sein?« immer so ohrenfällig zu beantworten. Vielleicht bin ich als Zyniker ein Vorsokratiker, wenn ich behaupte, daß gerade jene musikalischen Werke, deren Thematik auf der Hand liegt, ihre Schuldigkeit tun, wenn sie bereits vom Hörensagen bekannt werden. Die glücklichen Umstände dieser Produktion, die wundersam ausreichende Vorbereitungszeit und die engagierte Beteiligung aller Mitwirkenden, erlaubten uns, völlig zu dem Geleisteten zu stehen. Da es mir nicht gelegen sein kann, diese Tribüne zu mißbrauchen, um positive Berichterstattungen vorzulesen, werde ich kommentarlos aus je zwei gegensätzlichen Rezensionen zitieren:

»...das war alles, was Avantgarde-Komponist Kagel in anödenden eineinhalb Stunden... zu bieten hatte. Am Schluß hatte sich das Wasser im Mittelmeer-Bassin in üble Brühe verwandelt. Doch hier muß es sich um rein intellektuelle Umweltverschmutzung gehandelt haben.« *Berliner Morgenpost*

»Was sich naiv oder gar peinlich-grotesk darstellt... enthält also manche Überlegungstiefen oder auch -untiefen. Tüfteleien jedenfalls eines engagierten Homo ludens, der in den Brunnenschlund der Vergangenheit blickt. Hier nun hat Kagel den traurigen Tatbestand musikalisiert und inszeniert, daß der Kontakt mit anderen Vorstellungen die eigene Kultur kaputtmachen kann.« *Der Tagesspiegel*

»Kagels bald grotesker, bald fürchterlicher Text mutet uns Fallsucht, Hysterien und Unappetitliches zu. Aber er rührt an schreckliche Wahrheiten... Das ist alles von einem Könner und klugen Kopf gemacht... Der Bann, in den die Zuschauer 82 Minuten lang gezogen werden, resultiert aus einer Uraufführung von kaum übertrefflicher Qualität und Einheit.« *FAZ*

»Ein paar Buhrufe aus dem unerwartet geduldigen Publikum verstummten rasch wieder.« *Der Abend*

*Aus Deutschland, eine Lieder-Oper* folgte sechs Jahre später. Wenn ich in der alten Korrespondenz mit der Deutschen Oper Berlin und den damaligen Probenplänen blättere, dann habe ich den Eindruck, einen Kriminalroman besonderer Machart in Händen zu haben. Marx Brothers *Eine Nacht in der Oper*, deren Komik unaufhörlich auf Übertreibung fußt, ist wahrscheinlich ein blasses Abbild dessen, was allabendlich in vielen Häusern unter der Oberfläche geschieht, ohne daß es – leider – offen zum Eklat kommt. Vielleicht liegt es in der Natur des Genres, daß Opernhäuser ständig kränkeln und sich in latenter oder offener

Krisenstimmung befinden. Jedenfalls war das Haus an der Bismarckstraße Ende der 70er Jahre nicht frei von den üblichen Spannungen, vielleicht noch kläglicher als sonst. Auch diesmal war ich für die Regie der Produktion verantwortlich und somit von Anbeginn der Planung unausweichlich dabei. Im Bühnenbildner Martin Rupprecht, der bereits *Mare Nostrum* akribisch baute, hatte ich wieder einen idealen Gesprächspartner. Das Konzept des Bühnenbildes sah die Verwendung von ausrangierten Dekorationsprospekten vor, als Pendant zum Libretto des Werkes, das ich aus Liedertexten des 19. Jahrhunderts zusammengestellt habe. In Rom fanden wir die geeigneten Teile aus alten italienischen Produktionen, zauberhaft gemalte Veduten und Versatzstücke von Gärten, Schloßsälen, Landschaften, Waldschneisen, Interieurs; eine herrliche Sammlung, die in jedem Theatermuseum mit Genugtuung aufgenommen würde. Somit hatten wir die Grundlage der Visualisierung; fehlende Stücke und Requisiten sollten in Berlin hergestellt werden.

Mit Michael Gielen als musikalischem Leiter ließ die Deutsche Oper Berlin einen strengen Anwalt der Interpretationstreue ins Haus kommen. Dies war um so notwendiger, weil vieles von dem, was man nebulös unter dem Begriff »Arbeitsmoral« – oder, noch umfassender, schlicht »Moral« – versteht, zu diesem Zeitpunkt leicht angeschlagen bis tief lädiert war. Gielens Gradlinigkeit und Musikalität ist es zu verdanken, daß die Partitur, zumindest bis zu einem gewissen Grad, respektiert wurde. Darüber hinaus hätte man an Wunder glauben müssen. Mit der unschätzbaren Hilfe von Aloys Kontarsky, der den Löwenanteil der Aufführung als einziger Musiker im Graben bestritt und einen Klavierauszug orchestralen Zuschnitts mit allen erdenklichen Orchesterfarben wiedergab, erreichten wir am 9. Mai 1981 die Premiere. Mag man über Werk und szenische Realisation streiten, sie insgesamt oder teilweise ablehnen oder bejahen. Die Rezensionen spiegeln genau dieses Pro und Contra wider, was mir durchaus lieb ist, da ich im Falle allgemeinen Jubels skeptisch geworden wäre. (Was habe ich falsch gemacht, um allen – Publikum *und* Kritik – zu gefallen...?)

Der weitere Weg dieser Produktion ist jedoch erwähnenswert. Wenige Wochen nach der Uraufführung meiner *Lieder-Oper* ging das Amt des damaligen Intendanten Siegfried Palm zu Ende. Das Stück wurde bis dahin insgesamt sechsmal, sehr kurz hintereinander, gespielt. Und dann? Nichts. Mit Beginn der neuen Spielzeit strich der nachfolgende Intendant Götz Friedrich *Aus Deutschland* vom Spielplan. Nirgends, mit Ausnahme der Rüstungsindustrie und dem programmierten Hamstern von Waffen der Armeen, wo es allerdings um Beträge ganz anderer Größenordnung geht, werden Mittel so leichtsinnig verpulvert wie in der Kulturindustrie. Nur so kann man verstehen, daß an Opern- und Theaterhäusern lebensfähige Produktionen erwürgt werden, sobald ein neuer Intendant die Leitung übernimmt. Wie kann man dies erklären? Mit Intendantenneid vor dem Erfolg des Vorgängers? Mit Profilierungssucht auf Kosten der Sache? Dieser Intendant spielte trotz öffentlicher Beteuerungen eine wirklich unrühmliche Rolle. Götz Friedrich: der Henker »Aus Deutschland(s)«.

Die konzertante Aufführung von *Die Erschöpfung der Welt, eine musikalische Illusion in einem Aufzug*, mit den Berliner Philharmonikern, dem Senff-Chor und Solisten unter Reinhard Peters am 14. Mai 1985 habe ich in schöner Erinnerung behalten. Ich hörte zum ersten Mal in großer Besetzung eines meiner Stücke in der Berliner Philharmonie; für jeden Komponisten ein Erlebnis, da in einer solchen multiperspektivischen Akustik die Balance der Instrumente, das Mischverhältnis von Solostimmen mit Chor oder Orchester, die Antiphonie der Chöre untereinander laufend geprüft werden kann. Eine Aufführung in diesem aufregenden Raum ist so, als ob man *gleichzeitig* mehrere Aufführungen an verschiedenen Orten erleben würde. Selbstverständlich gibt es auch hier Plätze, die im Vergleich zu anderen optimal sind, aber gerade die akustischen Unterschiede schärfen die Aufmerksamkeit und verdichten die Hörerfahrung.

Zwei Monate später erschien eine ausführliche Rezension in der FAZ vom 13.7.1985; sie betrug genau 243 Worte. Es ist anzunehmen, daß Sie jetzt, wenn ich Erbsen zu zählen be-

# „Der Fleischwolf Gottes"

## Reinhard Peters dirigiert die Berliner Philharmoniker

Am Dirigentenpult der Berliner Philharmonie stand Reinhard Peters, neben ihm als zusätzlicher Dirigent Harry Spence Lyth. Das Podium war überfüllt von Chorsängern, neun teils singenden, teils sprechenden Solisten und dem Philharmonischen Orchester in starker Besetzung. Ein Herr und eine Dame erzählten in abwechselnd biblischer und alltäglicher Sprache von der Erschöpfung des Himmels und der Erde. Plötzlich erklang Gottes Stimme, durch Lautsprecher verstärkt und von leisem Donner akkompagniert: „Es werde Licht!" Die Frau berichtete, er habe sie gesegnet und belehrt: „Sei unfruchtbar und vermehre mit deinem Kadaver die Wasser des Meeres." Gott antwortete erst leise, dann cholerisch und schließlich brüllend: „Licht!!! Das nächste!" Ein Tenor ließ sich vernehmen, der Chor sekundierte ihm, zwei Sprecher mischten sich ein. „Es war gut!" behauptete der Chor, um gleich vom Tenor in wunderlichem Deutsch belehrt zu werden: „Nun heiratete, beschnitt, erbrach, verdarb und ging unter."

Gleichzeitig erklangen zur Paarung Polonaise und Bauerntanz. Neptun und Sirene konversierten über Flut, Sinflut und Vorsintflut. Der Sprechchor und Gottes Stimme schimpften, bis Neptun Rizinus verlangte. Gottes Ebenbilder wurden apostrophiert. Eine süßliche Melodie, von Damen crescendo und diminuendo vorgetragen, wich dem Läuten von Glocken. Der sechste Abschnitt mit Vogelrufen, Violinsolo, großen Intervallen hieß „Appetit und Glaube". Den siebenten, „Gebet der Sprüche", eröffnete ein Bach-Zitat. Wüste Klagelieder, eine Tanzszene zur Totenfeier mit Danksagung und ein „Tableau de concert" mit Solo-Alt, Koloratursopran. Tenor, Bariton und Chor leiteten — oft in schwer erträglichen Fortissimi — zum Finale über mit dem vornehmen Titel „Fleischwolf Gottes". Nach rund 21 Minuten endete der Spuk mit dem Lautsprecher-„Amen".

Was Peters und seine Helfershelfer leisteten, war staunenswert. Geführt in den Sopranhöhen Catherine Gayers und Gudrun Siebers, den tieferen Registern Barbara Scherlers, machten sich die Andeutungen von Melodie vorteilhafter, als sie selbst sind. Der großartige William Pearson, William Murray, Peter Maus, Josef Becker und Richard Reiß müssen sich mit hohem Pauschal-Lob begnügen. Neben ihnen sprach ebenbürtig die Schauspielerin und Spezialistin literarischer Kabarettszenen Gisela Saur-Kontarsky, was ihr zugeteilt war. Nochmals: die Aufführung ließ keine Wünsche offen — es sei denn bei dem Mann, der für Text und Musik der „Erschöpfung der Welt" verantwortlich zeichnet.                  H. H. STUCKENSCHMIDT

ginne, an meinem Sinn und Verstand mit Recht zweifeln. Das Merkwürdige aber war die sauertöpfische Voraussetzung des Berichtes: Er vermied von Anfang bis Ende, den Namen des Komponisten zu erwähnen, als ob dieses konzertante Oratorium von ca. 90 Minuten vom berühmten Mauritius Anonymus geschrieben wurde. Der Autor hatte sicher eine gallsüchtige Freude beim Verfassen dieser amputierten Information (siehe oben).

Wie muß sich die Redaktion in so einem Fall dem Leser gegenüber verhalten? Wo bleibt jene über alles erhabene journalistische Verantwortung; jene gutbürgerlichen Tugenden, die in diesem Blatt nicht hoch genug gepriesen werden können: seriös, vertrauenswürdig, belehrend, möglichst umfassende und stimmige Auskünfte usw.? Man sollte meinen, wenn Aufklärung immer noch einige Überwindung kostet, dann kann ihr Gegenteil nur mit schräger Schaffenslust angetrieben werden. Sie dürfen daher glauben, daß ich die Überschrift einer Notiz in der Wochenzeitung *Die Zeit* vom 26. August 1988 als Ausdruck sarkastischer Bewunderung las: »Von Hans Heinz Stuckenschmidt lernen«. Es war aber leider nicht so gemeint.

Jeder, der die stürmischen Auseinandersetzungen um die Springer-Presse erlebt hat, weiß, daß einer der Hauptvorwürfe gegen die charakteristische Verschmelzung von Information und redaktioneller Meinung gerichtet war. Berlin hat in der Sache noch einmal richtungsweisende Impulse gegeben. Die Kritik war berechtigt, weil sich viele Bürger der Republik von der manipulierten Sachlichkeit irregeführt, ja bedroht fühlten. Sicher wäre der Widerstand gegen Springer erheblich schwächer ausgefallen, wenn seine politische Richtung ebenfalls milder gewesen wäre. Dies war aber nicht so und die Zuspitzung des Konfliktes nahm fieberhaft zu. Als unverbesserlicher Zeitungsleser versuche ich stets, das Wesen der journalistischen Pflicht zu verstehen. Allmählich fand ich, daß in einer bestimmten Abteilung *aller* Zeitungen, und zwar abgesehen von ihrer linken, liberalen oder rechten Ideologie, gerade jene verpönte Mischung von vermeintlicher Objektivität und scheingerechter Subjektivität zu spüren war, die man damals heftig ablehnte: das Feuilleton. Hier sind Kommentare und ausgewählte Tatsachen – nennen wir sie »gefilterte Einzelheiten« – stets ineinander verschachtelt, vielleicht deshalb, weil Beiträge, die unterschrieben werden, einen offenen Anspruch auf Interpretation erheben. Interpretation: auf welchem Niveau?

Erlauben Sie mir ein Zitat:

»Kagel läßt kein gutes Haar an Gott… Er säuselt mit Harfenschlag und Streicherflageoletts vor sich hin… Wenn… Polonaise und Bauerntanz gleichzeitig erklingen… zeugt die schönste Paarung nur musikalischen Murks… Viele Bravos und Buhs. Beides in diesem Fall für die Katz.« *Klaus Geitel, Berliner Morgenpost*

Es ist diese eine Sprache exquisiten Zuschnitts, die besonders von intellektuellen Gastarbeitern, wie ich es in Berlin bin, mit Gewinn gelesen werden kann. Auch Deutsch für angehende Journalisten, die bemüht sind, den präzisesten Ausdruck zu verwenden. Eine hochsensible Prosa, mit Distanz und Spürsinn geschrieben und Wortbildungen, die einen hohen Intelligenzquotient verraten. Man erfährt viel über den Gegenstand der Kritik, weil der Verfasser, nicht wie andere, zügellos und grob, sondern gelassen und verständnisvoll schreibt, frei von Ressentiments und Melodramatik, sichtlich mit spitzen Ohren bemüht, zwischen Werk und Leser zu vermitteln. Von diesem Rezensenten und anderen Kollegen des gleichen Pressekonzerns habe ich wiederholt die Ehre gehabt, Achtung und Verständnis für meine Arbeit zu finden. Nur jemand wie Karl Kraus zum Beispiel hätte an diesem Bericht alles auszusetzen. Aber: Was wußte schon Kraus von dem, was erforderlich ist, um jenen, die nicht dabei waren, das Ereignis plastisch zu schildern?

Zum Schluß möchte ich die Uraufführung der *Sankt-Bach-Passion, für Soli, Chor und Orchester* am 9. September 1985 in der Philharmonie erwähnen. Bereits im Mai 1981, auf eine Bitte der Leitung der Berliner Festwochen, ein Auftragswerk zu schreiben, schlug ich dieses Stück zum Bach-Jahr vor und ließ Ulrich Eckardt feierlich schwören, bis 1984 zu schweigen. Geheimniskrämerei? Nein, Erfahrungen. Daß mir gerade diese Komposition am Herzen lag, ist selbstredend. Nicht nur die unvergleichliche Bedeutung von Bach in der Musikgeschichte war hier ein besonderer Beweggrund, sondern auch sein Einfluß als stiller Teilhaber vieler Werke und Komponisten bis heute. Wie ich schon einmal schrieb, finde ich gerade da, wo er offensichtlich mitgeholfen hat – wie zum Beispiel im Neoklassizismus – seine

Ausstrahlung als Referenzpunkt schwach umgewandelt, dagegen im Verborgenen am fruchtbarsten. Da ich mir heute vorgenommen habe, nur das Allernötigste über die einzelnen der hier angeführten Stücke zu sagen, weil längere Kommentare bereits veröffentlicht wurden, begrenze ich mich hier auf einige Sätze.

Diese Passion über Johann Sebastian Bach erhebt tatsächlich den Anspruch, eine wahrhaftige Passion zu sein. Es bedeutet also, daß ich die Figur des Komponisten mit Jesus Christus identifiziere und, mehr noch, beim Erzählen einen leidvollen Lebensweg durch den zweiten ersetze. Nicht zuletzt sind die Stationen dieses Werdegangs auf 33 Nummern disponiert.

Mir war von vornherein klar, daß diese Idee Sprengsatz in sich barg. Andererseits wußte ich, daß vieles im Bereich der künstlerischen Umsetzung nur als Metapher verstanden werden kann, wenn jede Anekdote zum Gegenstand absoluter Musik gemacht wird. Oder, das große Beispiel Bachs vor Augen, anders formuliert: so absolut wie möglich, so illustrierend wie nötig.

Als Klangkörper wurde die Junge Deutsche Philharmonie gewonnen, deren Engagement und Interesse an ernsthafter Arbeit vorbildlich ist, während Rias Berlin und Südfunk Stuttgart ihre Chöre zur Verfügung stellten. Ich übernahm die musikalische Leitung. Am Morgen der Generalprobe, einem Sonntag, hingen am Zeitungskiosk kleine Plakate des Boulevardblattes vom Springer-Konzern mit folgender, einen Skandal heraufbeschwörenden Überschrift:

FESTWOCHEN-KRACH

Fünf
Sänger
bleiben
stumm

Darunter stand in kleinerer Schrift:

Paris: Außenminister
vom Tiger gebissen

Sicher, einige Chorsänger des Rias Berlin – im Einverständnis mit der Leitung der Musikabteilung des Hauses – hatten beschlossen, ihre Teilnahme an der Produktion einzustellen, weil die Übertragung des Passionsmodells auf die Gestalt J. S. Bachs ihre religiösen Überzeugungen beunruhigte. Dies geschah mindestens acht Wochen vor dem Uraufführungstermin. Zutiefst habe ich bedauert, daß eine geplante Einführung von mir für den Chor nicht rechtzeitig verwirklicht wurde. Sie hätte dann, wie sich später herausstellte, auch bei den zweifelnden Sängern zu der gleichen konstruktiven Mitwirkung wie bei der Mehrheit des Chores geführt. Auf meine Fragen, wie es zu dieser späten, delikaten Zuneigung des Blattes für unser Projekt kam, erhielt ich die knappe Antwort: Die Springer-Presse wäre mit der gegenwärtigen Leitung der Berliner Festwochen nicht glücklich und versuche einen Wechsel herbeizuführen. So einfach ist das. Man nehme einen Vorwand, bausche ihn auf, plädiere für das Unvermeidliche, benutze jedes Druckmittel und haue den Lukas. Fest. Irgendeine Lähmung wird sich schon bemerkbar machen. Aber doch nicht bei der Uraufführung der *Sankt-Bach-Passion*. Sie war vollendet. Das Echo der Presse – wie immer – gespalten; bei der extremen Thematik des Stückes nicht anders zu erwarten.

Ich hoffe, mit diesem im Eiltempo geführten Überblick Einsicht in Aspekte meiner Arbeit gegeben zu haben, die mit Berlin zusammenhängen. Daß ich nicht alle meine Konzerte und Tätigkeiten hier erwähnen konnte, ist selbstverständlich. Aber es ist mir dabei deutlich geworden, daß manche Einzelheiten nicht typisch oder atypisch für diese Stadt sind, sondern eher charakteristisch für das Leben eines Komponisten von heute, der sein Werk einer komplexen Gegenwart anzubieten hat. Zugleich ist die Wirklichkeit Berlins mit allen Widersprüchen und Vorzügen, Eigentümlichkeiten und ungebrochenem Vorwärtswillen eine ständige Meßlatte geblieben. Danach haben wir uns alle letztlich zu richten.

Als akustischen Abschluß dieser Berliner Lektion habe ich mein kürzlich uraufgeführtes *Phantasiestück*, *für Flöte und Klavier* vorgeschlagen. Es trägt ein Motto jenes preußischen

Schriftstellers Friedrich de la Motte-Fouqué, dem Arno Schmidt eine so sorgfältige wie labyrinthische Biographie widmete:

> »Also da capo, oder vielmehr dal segno,
> liebes, unmusikalisches Kind!«

Ich kann mich diesen Worten de la Motte-Fouqués an seine Frau nur anschließen und ergänzen: Da capo ja, aber immer anders.

(17. September 1989)

# Aufsätze

# 1. Vom Selbstverständnis und von den Aufgaben des Künstlers

Gab es in der neueren Geschichte oft einen *relativen Bedarf* an Musik – der Kirche, der Aristokratie, des bürgerlichen Konzertlebens –, so besteht dagegen für Kunst und Musik in der heutigen Gesellschaft vielleicht kein *zwingendes* Bedürfnis. Denn es wird laufend etwas produziert, das weder unentbehrlich ist noch auf echter Nachfrage beruht; Musik und Kunst sind zwar notwendig, doch nicht lebensnotwendig. Kein Musikstück – auch nicht eines, das im Repertoire ständig wiederholt wird – würde man vermissen, wäre es ungeschrieben geblieben. Diese scheinbar pessimistische Betrachtungsweise ermöglicht jedoch einem Komponisten heute, keine beiläufigen Konsequenzen zu ziehen und mit gewisser Unbeschwertheit zu arbeiten; theoretisch kann und braucht er nur das zu schreiben, was ihm allein notwendig erscheint. Die Beziehung zeitgenössischer Kunst und Musik zur – diese geistige Nahrung nur zögernd konsumierenden – Gesellschaft hat sich dadurch erheblich verändert.

Komponisten reflektieren häufiger und heftiger als in der Vergangenheit Probleme, die *außer*musikalischen Ursprungs sind. Politische und ökonomische Zusammenhänge zum Beispiel dienen heute vielfach als Anlaß zur Entstehung eines Werkes. Diese umfassende *Ideologisierung* der Komposition läuft parallel zu einer systematischen Erforschung der Zusammenhänge zwischen Komposition, Rezeption und Verbreitung. Mit Ideologisierung wird hier allerdings weniger auf die politische Bedeutung des Wortes hingewiesen, als auf die bewußte Einbeziehung von Ideen, die sich nur bedingt akustisch verwirklichen lassen und dadurch Erklärungen bedürfen. Jede außermusikalische Ideologie wirkt deshalb, durch Musik ausgedrückt, unvollkommen, auch nicht zuletzt deshalb, weil Erklärungen, in Noten umgesetzt, gesellschaftliche Nöte kaum zu lindern vermögen. Musik kann indes Aspekte einer allgemeinen gesellschaftlichen Problematik reflektieren, insbesondere diejenigen, die das Musikleben betreffen; sie kann Erkenntnisse vermitteln und Gedanken auslösen, die sowohl Produzierende als auch Konsumierende über den Zustand bloß musikalisch-ästhetischer Empfindungen hinaustragen. Gerade die verschiedenartigen Bedeutungen von Musik – ihre besondere Stellung als Verwirklichung einer bestimmten akustischen Ordnung; ihre Relevanz als Ausdruck jeder gesellschaftlichen Praxis beziehungsweise jeder Ordnung, die sich gesellschaftlich manifestiert; schließlich ihr Rang als kultureller Bestandteil jedweder Ethnologie (außer- wie innerhalb Europas) – dürften den heutigen Komponisten zu einer vielschichtigeren Auffassung seines Tuns animieren, als es in der Vergangenheit der Fall war.

Kunstmusik oder »ernste« Musik stößt, wie jede andere Kunstdisziplin, die sich bemüht, durch nichtverbale Mittel Gedanken und Empfindungen auszulösen, auf ein komplexes Netz von Erwartungen und Gewohnheiten. Das Komponieren weiterer Stücke schiene aber sinnlos, wenn Komponisten nicht darum bemüht blieben, die bereits bekannten und gewohnten Anordnungen von Tönen durch neue zu ergänzen oder erschöpfte Verfahren teilweise zu ersetzen. Das Bedürfnis eines Komponisten, akustische Mitteilungen zu machen, ist von seiner ebenso notwendigen wie ständigen Auseinandersetzung mit bereits Dagewesenem schwer zu trennen. Jeder Musikstil weist auf dem Höhepunkt seiner Entwicklung sprachähnliche Merkmale auf, die im Bewußtsein des Komponisten immer präsent bleiben. Wie selbstverständlich die Speicherung musikhistorischer Daten im Gedächtnis eines Komponisten auch ist, so unerläßlich sind diese, um überhaupt Neues zu erfinden. Es wäre jedoch falsch, betrachtete man die Bedingungen der Entstehung und Rezeption von Musik, auch diejenigen der zu jedem Zeitpunkt der Geschichte geschaffenen neuen Musik unabhängig vom Zwang zur erfolgreichen Verbreitung.

Der Konsum von Gebrauchsmusik zum Beispiel ist so enorm

gestiegen, daß Werke, die ursprünglich nicht dem Unterhaltungs-genre zugedacht waren, ebenfalls die Merkmale eines seriösen Entertainments tragen und somit anfällig sind zur Weiterverar-beitung in der Unterhaltungsindustrie. Wirklich neue musikali-sche Ideen werden heute viel schneller verschlissen als jemals zuvor. Einige Gründe dafür sind bekannt, etwa die rasche Ver-breitung durch Schallplatte, Rundfunk und Fernsehen. Kompo-nisten liefern häufig ungewollt die Klangmodelle für solche prak-tische Anwendung oder betätigen sich bewußt auf dem Markt der Gebrauchsmusik, wofür die elektronische und konkrete Musik ein markantes Beispiel bieten. Ein Katalog schematischer Effekte und Klangmontagen wurde bald nach ihrer Entstehung Mitte der 50er Jahre für Hörspiele, Dokumentarfilme, Bühnenmusiken, Ballette und übrige Anlässe ausgebeutet. Was sich am eindring-lichsten in das akustische Bewußtsein jenes anonymen Hörers einprägt, der keine Konzerte besucht, sondern Musik zufällig konsumiert, sind eher diese elektronisch-konkreten Klang-Ge-räuschkulissen als die Werke elektronischer oder konkreter Mu-sik ungewohnteren Inhalts. Man könnte hierbei von industriell verwertbarer akademischer Unterhaltungsmusik sprechen, die sich, fast aus Tradition, vermarkten läßt und deren praktische Voraussetzungen sich bereits in den zwanziger Jahren gebildet haben. Selten zuvor – vielleicht nur mit Ausnahme des Barock – wurde die Verwendung eines so ähnlichen Materials für ernste Musik, als ernst getarnte und unterhaltende Musik in dem Maß gefördert wie in den letzten sechzig Jahren, wo der Apparat zur Verbreitung zeitgenössischer Musik permanent nach Urauffüh-rungen verlangt, aber sich zugleich vor wirklich experimentellen Werken fürchtet. Rundfunkanstalten, Konzertreihen und Festi-vals begünstigen auf diese Weise einen Stil, der durch typifizierte Formulierungen musikalischer Gedanken zur Erstarrung führt.

Ein anderes Problem der kompositorischen Produktion heute betrifft eine angemessene, aktive und deshalb fruchtbare Rezep-tion durch den Hörer. Mit der an sich vernünftigen Forderung, gezielt für ein Publikum zu komponieren, dem eine bestimmte Thematik und musikalische Sprache gelten sollte, scheint jedoch nur ein Teilaspekt dieser Aufgabe angesprochen zu sein. Jeder

Komponist, der nicht aus programmatischen Gründen rückwärts gewandt ist, produziert, auf mehr oder weniger extreme Weise, zeitgenössische Musik. Somit entfernt er sich zwangsläufig von der Mehrzahl jener Hörer, die als konventionelle Musikliebhaber die Konzerte mit Musik des gängigen Repertoires besuchen. Musik wird hauptsächlich durch harmonische oder melodische, durch klangfarbliche oder rhythmische Gestalten vermittelt, welche – je nach Erfahrung und Empfindsamkeit des Hörers für akustische Vorgänge – stärker oder schwächer als Formverläufe wahrgenommen werden können. Auch wenn der Hörer über jene Begriffe häufig nicht verfügt, die ihm erlauben, das Gehörte genau zu beschreiben, stützt er sich beim Beurteilen auf Vergleiche mit zuvor gehörten Werken, die in ihm einen bleibenden Eindruck hinterlassen haben. Der Modellcharakter solcher Werke ist für ihn maßgebend und dient als Vergleich, um in unbekannten Stücken den Ablauf der musikalischen Gestalten als logisch oder unverständlich, wohlklingend oder unangenehm, intensiv oder spannungslos zu bezeichnen. Jede Aussage von Hörern, welche nicht professionell zu urteilen haben, zeigt ein typisches Dilemma der musikalischen Rezeption: Während alle, die beruflich mit Musik umgehen, die meisten Stücke zu einem geschichtlichen Kontinuum in Beziehung setzen und dadurch wesentliche Stilmerkmale relativieren können, sind Laien eher geneigt, akustische Informationen als absolute Werte zu bemessen. Form, Inhalt und Ausdruck, Technik, Handwerk und Material sind Begriffe, die in der Kunst und damit auch in der Musik stets einer unterschiedlichen Auffassung ausgesetzt wurden. Eine stabile Werteskala ist hier schier undenkbar, weil Musik sich so entwickelt, daß Charakteristika, die in einer unmittelbar vorausgegangenen Periode wichtig waren, im nachfolgenden Zeitraum abgelehnt wurden oder gänzlich unberücksichtigt blieben. Man könnte deshalb Negation als Antriebskraft der musikalischen Evolution bezeichnen. Freilich wirkt diese Kraft nicht nach schematisch vorherzubestimmenden Gesetzmäßigkeiten, sondern unterliegt sich ständig verändernden Prozessen.

Es erscheint überflüssig, für den raschen Wechsel stilistischer Merkmale immer neue Schlagworte zu suchen, um die kompositorischen Tendenzen in klar definierte Phasen abzugrenzen. Bei aller Vorsicht vor vorschneller Kodifizierung der laufenden kompositorischen Entwicklung kann freilich als ihr grundlegendes Merkmal die Aufhebung traditioneller Grenzen von Genres und Typologien festgestellt werden, wohl am deutlichsten beim Neuen Musiktheater. Die verschiedenen Sparten des traditionellen Theaters – Sprechstück, Melodram, Oper, Ballett – haben sich mehr und mehr von einer starren Einteilung zugunsten einer kontinuierlichen Skala der szenischen Darstellung aufgelöst. Neue Zusammensetzungen sind komplexer und zeigen unscharfe Grenzen der Typifizierung. Auch Bezeichnungen wie tragisch oder komisch sind in ihrer Eindeutigkeit relativiert worden. Das Neue Musiktheater ist nicht eine durch Stil festgelegte Form des Theaters neben anderen, sondern die Anwendung musikalischen Denkens auf das Theatralische. Wort, Licht und Bewegung werden in vergleichbarer Weise wie Töne, Klangfarben und Tempi artikuliert. Es handelt sich also zunächst um eine Musikalisierung der Darstellungsformen und der Beziehungen zwischen den Spielern untereinander. Hier wird weder vorgetäuscht noch beschrieben und kaum erzählt. Unschätzbar am alten wie am Neuen Musiktheater bleibt die Tatsache, daß man keine durchgehende Handlung braucht, um der szenischen Darstellung Überzeugungskraft zu verleihen, weil auch mit dem Residuum einer Handlung musikalische Vollständigkeit mitgeteilt werden kann. Um Musik und Theater zu einer dritten Dimension zu vereinigen, ist jedoch höchste Deutlichkeit vonnöten. Diese Deutlichkeit ist zugleich ein Mittel zur Aktivierung des schauenden Zuhörers, indem er einen Anblick davon erhält, was geschieht und wie es gemacht wird. Je mehr nämlich die Realisationsprozesse verschlossen bleiben, desto weniger kann die aktive Teilnahme des Zuhörers geweckt werden.

Eine hervorragende Möglichkeit zur Herstellung deutlicherer Kommunikation bietet das Hörspiel, das weder eine literarische noch eine musikalische, sondern lediglich eine akustische Gattung unbestimmten Inhalts ist. Voraussetzung dieses ureigenen Rundfunkgenres ist eine Deutlichkeit solcher Art, daß der Zuhörer keine Notwendigkeit einer Sichtbarmachung des Gehörten verspürt. Weder die Oper noch das Theater erlauben diese Überschreitung der akustischen Grenze. Auch das optische Medium ist durch die Bedeutung des jeweiligen Bildes und den Fortgang einer – mehr oder weniger – sinnvollen Dramaturgie erheblich mehr belastet als das Medium Hörspiel. Das beruht zunächst auf der Tatsache, daß beim Fernsehen oder im Film die ganze Aufmerksamkeit des Zuschauers in Anspruch genommen wird, während beim Rundfunkhören eine andere, gleichzeitige Beschäftigung immerhin möglich ist. Das Komponieren von Hörspielen ist kein Ersatz für alle anderen Möglichkeiten der Verwendung von Sprache in der Musik, doch im Kontakt mit dem Hörspiel hat sich das musikalische Material erweitert und umgekehrt.

Ein weiteres Resultat der Entgrenzung kompositorischer Dimensionen ist die freie Verfügbarkeit ihrer graphischen Darstellung. Der Maßstab zur Schätzung von Gültigem oder Ungültigem bei den neuesten Notationsformen ist immer noch der Frage nach Qualität der Lösung unterworfen; diese Frage ist nun zugleich irreführend und lästig bei jenen Stücken, die keinen Anspruch auf Muster erheben, weil sie zunächst nur ein Abtasten von geahnten Sphären aufweisen – was auf die meisten graphischen Partituren zutrifft, die in den letzten Jahren entstanden sind. Die Zusammenhänge, welche eventuelle Beziehungen zwischen Musik und Malerei bestimmen könnten, wären vor allem vom technischen Moment abhängig. Haftet die musikalische Übertragung von Strukturprozessen und Formprinzipien rein graphischer Herkunft an der zeitgemäßen Interpretation und am Handwerk des Komponisten, so wird sie zu einer sehr individuellen, fast privaten Angelegenheit. Am ehesten würde man musikalische Anwendung für die Konsequenzen jedes bildnerischen Denkens finden, wenn wesentlich Neues in Anordnung und Manipulation des Materials formuliert wird. Daß diese Konsequenzen keineswegs sichtbar sein müssen, liegt in der Natur der musikalischen Notation; das Zeichenbild dient nur zur weiteren Interpretation.

Widersprüche und Brechungen in der Komposition ebenso wie Umfunktionierung und Verfremdung sind Bestandteile der

Kommunikation mit dem Hörer und Zuschauer. Kommunizieren – also: mitteilen – kann sicher als wesentliches Ziel der Arbeit jedes Künstlers betrachtet werden. Ob man Töne oder Geräusche, Farben oder Objekte dabei verwendet, ist gleichgültig, solange nachvollziehbare Gedanken mitgeteilt werden. Musik und Kunst im allgemeinen genügen allein allerdings nicht, wenn sie das Koordinatensystem des Rezipienten aus Bildung und Erfahrung sprengen, was häufig geschieht bei der Konfrontation mit Neuem. Dann besteht die Notwendigkeit, mit Worten nachzuhelfen. Es war in der Vergangenheit·ein Irrtum, anzunehmen, Musik als autonome Kunst bedürfe kaum des erläuternden Kommentars: dies entsprach nicht dem Sachverhalt. Beide, Kunst und Musik, können des geschriebenen und gesprochenen Wortes nicht entbehren, um all jene, die sie wahrzunehmen bereit sind, in einen unaufhörlichen Aufklärungsprozeß zu involvieren.

(1979)

# 2. Kritik der unreinen Vernunft

*1982 bereitete die Redaktion von* Musica *eine thematische Nummer der Zeitschrift vor, die dem »Musikalischen Urteil« gewidmet werden sollte und sie bat mich um einen Beitrag. Ich nahm den Auftrag unter einer Bedingung an: man durfte weder Kürzungen noch Textveränderungen vornehmen, vorausgesetzt, daß der gewährte Raum nicht überschritten würde.*

*Nun war ich überrascht, als ich erfuhr, daß jene Rezensenten, die in dem Beitrag erwähnt wurden, Kopien des Textes vor der Veröffentlichung erhielten. Das Dilemma der besorgten Redaktion war offensichtlich: wie jede Musikzeitschrift war sie letztlich von Autoren abhängig, die sich unablässig dem musikalischen Urteil verpflichtet fühlen. Ärger durch die Folgen des Mutes vor der eigenen Courage war zu befürchten. Nun wäre ich niemals gegen eine Stellungnahme der Betroffenen gewesen. Lediglich der Hautgout von Vorzensur war peinlich.*

Es ist sicher kein Zufall, wenn mich die Redaktion der Zeitschrift *Musica* auffordert, zum Thema »Musikalisches Urteil« einiges zu schreiben: Von den bekannteren Komponisten meiner Generation bin ich wahrscheinlich der, welcher am heftigsten, hartnäckig lange, abgelehnt wird. (Dies beruht freilich weniger auf meiner Musik als auf meinen kritischen Texten.) So habe ich wie kaum ein anderer Gelegenheit, über Eigentümlichkeiten und Mechanismen eines Teiles der deutschen, aber auch über Musikkritik im allgemeinen, nachzudenken.

Bereits in meinem Aufsatz *J'accuse II* von 1973[1] versuchte ich anhand konkreter Beispiele objektive Zusammenhänge zu beschreiben, die mir zwischen Werk, Komponist, Rezensent und Veröffentlichungsorganen aufgefallen waren. Danach habe ich oft Notate gemacht, notwendige Ergänzungen des ersten kritischen Ansatzes, die als weitere Reflexion zu diesem Thema gelten dürften. Bedingt durch das Tempo meiner Produktion, habe ich in relativ kurzen Abständen Anlaß genug, die Musikpublizistik von Hamburg bis München zu lesen.

Bevor ich mit der Fortsetzung der begonnenen Analyse anschließe, ist es zum besseren Verständnis vielleicht erforderlich, die fünf Thesen des erwähnten Beitrags – ohne die ausführlichen Kommentare, die man im Original nachlesen kann – hier zu wiederholen:

*1. Jede Konzert- und Theaterkritik tangiert immer – und zwar in mehr oder weniger offener Form – die ideologischen Richtlinien des publizistischen Organs, in dem sie abgedruckt wird; der Grad ihrer Brisanz hat aber weniger mit der Sache als mit dem Verhalten der Redaktion zum Zeitpunkt der Veröffentlichung zu tun.*

*2. Berichterstatter, die in sehr verschiedenen Organen veröffentlichen, passen ihre Schreibweise und Argumentation dem jeweiligen Stil der Publikation an. Damit sichern sie sich, vor allem, wenn sie freie Mitarbeiter sind, eine kontinuierliche Nachfrage für ihre Tätigkeit (selbst, wenn dies auf Kosten ihrer ideologischen Glaubwürdigkeit geschieht).*

*3. Persönliche Antagonismen eines (sich »gesellschaftskritisch« einstufenden) Rezensenten schärfen seinen sozio-kulturellen Spürsinn gegenüber dem Objekt seiner Kritik. Ist der Berichterstatter aber dem Rezensierten freundlich gesonnen, dann rückt die Anwendung der gesellschaftskritischen Theorie in einen vordergründigen Hintergrund. Bei geschickter Argumentation wird der Leser nie merken, ob der Reflexion eine subjektive oder objektive Dialektik zugrunde liegt.*

*4. Es sind meistens nicht die Komponisten, die vorwiegend linke Musik fordern, sondern jene, die darüber schreiben wollen.*

*5. Objektiv sachliche, stichhaltige Informationen über musikalische Zusammenhänge, die nicht ins politische Konzept pas-*

*sen, werden je nach Umstand weitgehend ignoriert, verschleiert oder deformiert.*

Die Reaktion der Presse auf die Veröffentlichung meines Papieres war für mich teilweise voraussehbar, weil die Interessentenverflechtung der Rezensenten – ihre unbedingte Abhängigkeit voneinander – sie letztlich zu einer globalen Strategie des Standes auffordert, sobald es um die *Sachlichkeit* in der Ausübung ihres Berufes geht. (Nicht anders verhalten sich Ärztevereine und andere Verbindungen, wenn sie sich durch Skepsis und Tadel beunruhigt, persönlich in ihrer Existenz bedroht fühlen.)

Aber gerade um die *vermeintliche* Sachlichkeit ging und geht es hier, um jene absolute Sachlichkeit der Auskunft und der Meinung, die für die Zunft niemals in Abrede gestellt werden darf:

- »War es wirklich so?«
- »Entspricht die Beschreibung den Tatsachen?«
- »Sind die Ausführungen nachprüfbar?«
- »Fußt die Information auf Neigung oder Abneigung des Rezensenten?«

Diese Fragen sind für Verfasser musikalischer Urteile prinzipiell unzulässig, insbesondere, wenn die Interpreten, Komponisten oder Veranstalter sie öffentlich erörtern, die mit der Sache direkt zu tun haben oder in der Kritik erwähnt wurden. Es geht stets um die heilige Kuh der Glaubwürdigkeit. Je kleiner und mächtiger die Schar der Kritiker und ihr Einfluß auf die Meinungsbildung, desto unerbittlicher müssen Zweifel an Sachlichkeit und Glaubwürdigkeit des Redigierten ausgeräumt werden. Daher:

*6. Berufskritiker reagieren ungütigst auf Kritik.*

Beispiele dieses Sachverhalts sind so zahlreich wie peinlich. Manchmal wird aber jener, der gewagt hat, seine Stimme zu erheben, sogar mit einem Bann besonderer Art bestraft: Der Rezensent beschließt, nichts mehr zu schreiben oder bei auffallender Gelegenheit seine Weigerung durch gedankliche Indolenz zu demonstrieren. (Es ist mir in der Musikwelt kaum ein Fall bekannt, bei dem so offen gespielt würde, wie bei dem des Theaterkritikers Benjamin Henrichs, der in seinem Wochenblatt

*Die Zeit* bekundet, über die Inszenierungen des Regisseurs und Schauspielleiters H. H. nichts mehr schreiben zu wollen. Obgleich dieses selbstauferlegte Schreibverbot eine Maßnahme totalitärer Gesinnung ist – denn: Was ist totalitärer als jemanden zum Schweigen bringen zu wollen, indem man über ihn das totale Schweigen verhängt? –, darf man Henrichs zumindest Fair play bescheinigen. Und trotzdem: Wo wächst die Haut am dünnsten, beim Künstler oder beim Kritiker?) Einiges an dieser Zensur erinnert an die *Omertà* in der sizilianischen Gesellschaft, jenes beharrliche Schweigen, das sowohl echtes Nicht-Wissen als auch Nicht-wissen-Dürfen bedeuten kann. Die gesteuerte Unterschlagung von Information macht aus dem Erinnerungsvermögen eine geschmeidige Prothese, die man, ähnlich elektronischer Filter, nach Bedarf ein- und ausschalten kann.

Eisernes Schweigen dagegen als Reaktion auf Berufskritik dürfte wohl als klassische Antwort gelten bei all jenen, die Subjekt von Rezensionen sind. Wie oft Komponisten und Interpreten sich privat über Musikkritiker abfällig äußern und wie sie ihre Argumente mit handfesten Beispielen zu begründen wissen, ist ein offenes Geheimnis. Schweigen jedoch gehört ebenfalls zu den selbsteingepaukten Weisheiten des Berufslebens diesseits des Konzertpodiums, zum Codex vulgaris jeder Karriere. »Kritiker-nicht-grämen« ist ihr oberstes Gebot, denn die Stellung des Ausübenden und Tonsetzers ist letztlich zu schwach gegenüber der Macht des Feuilletons. Vergleiche mit totalitären Gesellschaftsformen, wo Unterdrückung erduldet wird, um nicht noch schmerzvoller bestraft zu werden, drängen sich auf. Interpreten wissen, vielleicht noch besser als Komponisten, gut und im Detail darüber Bescheid. Diese Akteure der Musikwelt pflegen in ihrer Beziehung zur Presse Enthaltsamkeit aus Prinzip, um nicht unangenehm aufzufallen, und die Kunst des Fügens, dem Selbsterhaltungstrieb zuliebe.

*7. Die Macht des Kritikers fußt häufig nicht auf seinem Fachwissen, sondern vorwiegend auf seiner Funktion.*

Oder anders ausgedrückt: Der, der berichten darf, wird – ungeachtet seiner musikschriftstellerischen Eignung und seines Könnens – automatisch zur *Respektsperson*. Und was geschieht, wenn er als Respektsperson berichtet, *ohne* dabei gewesen zu sein?

Abwesenheit hat Tradition. Bereits in *J'accuse II* übernahm ich die zeitraubende Verpflichtung, zu beweisen, daß Reinhard Oehlschlägel über die Uraufführung meines Stückes *Exotica* in München ausführlich berichtete und es verriß, obwohl er die Darbietung nicht besucht hatte. Ich fühle mich keineswegs dazu berufen, unabläßlich den Pressewald zu untersuchen, um alle negativen Meinungen über meine Arbeit, die zumindest sachlich auf halbwahren Informationen gründen, gleich mit Briefen an die Redaktion richtigzustellen. Es ist ungesund, mit dem Nörgeln nicht sparsam umzugehen, dies behindert letztlich die einzige wichtige Tätigkeit eines Komponisten: das Notenschreiben. Solche Auseinandersetzungen nehmen Ingenium und Zeit in Anspruch. Aber wahr ist, daß ich Zeitungen leidenschaftlich gern lese, weil mich sowohl das tägliche Geschehen, der Fluß der Dinge von gestern auf morgen genauso interessiert wie die Zeitlosigkeit der Auswirkungen. Die konzentrierte Information eines Blattes, das thematische Wissen von Ausstellungskatalogen und die Lebhaftigkeit von Interviews gehören zu meiner Lektüre. Aber leider sind im Musikbereich der Feuilletons nicht *all news fit to print*.

Zwischen 1973 und 1980 habe ich zumindest fünfmal registriert, daß Uraufführungen meiner Stücke durch nicht anwesende Kritiker rezensiert wurden. Ich schwieg. Nach der Uraufführung von *Aus Deutschland* im Mai 1981 aber war das Maß voll und ich bat die Neue Musikzeitung (NMZ), einen Leserbrief zu veröffentlichen. Darin schrieb ich unter anderem: »Was mich an der Kritik von Peter Fuhrmann über *Aus Deutschland* am meisten besticht, ist die atmosphärische Beschreibung der Publikumsreaktionen. Denn: Der Rezensent der NMZ ist weder in der Uraufführung am 9. Mai 1981 noch in einer der fünf darauffolgenden Vorstellungen in der Deutschen Oper Berlin gewesen. Damit wird diese Veröffentlichung zum klassischen Dokument unaufrichtiger Berichterstattung. Der Leser darf entsprechende Rückschlüsse über die Stichhaltigkeit aller anderen Gedanken dieses Papiers ziehen.«

Die Redaktion der NMZ weigerte sich, das Schreiben abzudrucken (wie die Frankfurter Rundschau zehn Jahre vorher im Fall Oehlschlägel) und versuchte mich schließlich mit der Drohung einzuschüchtern, die Rechtsabteilung des Bosse-Verlages wegen meiner »an Rufschädigung grenzenden Ausführungen« einzuschalten. Die prozessualen Folgen blieben jedoch aus, weil die Abwesenheit Fuhrmanns bewiesene Sache war. Wesentliche Teile der Korrespondenz können in der Monographie von Werner Klüppelholz »Mauricio Kagel 1970–1980«[2] nachgelesen werden. Die Ergebnisse dieses Abdrucks sowie einige deutliche Ausführungen Klüppelholz' über die Rezeption von *Aus Deutschland* in der deutschen Presse sind für das Buch zweifellos nachteilig gewesen. (Die 2 ¾ Seiten dieses Abdrucks mit dem NMZ haben manchem Rezensenten, so den Redakteur eines Kölner Senders, offensichtlich die Freude an den restlichen 298 ¼ vergällt. Ein anderer, mit Fuhrmann eng befreundeter Kritiker beschloß, das Buch in seinem Wochenblatt nicht rezensieren zu lassen, und treu der 6. These dieses Beitrages betonte er seine Ungehaltenheit unmittelbar danach, indem er in der Besprechung des Festivals von Metz 1981 der Uraufführung von meinem *Mitternachtsstük* vier rachitische Zeilen widmete.)

Es ist trübsinnig, über dies alles und über die Gründe für diese Situation nachzudenken. Die scheinbar liberale Musikkritik in Deutschland verlangt solche Uniformität der Ansichten von Kollegen, Komponisten und Interpreten, daß es zu befürchten ist, sie könnte die legitime Erbin der tausendjährigen Musikwissenschaft werden. Seltsamerweise zweifelt sie nie an der eigenen »gesellschaftlichen Relevanz«, nur an der des anderen. Vermutlich ist eine liberale Gesinnung in der Musikkritik einfach, solange der Rezensent über andere schreibt und nicht als Arbeitgeber fungiert. Aber: Ist es tatsächlich so, daß es in Deutschland häufig genügt, zu verkünden, man stünde links, um dann erst rechts handeln zu können?

Meine Fehde mit der Kritik in diesem Lande begann auf denkbar banalste Weise, nachdem im Frühjahr 1972 in Bonn etwas geschah, was Ulrich Schreiber, ein sich damals profilierender Rezensent, eigenartigerweise in seiner persönlichen Eitelkeit verletzte. (Eitelkeit kann als eine der markantesten Eigenschaften vieler Musikkritiker bezeichnet werden. Warum wohl?) Schreiber, der in seinen Beiträgen stets aggressiv betonte, sich für eine tolerante, liberale Gesellschaft einzusetzen und die musikalischen Aktivitäten jener Jahre in dem einst typischen Vokabular Frankfurter Prägung analysierte, nahm außerordentlich übel, daß ich von der Generalprobe von *Repertoire* alle mir fremden Besucher, inklusive eine Dame, die sich bei mir nachdrücklich als Frau Schreiber vorstellte, ausschloß. So vergaß Schreiber alles, wörtlich *alles*, was er bis dahin über meine Arbeit verfaßte, und begann sofort, genau das Gegenteil zu behaupten, jedoch so, daß der gleichen Jargon, nur jetzt als »negative Dialektik«, verwendet wurde. (Man möge dies alles nachprüfen, indem man die Rezensionen Schreibers bis und nach diesem »Vorfall« liest. Zum Beispiel seinen Einführungstext *Die Überwindung des Mythos Oper* zu der Schallplattenkassette *Staatstheater* von 1972 und *Aufstieg und Niedergang zum Klassiker* in der Zeitschrift Merkur 6/1974.) Jedenfalls solidarisierten sich mit Schreiber die Kollegen gleicher Couleur und formierten sich sodann, agglutinierten sich förmlich zu einem monolithischen Urteil. Seitdem bin ich Empfänger der Vorwürfe einer durchaus unglücklichen Kritikerliebe, die merkwürdigerweise heute noch im Stil der 68er Fahnenträger und mit deren leidenschaftlich verworrener Vernunft vorgetragen wird. Interessant in diesem Zusammenhang ist die Tatsache, daß gerade meine Arbeit, die zum Teil unmißverständlich politisch ist, bestimmte »progressive« Kritiker zu unversöhnlichen Wutausbrüchen animiert. Vielleicht dient diese Auseinandersetzung als Katalysator reaktionärer Tendenzen, die in der betont liberalen, sich jedenfalls ostentativ links gebärdenden jungen deutschen Musikkritik ruhen. Ein Feindbild wie ich ist aber anscheinend immer lohnend: An mir kann der eigenartige Metabolismus musikalischer Urteile gemessen werden, und dieser Beitrag liefert rechtzeitig Material für eine weitere Dekade allgemeinen Unbehagens.

Die Vorstellung, daß man faktisch keine *Musik*kritik schreiben kann, ohne sich eines Reservoirs bestimmter modischer Vokabeln und Begriffe zu bedienen, die wie Versatzstücke hier und da eingeschoben werden, muß in einigen Kritikern das Gefühl frühzeitiger Invalidität hervorrufen. Dagegen werden die wesentlichen Widersprüche nicht empfunden, wie zum Beispiel in einer Zeitung zu schreiben, die vorne – wo es tatsächlich wichtig ist – rechts-liberal, hinten im Feuilleton aber ein rosiges, liberales Mischwarenlager darstellt. Weil ich politisch in der Opposition, in einem Klima moralischen Rigorismus aufwuchs, wo das Verhalten heute-so-morgen-so mehr Verachtung fand, als sich zu einer konträren Partei zu bekennen, wird mir die dehnbare Haltung mancher Kritiker für immer unverständlich bleiben. Es ist verwerflich, die Tätigkeit von anderen durch den Spiegel künstlerisch-politischer Kohärenz zu betrachten, wenn man selbst die Fackel zitternd hält. Karl Kraus hatte recht: »Der Mord an zwanzig Millionen Menschenkindern hat der bürgerlichen Presse nicht so viel Interesse abgewonnen als das Schicksal jener, die von der Pleite der Unter- und Überhaltungsstätten betroffen sind...«[3]

Ich bin jedenfalls dankbar, daß Zeitungen unlöschbare Dokumentationsquellen des Zeitgeistes sind. Auch wenn manche Kritiker sich ein Wahrheitsministerium Orwellscher Prägung wünschten, wo Unangenehmes für sie ununterbrochen neu redigiert werden könnte, um es zu brauchbarer Aktualität zu wandeln. Worte, vor allem Adjektiva in der Musikkritik bestätigen meinen Eindruck, daß sie so unpräzise angewendet werden, weil sogar die Grenzen zwischen gut oder schlecht, progressiv oder regressiv, schön oder häßlich, notwendig oder überflüssig sich ständig verschieben können. Nichts ist sicher auf diesem Gebiet. Und die Eitelkeit, Neues »auf-Anhieb-zu-verstehen« oder Schwaches »schon-immer-erkannt-zu haben«, geben dem musikalischen Urteil, das sich beruflich fast täglich oder regelmäßig äußert, tönerne Füße. Noch immer fände ich es angebracht, ähnlich dem Zusatz auf Zigarettenpackungen (»Rauchen gefährdet Ihre Gesundheit«) folgenden Passus vor *jede* Musikkritik zu stellen:

Diese Kritik beruht auf einer subjektiven Meinung. Des Rezensenten Neigung zu dem betreffenden Komponisten bzw.

Interpreten: ☐ schwach, ☐ mäßig, ☐ passabel, ☐ gut, ☐ aufregend, ☐ außergewöhnlich. Er hat während der letzten... Jahre seine Meinung ☐ nicht, ☐ ein wenig, ☐ ziemlich ☐ sehr geändert. Erfolgt das Hören zum ersten Mal: ☐ ja, ☐ nein.

Abgesehen von dieser Stellungnahme wäre es wichtig, alle neuen Werke zunächst *anonym* uraufzuführen. Man wäre tatsächlich gezwungen, Musik nur als solche zu hören und zu beurteilen, ohne durch den Namen des Komponisten in irgendeiner Weise konditioniert zu sein. »Gute« Komponisten erhielten plötzlich schlechte Noten, »schlechte« vielleicht gute; das Vorfeld, die politische Aura, das Insiderwissen könnte nur halbwegs helfen; wohlgesonnen sein, prinzipiell ablehnend, vorgefaßte Meinungen überhaupt würden ohne Einfluß bleiben. Wie groß die Unsicherheit, wie deprimierend die Lage der Kritiker! Welch Irrgarten der Ansichten! Ich gebe zu, nur heimtückische Geister können sich an solchem Ärgernis erfreuen. Jedoch:

*8. Besonders bei Neuer Musik kann der Name des Komponisten die Meinung des Rezensenten auf entscheidende Weise beeinflussen.*

Wissen oder nicht wissen, wer das Stück komponiert hat, *that's the question*. Das vielleicht frappierendste, die 8. These bestätigende Beispiel stammt aus Turin. Meine Klavieretüde *An Tasten* und Ligetis *Monument-Selbstportrait-Bewegung* für zwei Klaviere standen auf dem Programm des Duos Alfons und Aloys Kontarsky in der »Unione Musicale« am 18. April 1979. Massimo Mila, Musikkritiker von »La Stampa«, der seit der Vorführung meines Filmes *Ludwig van* 1972 in Italien in meiner Arbeit den »Endpunkt europäischer Musikkultur«, den »zerstörerischen Drang anarchistischen Okkultismus« sieht und stets ähnliche Gefühle bei ganz anderen Stücken von mir empfindet, schrieb diesmal über *An Tasten* ausnehmend positiv, über Ligeti einen Verriß. Im gedruckten Abendprogramm waren jedoch mein und Ligetis Namen *verwechselt* worden. Pech für Mila.

Wunschdenken von persönlicher Meinung zu trennen, bringt auch erfahrene Journalisten in Verlegenheit. So in der Glosse von

Gerhard R. Koch in der Frankfurter Allgemeinen Zeitung vom 22. Juli 1981 mit dem Titel *Der Verwirrspieler*. Ich zitiere den letzten Absatz, der, wie mir scheint, das Dilemma von Definitionen widerspiegelt, wenn musikhistorische Deutung und politische Fabelwelt nicht vom Leser zu unterscheiden sind:

»Die Wut, die Kagel mit manchen Werken (vor allem seinem Beethoven-Jubiläumsfilm *Ludwig van*) ausgelöst hat, hing wohl auch mit der psychoanalytisch zu begründenden Doppelwertigkeit von Autorität zusammen, die man bewundert und insgeheim am liebsten gestürzt und vernichtet sähe. Diese Lust an der Irritation und die damals eklatante Sprengkraft ihrer Ergebnisse machte Kagel zum Bürgerschreck und zum Idol stockhausenabtrünniger linker Kulturkritik. Kagels Etabliertheit und sein immer virtuoseres Spiel mit schließlich neutralisierten Doppelsinnigkeiten hat ihn die Liebe der Linken gekostet.«

Nun fragt man sich, was in diesem Zusammenhang »Linke« bedeutet. Sind die Linken eine einheitliche denkende Masse, die sich ausdrücklich und rechtschaffen gegen die Liebe für Kagel ausgesprochen hat? Oder ist nicht die von Koch pro toto beanspruchte Linke eher eine Ansammlung von vielleicht vier, fünf Musikkritikern, die sich etwa als gesamtbundesdeutsche Musiklinke verstehen und deswegen ihre lapidaren Zensuren weiter zu erteilen trachtet? In seinem Aufsatz *Der Faschismus der Antifaschisten*[4] schreibt Pier Paolo Pasolini über »Progressive, die nur als Einzelpersonen auftreten, nie als Vertreter von Parteien oder Gruppen«. Genau dies trifft auf Koch zu. Er vertritt sich vielleicht nur selbst, wenn er verallgemeinert; vom Gewicht seiner Behauptung ist er jedenfalls mehr überzeugt, wenn er von »sich und einigen befreundeten Musikkritikern« schriebe.

Überhaupt ist Musikkritik im täglichen Feuilleton von einer Fülle außermusikalischer Gegebenheiten abhängig, die nur teilweise durch Zeitknappheit beim Verfassen erklärbar sind. Häufig haftet den Berichten Klatschtantiges an. Der Mangel an Partiturkenntnissen muß durch Nebensächliches kompensiert werden. Der Kritiker bemüht sich dann, einen Eindruck seines Wissens, seines untrüglichen Sinnes für Musik und Musiktheater zu vermitteln. Ein treffendes Beispiel bietet die Uraufführung meines *Finale* in Köln am 5. Dezember 1981. Gegen Ende des Stückes hat der Dirigent einen Schlaganfall zu mimen und »tot« auf den Boden zu fallen. Nach diesem Exitus spielt das Orchester weiter. Selbstverständlich wollte ich diesen Theatercoup – eine Art Paraphrase und physischer Verwirklichung des *Musikalischen Opfers* – vorher nicht verraten. Zur Generalprobe einen Tag vorher erschien Gisela Gronemeyer, *Minor figure* des Kölner Stadt Anzeigers mit Partitur und Tonbandgerät, vornehmlich um einen Rundfunkbeitrag vorzubereiten. In ihrer Kritik mit dem Titel »Die Todesszene rührte wenig« wurde besonders der Überraschungsmoment ausführlich abgeschwächt. Angeblich war dies für Gronemeyer nichts Neues. *Sie* wußte ja, was kommt; der Leser sollte nun ihre sichere Intuition bewundern.

Entlarvend ist meistens nicht das, was Musikkritiker schlecht, sondern das, was sie gut finden. Hier hat sich seit der Erfindung käuflicher Berichterstattung wenig geändert. Was befähigt Kritiker als solche zu agieren? Die Beantwortung dieser haarigen Frage würde den Rahmen dieses Beitrages endgültig sprengen. Komponist ist man, Kritiker wird man. Dieses ist ein auffallender Unterschied. Adorno meinte: »Die größte Unmoral der Kritik ... ist wohl, einer Sache oder einem Künstler etwas anzuhängen, ohne dabei auf die Sache selber einzugehen. Ebenso problematisch ist Versiertheit, die Benutzung von Bildungsabfall anstelle von sachlicher Kompetenz.«

Vergleiche ich heute die Kritik von Hans-Klaus Jungheinrich in der Frankfurter Rundschau vom 13.2. 1980 über *Die Erschöpfung der Welt* mit dem Zitat Adornos, dann wird mir noch mal bewußt, warum ich damals in einer offenen Diskussion in Stuttgart über die Rezeption nach der Uraufführung des Stückes von »Feuilleton-Faschismus« sprach. Faschismus im Sinne eines offenen journalistischen Terrors.

Erst in den vergangenen Jahren habe ich vieles an der Kulturpolitik in Deutschland unter dem Nationalsozialismus begriffen, der unerschütterliche Drang der Nazis, jeden, der nicht schwieg und sich beugte, ebenso wie alle anderen, die ohnehin verdächtig waren, niederzumetzeln. Ohne die Hilfe der Presse wäre die Tragödie vielleicht nicht so verlaufen.

Bereits die Länge des Beitrages von Jungheinrich – 32 Zeilen –, um eine szenische Komposition von 2½ Stunden dem Leser zu verdeutlichen, würde genügen, um im Sinne Adornos von »Unmoral« zu sprechen. Und als Fazit findet der Kritiker erlesene Worte: »Viel Aufwand und interpretatorische Kunstfertigkeit... für dünnen Quark.« Ich blättere in Wilhelm Tappers »Wörterbuch der Unhöflichkeit«[6], wo ein Magma von Schimpfworten über Wagner im 19. Jahrhundert in alphabetischer Reihenfolge zu finden ist: Affenschande, Afterkunst, Bandit, Cliquengötze, Delirium, Deutschtümler, Dilettant, Gestammel, Getute, Grobian, Henker, hirnlos, Hochstapler, Huren-Aquarium, Irrwahn, Jammergott, Jude, langhaarig, Laster, liebessiech und mannestoll, Mißgeburt, Molluske, Musiklaboratorium, Natter, Nervenpein, gestochener Ochs, Ohrenschinder, Pein, phylloxera vastatrix,... Quark! Tapper: »*Das Liebesmal der Apostel* von Wagner ist ein deutschkatholischer Quark in Wort und Weise aus jener Zeit, da das deutsche Philisterium den Johannes Ronge für einen großen Mann ansah.« (Wiener Fremdenblatt, 1871) Ich begreife nicht. Deutschkatholisch? Jungheinrich verwendet die Hälfte seines Berichtes, um *gegen* die Rolle der Kirche und die negative Theologie von *Erschöpfung der Welt* zu schreiben. Also fragte ich einen seiner Kollegen. »Dies ist wohl erklärlich«, sagte er. »Er hat es immer sehr schwer mit seinem Vater gehabt, der Pfarrer ist.«

Werden Kritiker mit Namen, die für sie in einem ungünstigen Zusammenhang stehen, genannt, dann fühlen sie sich »denunziert«. Die Willkür ihrer täglichen, verbrieften Denunziation ist ihnen wahrscheinlich nicht mehr bewußt. Der gleiche Jungheinrich schreibt wenig später einen durchwegs seriösen, in wohltuend ruhigen, im besten Sinne hanseatischen Ton mit dem Titel *Die Fremdheit der Musik. Zu Werken Kagels aus den sechziger und achtziger Jahren*[7]. Lese ich richtig? Musikschriftstellerische Paranoia? Nein. Siehe lediglich die 2. These dieses Beitrages: Anpassung.

Der einzige wichtige Grund, warum ich Ende der 50er Jahre nach Deutschland kam, war meine Liebe zur deutschen Musik. Allerdings begann ich hier bald zu lernen, daß die große Musik der Vergangenheit sich ohne Ausnahme *gegen* die Musikkritik ihrer Zeit durchsetzen mußte. Die Kritiker begriffen *immer* etwas später, *immer* mit einem Rest von Mißverstehen, *immer* mit der falschen Distanz im entscheidenden Augenblick, *immer wieder* als Anwälte von Spießern, Möchtegernen, Unzufriedenen und Nichtgönnern, *immer noch* mit Begriffen, die, obwohl es leere, pathetische Hülsen sind, auf Komponisten zunächst wie Bleigewichte wirken. Daß die 70er Jahre in diesem Lande eine solche Verwirrung der Werte begünstigen würden, war von niemandem (weder von links noch von rechts) vorauszusehen. Niemand hat erträumen können, daß Musik-Journalisten ihre Kolumnen als Kompositionsoberlehrer mißbrauchen konnten, um von dort allen anderen, die tatsächlich Musik schrieben, Lektionen in Politologie, Ästhetik, Soziologie, Gruppenpsychologie, Akustik, Bühnentechnik, Literatur, Agitprop, Entwicklungshilfe, Nationalökonomie, Geographie, Theologie, Geschichte und vieles mehr zu erteilen.

Was läßt sich noch gegen Komponisten und Interpreten aller Zeiten in Fraktur und zwischen den Zeilen schreiben? Sicher vieles, um aus Ignoranten Wissende, aus Reaktionären Progressive, aus politisch-unwirksamen Schaffenden Aktivisten zu machen. Und vor allem: es läßt sich weiterhin gut schreiben dank dieser unendlich penetranten, unfruchtbaren, widerlichen Humorlosigkeit.

(1982)

*Fast zehn Jahre nach der Veröffentlichung dieses Beitrages ist die Frage zulässig, wie ich heute zu dem Text stehe und ob er irgendeine Wirkung gezeigt hat. Wenn ich die Stellungnahmen der Kritiker wieder lese und die bedrohlichen Worte, die sie brieflich an mich unmittelbar danach richteten, wird es mir erneut unwohl. Da ist von »Versuch der Rufschädigung« die Rede, weiterhin von »aktiver Verfolgungswahn«, »Weltverschwörungssyndrom«, »menschenverachtender Selbstüberhebung«, »juristischen Schritten, die bald folgen werden«, »Diffamierung«, vom »Rechts-Kartell«,* das mich angeblich schützt (als Gegenbild einer »Links-Mafia« gebraucht).

Gegendarstellungen sind häufig aufschlußreich. Das gängige Repertoire der Argumente reicht von kühl-sachlichen Richtigstellungen bis leidenschaftlicher Polemik. Dies alles soll erlaubt sein und kann und darf vorkommen. Kennzeichnend für die Qualität der Auseinandersetzung war jedoch das Schlußwort von Ulrich Schreiber in seiner Stellungnahme[8]: »Musikkritisches fällt mir zu Herrn K. wirklich nichts mehr ein.« Hätte Schreiber seine Worte durch Anführungszeichen gekennzeichnet, dann wäre zumindest klar, daß er zitiert hatte. Er tat's nicht und kassierte so für sich den einzigen schlagkräftigen Sinnspruch seiner Auslegung. Es war Karl Kraus, der in der Dritten Walpurgisnacht so begann: »Mir fällt zu Hitler nichts ein.« Der Vergleich ehrte mich nicht, der unterschlagene Autor ja.

Heute sind die 70er und 80er Jahre tatsächlich längst vergangen, da die 90er mit einem unvorstellbar lauten Paukenschlag begannen. Die Ereignisse in der früheren DDR ließen uns Zeugen von unverhofften Veränderungen werden. Erst jetzt darf ich auf die frappierende Ähnlichkeit der damaligen Terminologie in der Musikkritik hüben und drüben hinweisen, wenn es um »gesellschaftliche Relevanz« ging, um »engagierte Botschaften«, »spätbürgerliches Komponieren«, »ästhetischen Rückschritt«, »ideologischen Zerfall«, »fortschrittliche Solidarität« usw. usf. Die Phraseologie der Rügen war lange Zeit mit den gleichen ausgehöhlten Sprüchen garniert. Nur: Die wirklich opponierenden Intellektuellen drüben waren zu Recht tief verzweifelt, nicht zuletzt, weil sie sich von der Intelligenz der BRD durch ein solches Vokabular endgültig im Stich gelassen fühlten. Wie konnte der Westen gerade nach dem trachten, was dem Osten solche Schmerzen verursachte? Sicher nur aus gebührendem Abstand und weil es am eigenen Leibe nicht ertragen werden mußte.

Der klassische Streitpunkt, wer stünde links von rechts oder rechts von links, wird nirgends und, wahrscheinlich niemals, zur allgemeinen Zufriedenheit gelöst werden. Es wäre aber leichtfertig, die Gemeinsamkeit der Begriffe zwischen einigen Rezensenten hier mit der straffgelenkten Kritik der damaligen DDR als Quantité négligeable der querelles allemandes abzutun. Viele abgedruckte Urteile hätten dort zum Kulturkodex der SED passen können, so das Streben nach gleichgeschalteter Meinung, nach konformem Verhalten und der Wunsch, bestimmen zu wollen, wo und wie es langgehen sollte. Die Schwäche für das Kurzen-Prozeß-Machen im Feuilleton entstand hier als Folge der Umwälzungen von 1968; drüben hatte dieses Ritual sicher eine längere und andersgeartete Tradition. Für beide Teile aber galt das gleiche: richten statt berichten.

Mittlerweile argumentieren viele Anhänger von '68 politisch genau entgegengesetzt – oder am liebsten gar nichts. Wenn man lange genug lebt, kommt man so in den Genuß von überraschenden Varianten. Die damalige Revolte machte aus manchem Bürger einen Homo politicus, aus vielen jedoch private Kreuzritter. Was für ein Ärgernis diese Vollstrecker des Glaubens waren und welches Elend im Namen Gottes angerichtet wurde, ist hinreichend bekannt. Vorläufig scheint nun die Zeit der kleinen Großinquisitoren und Schdanows als Politkommissare im Kulturbetrieb vorbei zu sein. Offensichtlich leidet aber ein Teil der Kritiker noch unter Entzugserscheinungen. Die dialektischen Purzelbäume, die meisten modischen Begriffe von damals, sind so old fashioned geworden, daß sie auch im erträglichen Ton und im vernünftigen Kontext ungenießbar bleiben; der moralisierende Zeigefinger des Feuilletons hat deren Verwendung für eine lange Periode tabu gemacht. Bestimmt wird der Abbau des Ballastes, der auf diesen Begriffen lastet, kürzer dauern als die Zeit, die angereicherte Materie beansprucht; hoffentlich werden einige Komposita uns für immer mit Skepsis und Argwohn erfüllen. Es ist heute nicht mehr möglich, daß Rezensenten sich aus dem obligaten Wortschatz bedienen, um für sich selbst einen ethischen Anspruch der Anteilnahme, der Gerechtigkeit und des gesellschaftlichen Engagements zu erheben. *Die Begriffe lassen sich nicht mehr grotesk ausdehnen, verzerren und in abenteuerliche Zusammenhänge einpferchen. Sie sind nun museale Ingredienzen einer Politfolklore geworden, die uns nur an einen gesamtdeutschen Kulturalptraum erinnern wird.*

(1990)

*Anmerkungen*

1 Erschienen in »Tamtam«, *Dialoge und Monologe zur Musik,* Piper Verlag, München 1975
2 DuMont Verlag, Köln 1981
3 »Unsterblicher Witz«, Kösel Verlag, München 1961
4 Erschienen in »Freibeuterschriften«, Verlag Klaus Wagenbach, Berlin 1978
5 Reflexionen über Musikkritik, in »Studien zur Wertforschung 1« (Symposion für Musikkritik), Graz 1968
6 »Richard Wagner im Spiegel der Kritik«, 2. vermehrte Auflage, Leipzig 1903. Ebenfalls Taschenbuchausgabe, dtv, München 1967
7 Jahrbuch VIII der Hamburgischen Staatsoper, Spielzeit 1980/81, Hamburg 1981
8 »Musica« 5/1982, Kassel

# 3. Die mißbrauchte Empfindsamkeit
*Johannes Brahms zum 150. Geburtstag*

Es dürfte etwa 1944−45 bei der Lektüre von Romain Rollands *Jean-Christophe* gewesen sein: Als ich den Begriff »Brahmin« zum ersten Mal las, war mir noch nicht bekannt, daß ich bereits zum musikalischen Geheimbund der Brahms-Anhänger gehörte. Dieses Romanepos über den Komponisten Johann Christof Krafft vermittelte mir nachhaltige Einblicke in eine Reihe von musikhistorischen und -soziologischen Zusammenhängen, vielleicht oft durch überhitzte, pathetische Worte, aber stets mit wohltuendem Engagement. Damals begann ich gerade hinter die Klaviernoten zu schauen, mich für Fragen der Faktur und das Hervorbringen von kompositorischen Gedanken zu interessieren. (Mein Klavierspiel, freilich, verschlechterte sich zunehmend mit dem wachsenden Verlangen nach Aufklärung und dem Wissenwollen, wie Musik gemacht wird und durch Konstruktion entsteht.) Ich wollte die Ideen begreifen, die in den musikalischen Ideen ruhen, aber erst bewußt werden, wenn man sie mit dem Stethoskop des Handwerks belauscht.

In einer fast flüchtigen Bemerkung schildert Rolland die Kulturpolitik der Wagnerianer gegenüber Brahms und den Brahminen als *ungerecht*. Die aggressive, messianische Haltung der Wagnervereine ab 1870, diese seltsame Mischung von Konservatismus − entwickelt aus dem bodenständigen Konservieren einer ursprünglich revolutionären Musiksprache − und pastoralem Eifer für die Verbreitung der Liebe zur Musik war mir bekannt. In Buenos Aires hatte ich in den Konzerten im Wagnerverein des bildungsbegierigen Bürgertums oft Gelegenheit gehabt, einschlägige Chorwerke von Bach bis Honegger zu hören. Es lehnte Schönberg ab und vergötterte Debussy, was mit der Tatsache zusammenhing, daß es sich hier um Wagnerianer handelte, die sehr stark von der französischen Kultur beeinflußt wurden. Dies ermöglichte wiederum eine großzügige Haltung gegenüber dem Impressionismus, gepaart mit Unnachsichtigkeit für alles, was im Grunde die logische Folge der Wagnerschen Idiome war. Komponisten, die die letzte Konsequenz zogen und sich auf den Weg der totalen Chromatik begaben, wurden abgelehnt; die, die Wagner ablehnten, dagegen akzeptiert. Auch in Europa war diese Sachlage ähnlich. Die Rezeption von Musik scheint durch Mißdeutungen und Stumpfsinn regelmäßig an Reiz zu gewinnen.

Das Wort *ungerecht* beschäftigte mich weiter.

Die Musik von Brahms, die mir schon damals durch ihren vollendeten Duktus fast unergründlich vorkam, strahlt eine Aura von Folgerichtigkeit und unerschütterlicher Logik aus. Ihre Machart ist so offenkundig, so überlegt, daß ich mir eine gerechte Analyse schon damals als äußerst schwierig vorstellte. Die Fassade sollte hier über die wahre Raumverteilung dahinter nicht hinwegtäuschen. (Später habe ich die Musik von Brahms mit jenem architektonischen Trompe-l'œil verglichen, wo Balkone und Ornamente, Fenster, Gardinen und manchmal halbverdeckte Zuschauer auf die Vorderseite des Gebäudes gemalt sind.) Musik, die sich so glänzend zum Analysieren eignet – und Brahms zählt immer noch und vielleicht zunehmend zu den Lieblingskomponisten der deutschen Musikwissenschaft –, trägt in den Augen mancher moderner Zeitgenossen ein eigenartiges Stigma: nämlich für die angehenden Akademiker besonders dienlich zu sein und von der Inanspruchnahme einer Musikwelt sich nicht retten zu können, die sich als »traditionswahrend« betrachtet. (»Akademisch, es mag ja sein«, sagte Brahms, als man seine Stücke mit jenen eines anderen Komponisten verglich, »aber bei mir klingt's.«) Erst als ich kurz nach dem Erscheinen von Schönbergs *Style and Idea* in der amerikanischen Originalausgabe von 1950 den Aufsatz *Brahms the Progressive* las, wurde mir bewußt, wieviel mittelstarker Explosivstoff in diesen Betrachtungen steckte, wie unempfindlich und schematisch etliche Promovenden und Musikschriftsteller dem Objekt ihrer Untersuchung gegenübertraten. Denn es ging Schönberg um nichts weniger als zu zeigen, welche Modernität das Kompositionsverfahren von Brahms aufweist, gleichsam wieviel Zwölftönigkeit und – auch wenn Schönberg nicht expressis verbis darüber schreibt – wieviel Serialität die Brahmssche Syntax enthält. Man dürfte ohne Übertreibung behaupten, daß Schönbergs Gedanken die Brahmsforschung weltweit nachhaltig beeinflußt haben. Die wohlklingenden Melodien der Parallelführung von Terzen und Sexten, die mamsellartige Urgemütlichkeit der Komplementär-Rhythmik, die heimatseligen Volks- und Zigeunerlieder wurden für immer nur Teilaspekte eines sehr komplexen Schaffens, das viele Einstiegsmöglichkeiten erlaubt und zu differenzierten Betrachtungen geführt hat. Die Revision eines erstarrten Bildes setzte sich nun in Gang.

Ein wesentlicher Aspekt der Entscheidung, komponieren zu wollen, ist die unbestreitbare Notwendigkeit, Konsequenzen aus der unmittelbar vorausgegangenen Musik zu ziehen. Es gibt keine zeitlos gültige Regel, wie man sich verhalten soll, wie richtig oder unrichtig der Entschluß eines Komponisten ist, sich im geistigen Widerstreit mit seinen älteren Zeitgenossen zu befinden oder stilistische und syntaktische Merkmale weiterzuentwickeln, die von anderen schon formuliert worden sind. Radikale Wendepunkte können nach einiger Zeit harmlos erscheinen, sanfte Erweiterungen dagegen zu tiefgreifenderen Erneuerungen führen. Die Musikgeschichte an sich ist keine Wissenschaft apodiktischer Zusammenhänge und erlaubt immer eine grundsätzliche Revision der Auslegung und Analyse anerkannter, gefestigter Kategorien. Es zeigt sich ohne Unterlaß, daß hinter den geläufigen Zusammenhängen oft andere, vergessene oder unerklärliche, aufregendere oder schlicht unerkannte Details verborgen sind. Auch Brahms' Beziehung zur Geschichte gestattet, jene zwei sich ergänzenden Fragen zu stellen, die immer neuer Erörterung bedürfen: Wieviel Gegenwart ist in der Musik der Vergangenheit vorausgeahnt worden, die wir noch nicht entdeckt haben? Wieviel bereits Gehörtes ist in der Musik der *jeweiligen* Gegenwart notwendig, um Neues zu rechtfertigen?

Brahms ist einer der ersten – umfassend – gebildeten Komponisten gewesen. Seine Neugierde setzte nicht erst in Wien, sondern schon sehr früh als Student in Hamburg ein, als er bei den hanseatischen Bouquinisten auf den Brücken der Stadt seine Bücher kaufte. Es mag sein, daß diese Entwicklung durch Tatsachen begünstigt worden ist, die in der zweiten Hälfte des 19. Jahrhunderts dem Buch zur unaufhaltsamen Verbreitung halfen. Technische Erneuerungen und ein spürbarer Wandel der Gewohnheiten gegenüber Gedrucktem ermöglichten eine unscharfe Grenze zwischen Kultur und Unterhaltung, zwischen Lesestoff und Lesefutter. Aber von Anbeginn an war Brahms' Wissensdurst nicht nur auf Musik und Literatur, sondern auf viele verschiedene Gebiete gerichtet. Und es war deutlich mehr als ein sehr breit gefächertes Interesse: »... Ich lege all mein Geld in Büchern an, Bücher sind meine höchste Lust, ich habe von Kindesbeinen an so viel gelesen, wie ich nur konnte, und bin ohne Anleitung aus dem Schlechtesten zum Besten durchgedrungen. Unzählige Ritterromane hab ich als Kind verschlungen, bis mir die *Räuber* in die Hände fielen, von denen ich nicht wußte, daß ein großer Dichter sie geschrieben; ich verlangte aber mehr von demselben Schiller und kam so aufwärts.« (Tagebuchbericht von Hedwig von Salomon von ihrer ersten Begegnung mit dem zwanzigjährigen Brahms am 4. Dezember 1853 in Düsseldorf.)

Da wird in nuce klar, daß Brahms den klassisch-unorthodoxen Weg eines autodidaktischen Lesers beschreitet, der richtungslos, aber mit System liest. In der gleichen Unterhaltung plädiert Brahms unter anderem für seine Lieblingsdichter Jean Paul und Eichendorff und besonders für die Hoffmannschen musikalischen Novellen.

Als 1964 ein Teil der Bücher und Noten, die Brahms gehörten und nach seinem Tode in den Besitz seines ersten Biographen Max Kalbeck gelangten, in Süddeutschland zum Verkauf angeboten wurden, habe ich mir den betreffenden Katalog besorgt. Die Vielfalt der Titel und gründlich durchgearbeiteter Bände – oft mit blankem Fingernagel! – war höchst aufschlußreich. Sie zeigte nämlich, wie methodisch und umfassend die Quellen sind, die Brahms für seine angestrebte Verbindung von ernster Musik und Volkslied, von gelehrter Bearbeitung und unschuldiger Folklore gewesen sind: K. Simrock, *Das deutsche Kinderbuch. Altherkömmliche Lieder, Erzählungen, Übungen, Räthsel und Scherze für Kinder*; J. Pommer, *Wegweiser durch die Literatur des Deutschen Volksliedes*; L. Hohenried, *Kattenburg. Ein Sang aus der Zeit des Bauernkrieges*; P. Heyse, *Der Jungbrunnen. Neue Märchen von einem fahrenden Schülter*; aber auch *Prindsibien der Nathurleere für Damen und sonst auch Mindergebültete*, leichtfaßlich dargestellt von Newton, La Place, Humphol und Büsko; A. W. Schlegel, *Lacrimas*; M. Honef, *Der Selbstmord Luthers, geschichtlich erwiesen*; Lenaus *Gedichte, Französische Regierungs-Depeschen und Nachrichten während des Krieges 1870–71*; L. Feuerbach, *Abälard und Heloise oder der Schriftsteller und der Mensch, Babet und Zerlina; oder: Die Schrecklichen zu Wasser und zu Lande*; L. Noiré, *Die Lehre Kants und der Ursprung der Vernunft*…

Es gehört zu den vielen Rätseln der Persönlichkeit Brahms', der zu Recht Doktor h. c. und als Komponist ein vielfach belesener Musicus doctus war, daß er keinerlei Schriften veröffentlichte. Komponisten, die oftmals ihre Ideen zur Musik- und Kompositionstheorie niederschreiben, dienen die eigenen Musikstücke häufig als ergänzende Dokumente, als akustische Bestätigung ihres Denkens. Jedoch ist eine persönliche Theorie des Komponierens keine unbedingte Voraussetzung, um Musik persönlich zu komponieren. Brahms ist im Vergleich zu Wagner sicher unterlegen, wenn man die Anzahl selbst herausgegebener Schriften, seine wortwörtlichen künstlerischen Testamente betrachtet, nämlich keine gegen viele. (Auch hinsichtlich der Veröffentlichung von Partituren hatte Brahms – der Sammler und Retter der Manuskripte von Mozart, Beethoven und Schubert – eigenartige Ideen. Er teilt Kalbeck seinen Lieblingswunsch mit, »daß man nicht alles drucken sollte« – sogar von den Werken der Klassiker – »…aber, nun wirklich vollständig, in guten Kopien den größeren Bibliotheken einverleiben.« Ein Hellseher heutiger Notenverbreitung?) Man muß schon auf seine, mittlerweile fast vollständig veröffentlichte Korrespondenz zurückgreifen, um seine Ansichten zu diesem und jenem, zur Einschätzung eigener wie fremder Leistung zu erfahren. Allerdings wird man dann, und dies nach bester Tradition der üppigen Briefwechsel des vorigen Jahrhunderts, in vieles eingeweiht werden, was zum Verständnis seiner Haltung aufschlußreich und wertvoll ist.

Zum Beispiel eine erstaunliche Aufstellung, die Brahms am 20. November 1893 an seinen langjährigen Freund Billroth nach einer Diskussion über die Vorherrschaft von Dur oder Moll in Vor-Bachscher Zeit sendet. Da Billroth behauptet, Moll würde überwiegen, ebenso bei den ältesten Volksliedern aller Zeiten, fertigt Brahms eine Liste an, die er »Statistische Beiträge, Dur und Moll angehend« nennt. Er begnügt sich nicht zu beweisen, daß von den ersten 120 Kantaten Bachs 65 in Dur, 55 in Moll stehen (davon einzelne Sätze der ersten 25 Kantaten – Chöre, Arien, Choräle usw. – 64 in Dur, 60 in Moll). Mit gewohntem Fleiß und ersichtlichem Spaß an der Sache untersucht er alle einzelnen Sätze der 9 Symphonien, 7 Konzerte, 7 Trios, 16 Quartette, 10 Violinsonaten, 32 Klaviersonaten und der 25 schottischen Lieder von Beethoven (149 Dur, 38 Moll); 49 Symphonien, 55 Klavierkonzerte, 22 Klaviersonaten, 16 Hefte Variationen, 43 Violinsonaten, 27 Quartette sowie 9 Quintette von Mozart (211 Dur, 15 Moll); 83 Quartette, 24 Symphonien, 31 Trios, 8 Violinsonaten und 34 Klaviersonaten von Haydn (154 Dur, 26 Moll). Dazu noch alle 57 Klaviersonaten von Clementi. Bereits sechs Wochen später erhält Billroth eine erneute – wie Brahms scherzhaft schreibt – »Rechnung« über seine Bilanz der Untersuchung von 904 Ancient Irish Songs, slawischen Volksliedern, Svenska Folksvisor, altniederländischen Volksliedern, »Geuzenliedjes« (Geusenlieder = Gassenlieder) und ungarischen Volksliedern (insgesamt 638 Dur, 251 Moll, 15 zwischen Dur und Moll schwebend).

Was bedeutet eigentlich diese fast surrealistische, jedenfalls manische Leidenschaft fürs Zählen? Auch wenn Marottenhaftes nicht abstreitbar ist, zeigt sich Brahms von einer unerwarteten, vielleicht im berüchtigten Sinne, modernen Seite. Tongeschlechterzählung. Es erinnert ein wenig an die Fetisch-Schrift *Die Reihe*, an vielfache Untersuchungen der seriellen Periode, an das Eingeben jener statistischen Angaben und Parameterdaten, die notwendig sind, um aus dem Computer stochastische Kompositionen oder eine auf beliebigem Tausch fester Proportionen basierende Musik zu gewinnen. Die Ausführlichkeit der Untersuchung von Brahms aber zeigt geradlinig auf einen zentralen Punkt seiner Überlegungen über Schicksal und Weiterentwicklung der Tonalität. Gerade diese Frage ist heute brennend aktuell geworden, nachdem die beliebige Zunahme einer allumfassenden Chromatik zur entropischen Synthese beider Tongeschlechter führte.

Anfang der 70er Jahre, kurz nach der Beendigung meiner *Variationen ohne Fuge, für großes Orchester über »Variationen und Fuge« über ein Thema von Händel für Klavier op. 24 von Johannes Brahms* begründete ich unter anderem mein Interesse an Brahms mit der Konsequenz seiner unorthodoxen Haltung in der Behandlung der Tonalität. Seine Weigerung, die Intensität des Ausdrucks an die Gestaltung ständig irisierender Farben zu koppeln – eine Voraussetzung bei der chromatischen Verwendung von Tonfolgen –, ist in vielfacher Hinsicht eine große Lektion. Sie ist lehrreich, weil die Absage in einer Periode der Musikgeschichte erfolgte, wo die Chromatik das erhoffte und unaufhaltsame Mittel wurde, um endlich in die dramaturgisch verstecktesten Höhlen der Bühnenfiguren einzudringen. Nicht die Tonalität, sondern der verschlungene Pfad der Chromatik dient zur akustischen Darstellung jener Konflikte, die latent Freud vorwegnahmen. Aber Brahms war kein Opernkomponist, und dies ist letztlich ein großer Vorteil seines Schaffens. (Sichtlich verursachte dies auch eine langsamere Verbreitung seines Œuvres. Man denke, wieviel Aufführungen ein Klassiker seines Schlages gehabt hätte, wäre er in die Niederungen des Orchestergrabens hinabgestiegen. Als ich meine Lieder-Oper *Aus Deutschland* zu skizzieren begann, überlegte ich einige Zeit, eine Brahms-Oper mit den Texten seiner zahlreichen Lieder zu schreiben. Die Arbeit am imaginären Bühnenwerk eines opernlosen Komponisten war ein reizvoller Einstieg in das Projekt. Ich ließ jedoch den Plan fallen, weil nach den *Variationen ohne Fuge* eine weitere Fixierung auf Brahms mir nicht richtig schien.)

Aufregend an der Behandlung der Tonalität bei Brahms ist

jene – in seiner Liste deutlich benachteiligte – schwebende Dur/Moll-Beziehung, die durch Hinzufügung modaler Wendungen häufig eine zentripetale Schneckenwindung, eine weitere Entfernung aus dem tonalen Ruhepunkt erfährt. Tongeschlecht und Melodie werden Umbiegungen mannigfaltigster Art unterworfen, die nur eine ganz differenziert konstruierte Rhythmik kohärent zusammenzuhalten imstande ist. Welche Modelle hat Brahms hier gegeben!

Ich habe seine Stellung in der zweiten Hälfte des 19. Jahrhunderts, besonders seine Weigerung, Modetrends zu folgen, früher mit der Position von Edgard Varèse verglichen. Dies geschah freilich zu einem Zeitpunkt, wo der Name Brahms in Kreisen der Avantgarde nur Kopfschütteln, Varèse bei Traditionspflegern Naserümpfen hervorrief. Nun las ich später, daß Varèse gerade diese Bemerkung von Brahms schätzte: »Komposition ist die Organisation disparater Elemente.« Kaum ein ausübender Musiker, Komponist oder Musikschriftsteller von heute wäre imstande, den Autor dieser Definition zu identifizieren. Kenner der Musik des 20. Jahrhunderts würden eher auf jemanden ab 1920 tippen. In der gleichen Vorlesung von 1939 *Musik als ars scientia* zitiert Varèse ausführlich Roman Rollands *Jean-Christophe* – den er immer noch gültig findet – und unterstreicht, daß die zentrale Figur dieses Romans, ein Prototyp des modernen Komponisten, nach verschiedenen Komponisten gestaltet wurde, die Rolland kannte. Ich glaubte damals, Beethoven hätte allein Pate gestanden. Aber Varèse war einer davon, und wie er hinzufügt, Richard Strauß ein anderer. (Also: ein Kompositum disparater Komponisten.) Als ich in den 60er Jahren Varèse häufig in New York traf, sprachen wir merkwürdigerweise nie über Brahms, obwohl er sich sehr ausführlich über die Musik des 19. Jahrhunderts äußerte. Berlioz war eines seiner Steckenpferde.

Ist man, zumindest als Komponist, der Rezeption bekannter Musik der Vergangenheit gegenüber mißtrauisch, gewinnt man den Vorteil, dieses Mißtrauen auch auf das Verständnis neuer Musik ausdehnen zu können. Definitive Urteile dürften eigentlich gar nicht in Betracht kommen, weil ein ästhetischer Kanon, der Irrtümer ausschließt, noch gefunden werden muß. Die Rechtfertigung, immer neue Stücke zu komponieren, wird gerade am Beispiel Brahms mit Dringlichkeit gegeben. Der Satz »La tradition c'est moi« ist möglich, weil viele Begriffe von Tradition koexistieren, die es alle anzuzweifeln gilt. Bei Brahms scheint gerade Tradition aus jedem Takt zu triefen. Diese Haltung, so prägnant wie vorher kaum eine, ist vielleicht als modernes Phänomen zu begreifen; Tradition als Maske, die es erlaubt, in aller Innigkeit sein geistiges Abenteuer ruhig zu verfolgen. Es geht Brahms so sehr um den Inhalt seiner absoluten Musik, um die Wortlosigkeit der musikalischen Substanz, daß ein solches Beispiel wiederum die Fragen anregt: Wieviel Musik enthält tatsächlich die heutige Musik? Mit welchen Maßstäben ist die Substanz eines Musikstückes zu messen? Was genau bewegt uns, wenn in einem Musikstück Einfall, Empfindsamkeit und konkrete Mitteilung zusammentreffen?

Brahms' Empfindsamkeit versetzt noch viele seiner Zuhörer und Interpreten in Bereitschaft zur bedingungslosen Sentimentalität. Das ist zweifellos ein Mißbrauch der Klassiker, wie jede Restauration, die angeblich zum Wohl der Ahnen und in Wirklichkeit zur Domestizierung einer aus den Fugen geratenen Kultur angestrebt wird. Und doch zeigt jede große Figur der Vergangenheit mehr Mut, Phantasie, Eigenwilligkeit und selbständiges Denken als all jene, die diese Figur vor ihrer eigenen Wirkung auf andere Künstler schützen wollen. Hätte ich mich nicht in Deutschland oder in einem anderen Land deutscher Zunge niedergelassen, dann wäre mein Reflektieren auf Brahms, die Folgen und die Nebenwirkungen dieser Folgen vielleicht ausgeblieben. Aber Brahms, als geistiges Ideal der Gründerjahrgeneration – man vergleiche chronologisch seine Ikonographie und sein Verstecktsein hinter dem überdimensionierten Bart –, verkörpert für viele seiner Liebhaber den klischeehaften Katalysator, geradezu die Inkarnation deutscher Eigenschaften überhaupt. Somit wird letztlich die Aufhebung der Antinomie tragisch und akademisch betrieben. Beide Ouvertüren klingen dann in der Behaglichkeit zurechtgelegter Ohren immer gleichzeitig, auch wenn sie einzeln gespielt werden.

In einer französischen Musikzeitschrift war kürzlich zu lesen, daß Brahms in zehn Jahren voraussichtlich den Platz Mahlers in den 70er Jahren erhalten würde. Warum in 10 und nicht in 4 oder 23 Jahren? Prognostik selbst bedarf oft der Prognostik. Aber: Sind wir Brahms noch eine Entdeckung schuldig? Vermutlich ja, so wie wir der Gegenwart insgesamt verpflichtet sind, wenn wir nicht begreifen, daß ihr Daseinsrecht rückwirkend dasselbe der Vergangenheit ist. Zugleich sollten wir immer in Frage stellen und nichts von dem glauben, was das Bild eines Komponisten endgültig macht, verfestigt, denkmalhart darstellt: In den Friesen vieler Theater und ehrwürdiger Konzertsäle gibt es manchmal keinen Platz mehr für weitere Komponistennamen, aber die Kerben der vergoldeten Buchstaben sind häufig recht staubig.

(1983)

## 4. An Gott zweifeln – an Bach glauben
*Johann Sebastian Bach zum*
*300. Geburtstag*

Ein Seufzer geht durch die Lande: auch 1985 ist ein Gedenkjahr. Der Kalender bestimmt immer häufiger die Konzertprogramme, als wären Geburtstag und Tod, diese im Grunde überflüssigen Begleiterscheinungen, notwendig, um sich erneut mit Vergangenem auseinanderzusetzen; die Rache der Kulturindustrie ist nachtragend – und zyklisch. Vor ihr ist keine Gnade möglich und (wir) alle, die das Musikleben alimentieren und dafür alimentiert werden, dürfen, ähnlich wie zur Weihnachtszeit, zugleich feiern und Vorhaltungen machen, uns über dies oder jenes freuen, aber nicht vergessen, in Anbetracht verordneter Ehrungen wohlgeübte Skepsis zu zeigen. Und trotzdem: Auch wenn Widerstände gegen das Gedächtnisfeiern verständlich, ja unerläßlich sind, erweist sich die Natur der Einwände oft als Widerstand gegen das Gedächtnis schlechthin. Gezwungen zu sein, sich an Personen, Werke und Ereignisse zu erinnern, ist fast unangenehm, vor allem wenn man der Überzeugung ist, daß Unerzwungenes ein Mehr an tieferer Wirkung bringen würde. Haben wir aber das Recht, schon nach kurzer Zeit stumpfsinnig zu werden, weil unsere Beziehung zu Gedenkjahren als Folge der Vermarktung diffiziler geworden ist? Wahrscheinlich ist die Größe des Ereignisses, das es in diesem Jahr zu gedenken gibt – ähnlich wie zu Weihnachten – wichtiger als das Gewicht der Bedenken; Johann Sebastian Bach hat jedenfalls Teilnahmslosigkeit und Argwohn nicht verdient.

Komponist sein, um ein Wort aus Arno Schmidts Übersetzung von E. A. Poe zu verwenden, ist eine »Lebenslänglichkeit«. Das Beispiel Bach dürfte hierfür exemplarisch genannt werden. Nimmt man den Band mit dem vollständigen Verzeichnis seiner

Werke, wo jeweils nur die Anfangstakte der Stücke nach thematischen und systematischen Gesichtspunkten angeordnet sind, und durchblättert rasch die Seiten, dann kann man einen ersten Eindruck von der Eigentümlichkeit, Anzahl und Vielfalt dieser Schöpfungen gewinnen. Zugegeben: Solche Methode würde keiner ernsthaften Auseinandersetzung standhalten, jedoch an präziser Bedeutung gewinnen, wenn man es zehn-, zwanzig-, dreißigmal hintereinander wiederholt. Ein Vergleich mit Büchern sei gestattet, wo auf jeder Seite nur die Einzelphase eines Trickfilm-Cartoons gezeichnet ist, die sich in zackige Kontinuitäten auflöst, sobald eine fließende Bewegung einsetzt. Der Betrachter reguliert die Geschwindigkeit der Bilder allein mit seinem Daumen, und er kann nicht umhin, das »stop & go« als wesentlichen Teil seines Vergnügens zu halten. (Apropos Daumen. Carl Philipp Emanuel Bach über seines Vaters Fingerfertigkeit: »Alle Finger waren bei ihm gleich geübt; alle waren zu der feinsten Reinigkeit in der Ausführung gleich geschickt. Vor ihm hatten die berühmtesten Clavieristen in Deutschland und anderen Ländern, dem Daumen wenig zu schaffen gemacht. Desto besser wußte er ihn zu gebrauchen.«)

Wenden wir die Seiten des Verzeichnisses noch einmal geschwind um. Man entdeckt im Notenbild überall offene Symmetrien, die auch andere, unsichtbare, vermuten lassen. Und wie immer, wo Symmetrien stark betont werden, blüht das Diktat der Asymmetrie auf. Es besteht kein Zweifel, daß Bach mit beiden Mitteln sehr bewußt operierte. Einerseits ist das Netzwerk der Beziehungen so angelegt, daß die Logik der Funktion bestimmter Elemente unausweichliche formale Folgen hat, andererseits bedarf diese Logik ständig der subjektiven Entscheidung, der augenblicklichen Manufaktur. Man spürt den Mechanismus, der dem Einsatz jedes Tones seine Daseinsberechtigung gibt und zugleich die Notwendigkeit, dem Ordnungsschema eine aktive, dynamische Anwendung zu geben. Dieses Amalgam von objektiv ablaufender Struktur und gestalteter Abweichung macht Bach als Unterrichtsmodell immer problematisch. Verfährt man streng nach den offenkundigen Grundsätzen, die sein Werk von Anfang bis Ende durchdringen, dann kann es leicht passieren, daß die Dogmatik zum blutleeren Requisit wird. Bach liebte die Ausnahme, aber die verborgen eingeschmuggelte, kabbalistisch formulierte, fußnotenähnliche wie Kommentare zu Fußnoten. Er war Dürer verwandt.

Seine Musik hat stets die Sehnsucht nach entsprechenden Kompositionsmethoden erweckt, die quasi automatisch, nur den Gesetzmäßigkeiten einer perfekten Harmonie gehorchend, neuere Musik generieren sollte. Alchimistische Träume? Vielleicht. Aber tatsächlich gibt es in der Kunst J. S. Bachs Hinweise auf eine zweite, numerologische Elementarlehre unter der Oberfläche, ein Parallelfeld kodierter Botschaften, die erst jetzt, mit der Erfahrung und im Abklingen einer obsessiv analytischen Periode der musikalischen Komposition, mit anders begründeter Überzeugung offengelegt werden können. Bachs Notenschrift spricht Fraktur – im besten Sinne des Wortes zu verstehen. Die uralte Forderung an die akustische Kunst, sie solle nicht die Sprache ersetzen, aber uns genau wie diese ansprechen, hat er einfach erfüllt.

Die Verpflichtung gegenüber diesem unermeßlichen Œuvre wird von einigen, die sich dafür engagieren, oft mit geheimer Militanz betrieben; als bedürfte Bach eines besonderen Konservierungsmittels, um ihn gegen die Umweltschäden der musikalischen Nachwelt zu schützen. Desgleichen ist wohl nicht notwendig. Wenn er, wirklich verstanden und wirklich mißverstanden, ein Schwieriger geblieben ist, so ist dies ein Beleg seiner Modernität. Alle Klassiker sind unbequem, und Klassiker, in der ganzen Tragweite ihres Denkens richtig erfaßt, noch unbequemer. Daß sie nur in Teilabschnitten erkannt, gefeiert und konsumiert werden, ist wahrlich ein Zeichen aller Zeiten. Das Gegenteil – »Wollt ihr den *totalen* Bach?« – ist heute eine enzyklopädische Kriegserklärung an die Lust, die Werke des Jubilars zu hören, und löst bei den meisten im voraus Wahrnehmungsstörungen aus.

Der Nachteil, Figuren von universeller Bedeutung im nationalen Kulturbesitz aufweisen zu können, ist, daß sie für *immer* verpflichten. Da gibt es kein Wenn und Aber, keine Sparmaßnahmen, kein Verständnis im Ausland, wenn die berühmte

Pflege ins Pflegeleichte hinübergleitet. Bald werde ich 28 Jahre in Deutschland sein, und die Euphorie der ersten Jahre, endlich im Konzert alles von Bach hören zu können, was sonst kaum oder nie aufgeführt wird, ist längst der Lautsprecherkultur gewichen. Im gleichen Maße, wie die bekannten Stücke immer populärer werden, sind die unbekannteren eher gemieden. Zwar belebt sich der Musikmarkt in Sachen Bach regelmäßig zu Weihnachten und Ostern ungemein, bekannte und unbekanntere Sänger gastieren in diesen wenigen Wochen der Besinnung eiligen Schrittes und mit eiserner Miene. Trotzdem: Absolute Musik, unanekdotisch und von abstrakter Konkretion, bleibt im Konzertprogramm der reine Schrecken vieler Veranstalter.

Seitdem ich die Sammlung der mehrstimmigen Choräle von Bach kennenlernte – zunächst am Klavier, in einer amerikanischen Ausgabe ohne Textunterlegung –, sind diese Stücke für mich ein musikalisches Erlebnis ersten Ranges. Auf was beruht die ästhetische Synthese und nachhaltige Wirkung dieser funktionalen Musik? Kompositorisch ist einiges nur schematisch behandelt oder man findet – wie im Falle von Lautstärke oder Tempo – grundsätzlich keine Angaben. Viele Melodien stammen auch nicht von Bach, sondern gehörten als Kirchenlieder zu Beginn seiner Tätigkeit 1723 als Thomaskantor in Leipzig zum bewährten Fundus einer programmatischen Musik, die sich im Laufe von 200 Jahren ansammelte. Choralgesänge, zugleich akustische Werkzeuge und Dokumente der Reformation erfüllten die Rolle eines unerläßlichen Scharniers zwischen den verschiedenen Teilen des Gottesdienstes, wichtig außerdem, weil die Melodien, in ihrer Mischung von weltlicher und kirchlicher Folklore, gläubigernah waren. Aber: Je bekannter der cantus firmus war, um so deutlicher konnte das Kunstvolle einer Bearbeitung wahrgenommen werden. Bach erkannte und nutzte diese Chance ausgiebig. Die Rhythmik der Choräle beschränkt sich fast durchwegs auf einfache Folgen von Vierteln, verbunden mit Achteln als Durchgangstöne; andere Notenwerte – Sechzehntel, Halbe und Ganze – sind verhältnismäßig selten. (Jeder Komponist, dessen Handwerk von einer seriellen Denkweise geprägt wurde, hätte sich in den 60er Jahren wahrscheinlich geschämt, so zu schreiben, weil die Komplexität der rhythmischen Struktur ihm gering, der Anspruch zu bescheiden, einfallslos erschienen wäre. Die Einfältigkeit des rhythmischen Flusses jedoch täuscht.

Mittels einer bis dahin unbekannten Selbständigkeit der Harmonik in der Ausschmückung der Horizontalen werden die Rhythmen der tonalen Melodik von Bach häufig anders als erwartet betont. Die vertikale Dimension ist nun von den Archaismen kirchlicher Tonarten und ihrer homophonen Behandlung weitgehend befreit und befindet sich jetzt im Zwischenreich der chromatischen Reibungen; es entsteht eine »Chromatisierung« der bis dahin gängigen tonalen Rhythmik. Bachs Choräle zwingen zu einer diagonalen Lesart, da in den restlichen Stimmen außer des Diskants, wo die »Melodey« verankert ist, oft eine eigenständige Linienführung nachgewiesen werden kann. Es handelt sich zwar kaum um autonome, rein kontrapunktische Gebilde, aber ebensowenig um vertrauliche Harmonisierungen. Oben singt die friedliche Gemeinde, unten brodelt es.

Das Warum dieser Ambivalenz ist in der konsequenten Verwendung des Generalbasses zu suchen, dieser merkwürdig verschlüsselten Kurzschrift mit Ziffern der Akkord- und Stimmführungslehre. Bach verfeinert dieses Instrument des musikalischen Handwerks seiner Zeit, das zunächst, weil katholischen Ursprungs, vom Protestantismus abgelehnt, seit Ende des 16. Jh. für einfache wie auch für verzierte Akkordgriffe entwickelt wurde. So beginnen die »höchst nöthige Regeln vom General Basso, di J. S. B« im zweiten Notenbuch der Anna Magdalena Bach um 1740–45 mit »1. Jede Haubt Note hat ihren eignen Accord; er sey nun eigenthümlich oder entlehnet«. Diese letzteren hat Bach in seiner Harmonisierung der Choräle stets bevorzugt, und sie sichern den Stücken ihren unverwechselbaren Duktus. Übrigens enden die Regeln nach fünfzehn Punkten, die den Stoff präzise abhandeln, mit einem diplomatischen Hinweis, gleich einem Sieg des Komponisten über den Pädagogen Bach: »Die übrigen Cautelen, … werden sich durch mündlichen Unterricht beßer weder schrifftlichen zeigen.«

Als eines von 11 autonomen Stücken des Zyklus *Programm*,

*Gespräche mit Kammermusik* (1971/72), schrieb ich *General Baß* für ein beliebiges Soloinstrument, das in der gewünschten tiefen Lage regungslose Töne halten kann. Es ist eine kurze, strikt monodische Studie, in der nur wenige Intervalle vorkommen – fallende und steigende Quarten, Quinten und Oktaven –, zu kargen Melodiefragmenten verknüpft. Da eine Oberstimme gänzlich fehlt, soll der Ausführende durch die Verwendung von extrem gegensätzlichen, ja denaturierten Klangfarben versuchen, einen fast polyphonen Verlauf zu gestalten. Die Einfachheit des Materials erlaubt jedoch, einen gänzlich emanzipierten Generalbaß vorzustellen, zugleich Begleitung und Hauptstimme. Diese lapidare Reduktion wäre ohne das Beispiel Bachs undenkbar gewesen.

Auch meine lange Beschäftigung mit den Chorälen blieb nicht ohne Folgen. Es ging nicht darum, die Konzeption des chorisch vorgetragenen Kirchenliedes mit dissonierenden (statt konsonanten) Akkorden zu versehen. Eine bestehende Akkordreihe durch eine andere zu ersetzen, hätte zwar mit Parodie zu tun – und Bach hat leidenschaftlich und notgedrungen parodiert: etwa 215 (!) Sätze und Recitative seiner Werke –, bloß das Verfahren, das seit der Renaissance zunehmend angewandt und Bach zu einer sehr differenzierten Form von »recycling« entwickelte, beruhte vorwiegend auf der Umtexturierung vorhandener Musik. Variationen über die Choräle zu schreiben war auch nicht meine Absicht. Ich hörte in mir eine Musik, die zwischen Gesualdo und Max Reger ständig oszillierte, und wo die Frage nach dem Ursprung dieser musikalischen Sprache irrelevant bliebe, angesichts einer Harmonik, die nach den – noch zu findenden – Gesetzmäßigkeiten einer atonalen Tonalität streng gebildet wäre. Die Methode, die ich schließlich für *Chorbuch* 1975–78 entwickelte, habe ich *nicht-lineare Transposition* genannt, und besteht darin, *jeden Akkord* der gegebenen Vorlage – hier die Choräle von Bach – um ein anderes Intervall in bezug auf die ursprüngliche Tonart, höher oder tiefer zu *transponieren*. Das Resultat war für mich aufregend, weil tatsächlich jene Mischung von modaler und tonaler Musik erzielt werden konnte, die ich mir vorgenommen hatte, aber zugleich der historische Werdegang der

Tonalität deutlich wurde. Auf einmal nahm ich in Bach modale Wendungen wahr, die sonst in der Tonalität kaschiert, schwer hörbar sind. Die gewonnene Musik setzte ich für Klavier und Harmonium und schrieb für den Chor eine neue Partie unter Verwendung der gleichen Textvorlagen.

Bachs Œuvre hat der Mehrzahl der Komponisten, vom Ende des 18. Jh. bis heute, einen immensen Respekt eingeflößt. Man könnte vermutlich eine Parallele ziehen zwischen der Bedeutung der Figur Moses für Juden und Nicht-Juden, dem Stellenwert von Bach als symbolischer Übervater für Komponisten und dem Inbegriff von Musik für den Hörer. (Als Exercitium spiritualis wird hier auf die Lektüre von Siegmund Freuds *Moses* verwiesen; man tausche einige Begriffe durch andere aus – das Warum der geistigen Nabelschnur von uns Komponisten mit Bach wird deutlich.) Der wohl entscheidende Unterschied liegt darin, daß Bachs metaphysische Offenbarungen nicht in Worten – auch wenn seine Textauswahl mehr als eine Sammlung von »Mustern ohne Wert« ist –, sondern ausschließlich in Noten mit der Bedeutung von Worten verfaßt wurden. Vielleicht deswegen sind die mannigfaltigen Lehren, die seine Musik uns geben kann, lebendig und frisch geblieben.

Deuten gehört in der Musik zum Wesentlichen. Das Phänomen der Beziehung jeder Komponistengeneration zu Bach besteht in der beständigen Aktualität seiner Musik und in dem festen Bezugspunkt, die sie für westliche Musiksprachen darstellt, sowohl für ernste wie für unernste Musik. Komponisten der Klassik und Romantik, der neuen Sachlichkeit und Dodekaphonie, von Neoklassizismus, serielle Musik und Computermusik, Jazz, Rock und Pop fanden und finden fortlaufend in den Werken Bachs die Beweise für die historische Notwendigkeit ihrer theoretischen Überlegungen, für die Entwicklung anderer Grundlagen des handwerklichen Könnens und für die Erneuerung ihres Stils.

Manchmal ist es sehr nützlich, in einer anderen Disziplin die Klärung von Zusammenhängen zu suchen. So sind einige der Thesen Theo van Doesburgs von 1919 zu Bach und seine Bedeutung für die 20er Jahre und danach gültig: »Bestimmtheit statt

Unbestimmtheit. Klarheit statt Verschwommenheit. Religiöse Energie statt Glaube und religiöse Autorität. Verhältnis statt Form. Synthese statt Analyse. Logische Konstruktion statt Lyrische Konstellation.« Hätte sich der Bach-Kritiker Johann Adolph Scheibe diese Maximen zu eigen gemacht, dann wäre seine Polemik überflüssig gewesen.

Musikgeschichte besteht aus einem polyphonen Ablauf von Macharten, Strömungen und Ansätzen. Das bedingt zugleich einen mäandrischen Fortgang des Geschehens: Restauration, Gegenrestauration und Gegengegenrestauration können klar aufeinanderfolgen – und der Historiker wird glücklich sein, sie logisch begründen zu können – aber auch, vielleicht nicht immer friedlich, koexistieren. Eigenartigerweise hat die klangliche Annäherung an Bach für die Entwicklung vieler Komponisten scheinbar konstruktiv, in Wahrheit jedoch verheerend gewirkt, weil die konkrete ästhetische Umsetzung in der Übernahme einer der charakteristischen Merkmale Bachscher Musiksprache bestand: imitativer Kontrapunkt in allen Formen von Kanons und Fugen. Wenn die Zahnräder dieser Technik bloß mechanisch mahlen, dann werden die Stücke eigentümlich starr und akademisch, gestelzt und rückwärtsgewandt bis zur Steinzeitlichkeit. »Bach« löste, sobald man ihn in unerbittlich ablaufende neue Fugen und Fugati einarbeitete, mehr Krisen und Unselbständigkeiten aus als wirklich erneuernde Impulse. Diese Art kannibalistischen Plagiats (man identifiziert sich so sehr mit dem Vater, daß man ihn regelmäßig auffrißt) hat häufig im kompositorischen Denken ideologische Täuschungen verursacht, enharmonischen Verwechslungen ähnlich, die auf dem Notenpapier die gleiche Tonhöhe bedeuten, beim Hören aber als chromatische Rückung wahrgenommen werden.

Bei den Textvorlagen, die Bach verwendet hat, wurde gelegentlich an Geschmack und Qualität gezweifelt. Carl Friedrich Zelter schreibt 1827 an Goethe vom »dicken Glaubensqualm« dieser »ganz verruchten deutschen Texten«. Es mag sein, daß solch eine metapherreiche Sprache heute zu sehr au pied de la lettre gehört wird, daß uns die Bezüge fehlen, um die Worte im allgemeinen Kontext der Barockdichtung zu verstehen. Sicher sind einige der Verse übertrieben oder, im Gegenteil, gar zu simpel und können, von der Musik losgelöst, die Bildhaftigkeit mancher Texte wie Karikaturen pietistischer Gottesfürchtigkeit und Tugend erscheinen lassen. Aber gerade die angestrebte Einheit von Wort und Musik macht den Rang dieser Kompositionen vollkommen; auch wenn die Musik von Bach die stärkere Komponente darstellt und sie allein kritischen Ohren standhält, es dürfte vice versa kaum der Fall sein.

Anläßlich der Materialsammlung meiner szenischen Komposition *Die Erschöpfung der Welt* habe ich das von Albrecht Schöne und Arthur Henkel herausgegebene *Emblemata*, ein epochales Handbuch zur Sinnbildkunst des 16. und 17. Jahrhunderts, gelesen. Seitdem bin ich vorsichtig, vorschnelle Urteile über die Anrüchigkeit mancher Begriffe zu fällen. Verse, die wie surrealistische Theologie anmuten, verändern sich grundsätzlich, wenn sie einer bestimmten Bilddarstellung zugeordnet werden. Salomon Franck, Picander, Mariane von Ziegler, drei der bekannteren Textdichter von Bach, haben Embleme als Inspirationsquelle verwendet. Dieses wirft ein besonderes Licht auf die Musik selbst, weil Bach die Vorlagen vermutlich kannte und musikalische Illustration grundsätzlich nicht verschmähte. Es ist eine Welt schlüssiger Symbole und Allegorien, die auch ohne Zusammenhang mit einer religiösen Thematik stets für Komponisten anregend ist, da die musikalische Phantasie sich lieber an sinnlichen, starken Sprachbildern zündet, selbst wenn literarische Defekte evident sind, als an besseren, feinsinnigeren Vorlagen. Löst der literarische Kontext eine bestimmte Klangvorstellung aus, dann hat er für den Komponisten automatisch eine musikalische Qualität; gute und mäßige Texte werden durch Musik ohnehin getrübt. Der protestantische Sinnspruch »Das Wort hat das letzte Wort« gilt für Komponisten jedenfalls nicht. Das Problem ist nicht neu. In der Welt der Opern feiern Libretti Triumphe des schlechten Geschmacks neben Musik außerordentlichen Niveaus. Diese Mischung hat Tradition bis heute und wird in Zukunft sicher weiter gepflegt – eine Liste einschlägiger Beispiele wäre endlos.

Zu dem erwähnten Zyklus *Programm* habe ich noch zwei Stücke komponiert, *Recitativarie, für singende Cembalistin* und *Die Mutation, für Knabenchor und Klavier*. Beide Werke entstanden aus meiner Faszination für die Sprache des Barocks, eine Entdeckung, die ich zuerst Bach zu verdanken habe. Für *Recitativarie* habe ich eine Collage mit Worten aus den Versen der (371) mehrstimmigen Choräle montiert. Dazu schrieb ich ein Recitativo secco, nur in Begleitung der linken Hand, das in eine Chanson mündet, wo die Zeile »Hast Du Gott, so hat's nicht Noth« immer anders, aber stets unvollkommen, wiederholt wird: »...Gott, ...hat's«, »Hast Du...?«; »...Du Gott, so... nicht...«, »...Noth...«. Meine Absicht war ein Netzwerk von kurzen begrifflichen Zusammenhängen zu komponieren, etwa die linguistisch-semantische Analyse eines paradigmatischen Satzes. In *Die Mutation* spielt der Pianist das 44. Präludium a-Moll aus Bachs *Wohltemperiertem Klavier*, das nicht entstellt, sondern – ähnlich der Funktion eines Objet trouvé – als syntaktische und zugleich stilistische Spannung zum antiphonalen Chorsatz eingesetzt wird. Auch hier war die Quelle für die Textkomposition Choräle von Bach, allerdings nur die Titel, die in den meisten Fällen mit den Titeln der Kantaten identisch sind.

Viele Überlegungen bei diesen Stücken entstanden in enger Beziehung zu Bachs Behandlung seiner Textvorlagen. Der Gedanke, daß er durch Parodie-Umtextierungen soviel weltliche in geistliche Musik (und *nie* umgekehrt) verwandelt hat, beunruhigte und spornte mich an, mich weiter mit diesem Thema zu beschäftigen, weil die *religiöse* Tragweite der Parodie als Ersatz-Verfahren nicht übersehen werden darf. (»Ersatz«, weil Bach sicher gänzlich neue Stücke geschrieben hätte, wenn er nicht über eine lange Periode allwöchentlich eine Kantate hätte abliefern müssen.)

Bachs Beziehung zur Kirche war weder stets harmonisch noch vorübergehend ungetrübt. Thomaskantor zum Beispiel wurde er eigentlich gegen seine Überzeugung (wie es aus seinem Brief vom Oktober 1730 an Georg Erdmann in Danzig, einem ehemaligen Mitschüler des Ohrdrufer Lyceums hervorgeht). Hätte Fürst Leopold 1721, wie Bach lakonisch bemerkt, keine »amusa«

geheiratet, die die »musicalische Inclination« des Fürsten min-
derte, dann wäre er »in Cöthen aufs Lebenszeit« geblieben.
Und in der Tat, findet er in Leipzig eine »der Music wenig erge-
bene Obrigkeit«, so daß er »fast in stetem Verdruß, Neid und
Verfolgung leben muß.« Deutlicher geht es wohl nicht. Im gleichen Brief gibt er zu, daß »aus einem Cappelmeister ein Cantor
zu werden« ihm »anfänglich gar nicht anständig« erschien. War
dies der einzige Grund? Von dem rachitischen Klangkörper,
den er zur Verfügung hatte, gar nicht zu reden: »die qualitäten
und musicalischen Wißenschafften der zur Kirchen Music be-
stellten Personen hier – 4 Stadtpfeifern, 3 KunstGeigern und
einen Gesellen – verbietet mir die Bescheidenheit etwas nach
der Wahrheit zu erwehnen.« Über die Thomaner Knaben:
»Von den itzigen alumnorum sind 17. zu gebrauchende, 20.
nicht zu gebrauchende, und 17. untüchtige.« Ständige Spannungen mit der Kirchenleitung, mit der Universität, die Ablehnung
bescheidener Erhöhungen seiner Diäten, zu knappes Kohlen-
geld, »ein sehr theürer Orth«, wo »viele accidentia« ihm entge-
hen.

Ich erwähne diese Schwierigkeiten etwas ausführlicher, weil
sie mit zwei unangenehmen Fragen zusammenhängen. Wie fest
muß der Glaube eines Kirchenmusikers ein? Wie tief und aufrichtig soll ein Komponist sakraler Musik empfinden, um die
innewohnenden Inhalte seiner Textvorlage akustisch zu vermitteln? Ich kenne Kirchenmusiker, die es bereuen, von einem
Pfarrer oder Priester abhängig zu sein, wenn diese – ähnlich wie
Fürstin Friederica Henrietta – weitgehend amusisch sind. Fortschrittliche oder unpopuläre Stücke werden verboten oder bis
auf weiteres ausgesetzt, die musikalische Einrahmung absichtlich auf Peinlichkeiten und Barockkitsch begrenzt. Und doch
bleiben die meisten Musiker auf ihren Posten, nicht nur aus
Existenzangst, sondern weil sie das Orgelspiel und bestimmte
Teile des Spektrums der Kirchenmusik lieben. Es ist keine
nackte Frage des festen Glaubens mehr, wenn Gottesdienst und
musikalische Praxis – ähnlich wie Orchestergraben und Bühne
in der Oper – thematisch miteinander verzahnt werden.

Für Komponisten ist der Fall sicher anders, weil die Schwierigkeiten nicht unbedingt strategischer Art sind, obwohl sakrale Musik auch mit einer Strategie des religiösen, mystischen Ausdrucks zu tun hat. Man lernt nicht, weltliche oder sakrale Musik zu schreiben, sondern lediglich Musik. Dazu gehört eine subtile Lehre: von Rasse, Religion und Nationalität absehend, die Empfindungen des Hörers zu entfachen, zu lenken und zu beeinflussen. Im modischen Sprachgebrauch polemisch subsumiert: zu manipulieren. Musik jedoch steht jenseits von Moral. Man kann zwar über sie moralisieren, aber es ist selten, daß dies, ohne literarische Vorlagen oder eine bühnendramatische Situation im Hintergrund geschieht. Die einzige moralische Instanz mußte dem Schriftsteller zukommen, weil er sich adäquat artikulieren kann. Das hängt wahrscheinlich mit der Tatsache zusammen, daß treffende Worte wie Waffen sind, gute Musikstücke dagegen edle, wohltuende Unterhaltung bleiben.

Seit der Wiederentdeckung durch Mendelssohn im März 1829 hat Bach als einziger Komponist eine Stellung eingenommen, die man umfassend als die ökumenische par excellence der Musikgeschichte bezeichnen könnte. Katholische Komponisten wurden so sehr von der extremen Konsequenz und Radikalität der evangelischen Kirchenmusik beeinflußt – Vokalpartien werden bei Bach wie Instrumente und diese häufig gesangvoll behandelt –, daß ein Umdenken einsetzte und Alternativlösungen für die sonst betuliche Musik gesucht wurden. Die ästhetische Zensur der Konzile wurde auf subtile oder handfeste Weise umgangen, auch über den Umweg der Oper. Puccinis *Suor Angelica* ist ein gutes Beispiel dieser lyrisch zubereiteten Frömmigkeit. Auch ohne Bachs Einfluß – durch Mendelssohn – wäre ab Mitte des 19. Jahrhunderts in Deutschland keine reformierte Synagogenmusik entstanden. Daß diese viel zu süßlich und in einer extravaganten Mischung von Septakkorden und orientalischer Tonleiter ausfiel, sei unbestritten.

Vor etwa 5 Jahren begann ich eine *Sankt-Bach-Passion* zu schreiben; auf dem ersten Skizzenblatt steht das frei erfundene Motto »Es mag sein, daß nicht alle Musiker an Gott glauben; an Bach jedoch alle«. Der Gedanke animierte mich, eine Leidensgeschichte zu komponieren, gleich einer Heiligsprechung für die einzige Figur, die meine Zunft ohne Widerspruch einigt. Als Haupttext diente mir der Nekrolog von C. Ph. E. Bach und Agricola von 1751, durch Mitzler und Vernzky kurze Zeit später ergänzt. Ähnlich einem Evangelisten erzählt der Tenor Abschnitte aus der Vita des Meisters; Mezzosopran und Bariton kommentieren diese Stationen und ein Sprecher, stellvertretend für die Figur Bachs, trägt Originaltexte vor. Chöre und großes Orchester ergänzen die Besetzung. Ich wäre vermutlich nie auf die Idee gekommen, Bach mit dem Heiligenschein zu versehen, wenn ich nicht in einem vorwiegend katholischen Land aufgewachsen wäre, wo die Passionen stets mit der Ergänzung *Sankt*-Matthäus, *Sankt*-Johann, *Sankt*-Markus angekündigt werden. Ein weiteres Beispiel der leidenschaftlichen Identifikation und Inbesitznahme, welches die Musik Bachs wie selbstverständlich auslöst.

1735 verfaßte Bach eine Genealogie, von ihm selbstbewußt »Ursprung der musicalisch-Bachischen Familie« benannt, wo 53 Namen ab Mitte des 16. Jahrhunderts verzeichnet sind. Die Liste umfaßt Hof- und Stadtorganisten, Kantoren, Stadtpfeifer, Ratsmusikdirektoren, Cembalisten, Klavierlehrer, Konzertmeister – und Komponisten. Zahlreiche der überlieferten Dokumente zeigen Bachs Interesse an einem weiteren Aufblühen der Musikpraxis aber auch, daß er sich nicht als Endpunkt der Kompositionskunst betrachtete. Daß er zunächst für ein Fortkommen seiner Kinder sorgte, ist natürlich. Aber er half ebenso tatkräftig seinen Studenten, eine Stellung zu bekommen, vorausgesetzt, daß ihre Qualitäten und Fleiß es rechtfertigten. Im Grunde sind *alle* Komponisten nach 1750 ihm auf eine oder andere Weise verbunden und auf so umfassende Weise zu Dank verpflichtet, daß Familienbande nicht zählen dürften, wenn man von Erben spricht. Wir alle, die diese abnorme Existenz des *componere* weiterführen, sind die eigentlichen Nachkommen. Bach hat ständig in Geldnot gelebt, wurde um Honorare und Auszeichnungen betrogen, von Fürsten, Amtsträgern und Kirchenwürden seiner geringen sozialen Stellung gemäß entsprechend unter Druck gesetzt, mißachtet und verspottet, wie ein Leibeigener behandelt, in Gewahrsam gehalten und gezwungen, sich kläglich zu dukken. Er hat dies alles ertragen und gelitten, damit wir für alle Zeiten genießen können.

Deswegen möchte ich in diesem Jahr zu einer Bach-Stifung besonderer Art anregen, die nicht vom Staat, sondern ausschließlich von Interpreten, Rundfunk- und Fernsehanstalten, Verlegern und Konzertdirektionen, Kirchen, Theatern und Schallplattenfirmen der Bundesrepublik und der DDR getragen, einen Fond einrichten, in welchen pro Aufführung und mechanischer Einspielung der Bachwerke nur wenige Groschen eingezahlt werden. Es geht nicht um die Pflege des Bachschen Erbes, sondern um zu gewährleisten, daß junge deutsche Komponisten von Ost und West zu Beginn ihrer Laufbahn in der notwendigen Ruhe arbeiten dürfen. Das Argument, es gäbe bereits einige solche Institutionen, die gezielt erweitert, diesen Zweck erfüllen könnten, möchte ich nicht gelten lassen. Die einzigen Honorare, die einen Komponisten mit Stolz erfüllen, weil er sie nicht durch Unterrichten, Vortragen, Spielen oder Dirigieren, sondern durch seine Urtätigkeit verdient, sind seine Gema-Einnahmen. Es geht also hier darum, nicht von Almosen, sondern vom Bruchteil eines Bruchteiles jener Tantiemen zu leben, die Bach stets weiter verdienen wird, und die sich im ideellen Schall und Rauch verflüchtigen.

(1985)

# 5. »Fortsetzung folgt«

Wir waren soeben Zeugen einer idealen Hörspielsituation: Im Rohzustand, aber optimal übersetzt, nahmen wir eine Rede auf englisch wahr, verglichen sie laufend mit der anschließenden deutschen Übertragung, lehnten diese ab oder bejahten sie und beteiligten uns so an einer aktiven Dramaturgie über das richtige oder falsche Übersetzen. Wir sind Hörer und zugleich Akteure eines wahrhaftigen Hörspiels gewesen. Trotzdem werde ich nicht zu definieren versuchen, was Hörspiele sind. Seit 15 Jahren freue ich mich, solche zu machen, ohne mich zu bemühen, diese wissenschaftlich genau einzuordnen. Vielleicht bin ich auch Komponist geworden, weil ich nicht wußte, was Musik ist und besessen war, mehr über sie zu erfahren. Ich wäre auch heute nicht imstande, Musik umfassend zu beschreiben. Je mehr ich Definitionen über Musik lese, die durch eine ästhetische Auffassung häufig belastet sind, desto mehr wundere ich mich über die zahlreichen Versuche, fehlerhafte Wegweiser in die Welt zu setzen.

Die Hörspielsituation von vorhin hätte fast die Verwirklichung eines meiner ersten Hörspielprojekte sein können: Reden des Deutschen Bundestages ins Deutsche zu übertragen. Der Vorschlag wurde damals verständlicherweise aus unverständlichen Gründen abgelehnt. Klartext-Deutsch schien in solchem Zusammenhang fast zersetzend. Ich habe jedoch den Entwurf eines spannenden, ja dramatischen Übersetzungs-Modells weiterverfolgt und entdeckt, daß Telefonieren auch als eine Urform des Hörspiels gedeutet werden könnte: da die Gesprächspartner unsichtbar bleiben, ist es schwer feststellbar, ob keiner, einer oder beide lügen. (Elemente zu einer Theorie der akustischen

Aufrichtigkeit: In der Politik und Kulturpolitik wird häufig die Unwahrheit gesagt, weil die leidtragenden Zuhörer abwesend sind. Man darf also vieles versprechen, was man später nicht einhalten wird. Die unsichtbare Nation, die dem politischen Geschehen fortdauernd zuschaut, ist zwar allgegenwärtig, aber bleibt anonym. Frau und Herr Niemand als Gesprächspartner.)

Telefonieren ist immer noch eine außerordentliche Angelegenheit. Ich bedaure, daß unsere mittelbaren Vorfahren nicht in den Genuß dieses Mittels kamen und keine Aufnahmen verfügbar sind. Wir hätten anhand solcher Gespräche wahrscheinlich eine andere Sicht der menschlichen Beziehungen in der Vergangenheit gehabt, wäre diese akustisch dokumentiert. Eine meiner Großmütter zum Beispiel erlebte noch den Beginn des Rundfunks und pflegte mit dem Ansager einen heftigen Dialog zu führen. Sie sprach russisch, er spanisch. So durfte ich Zeuge von vielen heiteren Sketchen sein. Grundsätzlich gibt es unendlich viele Hörspielsituationen, wenn man die Ohren dramaturgisch spitzt.

Von Anbeginn dieses Beitrags versuche ich auf einige Merkmale des Genres hinzuweisen. Ähnliches habe ich, zusammen mit Klaus Schöning, 1978 in der Sendereihe *Kleines Ohrganon des Hörspielmachens* unternommen. Es war eine retrospektive Fiktion in Fortsetzungen. Jede Sendung begann damit, daß im Jahre 2009 zwei alte Rundfunkmacher durch die Gänge des ehrwürdigen Funkhauses schritten und sich über Formen und Elemente des Hörspiels unterhielten. Jedesmal wählten sie ein anderes Thema: Geräusch – Mikrofon – Manuskript und Dramaturgie – Schnitt – Pause. (Gerade letztere war besonders schwierig zu deuten.) Indem wir diese Reihe im Jahr 2009 plazierten, dachten wir, größere Distanz zu der Gegenwart und zu dem, was uns gerade im Hörspiel beschäftigte, zu gewinnen. Die Projektion in die Zukunft sollte uns jene notwendige Reife geben, um über die unmittelbare Vergangenheit – damals die 70er Jahre – gelassen zu sprechen. Wir wissen heute, daß die Vergangenheit als solche keinen Abstand bedarf, es genügt vermutlich, wenn man sich darüber Gedanken macht, die tief genug bohren. Wir waren zugleich von einem unbändigen Pessimismus erfüllt, als wir uns über jene Wende in der Rundfunkpolitik unterhielten, die noch nicht in aller Offenheit stattgefunden hatte. Wir könnten sie heute die »Wendigste aller Wenden« nennen, deren Kernpunkt lautete: »Der Anteil neuer ästhetischer Formen an dem Programm ist auf ein Minimum zu reduzieren. Neue Musik soll nur geduldet und auf Neues Hörspiel, weil elitär, könnte verzichtet werden.«

Wir leben aber in merkwürdigen Zeiten. Die Elite besteht mittlerweile aus Hunderttausenden von Konsumenten. Wenn der Zeiger auf 0.00 steht, ergeben Messungen im Sendegebiet von WDR 3 immerhin noch 70 000 Zuhörer. Sicher sind Statistiken Wundergärten der Vermutung, Täuschung und Beeinflussung. Mark Twain zu zitieren sei hier erlaubt: »Es gibt drei Arten von Lügen: Lügen, Großlügen, Statistik.« 140 000 Ohren bedeuten tausend bis zweitausend Veranstaltungen. Solche Zahlen rechtfertigen sowohl das Neue wie auch das Alte. Selbst in miesen Zeiten, bedingt durch schlechte Vorzeichen auf ökonomischem oder politischem Gebiet, erhalten Kultursendungen für Minderheiten ihre Raison d'être.

Hörspiel scheint besonders im Zeitalter des allmächtigen Fernsehens eine notwendige Alternative. Die beträchtliche Zahl von Menschen, die nur monophon hören, weil sie – wie ich – nur alte Radios besitzen, war für mich auch ein Grund, Hörspiele zu machen. Gerade an vorsintflutlichen Geräten prüfe ich die Kompatibilität meiner Stereoproduktionen, letztlich ihre Plastizität und Transparenz. Auch wichtig ist die soziale Funktion, die das Hörspiel haben kann. Konkrete Botschaften sind hier möglich, ebenso wie die Konstruktion von Stücken, die man in Anlehnung an die Musik zum »absoluten Hörspiel« rechnen könnte. Ich möchte keinen ausführlichen Vergleich zu der bedingten Abstraktion ziehen, die der Musik geläufig ist. Aber im Bereich des Hörspiels ist mittlerweile eine solche Eigenständigkeit gefunden worden, daß Prämissen, die für Musik gelten, auf dieses jüngste Medium nicht übertragen werden müssen. Die Grenzen, die man neu abgesteckt hat, erlauben uns, sie ständig zu überschreiten. Erweiterungen geschehen hier organisch.

Meine Generation – ähnlich wie jene meiner Großmutter – hat

einen wesentlichen Übergang erlebt: vom unimedialen Idyll zum multimedialen Bedrängnis. In meiner Radiophantasie *Rrrrrrr...* setzte ich mich mit dieser Thematik auseinander. Als Bewunderer der französischen Enzyklopädie beschäftige ich mich seit langem mit Diderot und d'Alembert. Den ungeheuren Eindruck, den die Enzyklopädie in ganz Europa, aber auch in Deutschland machte, hing mit dem zunehmenden Einfluß der Wissenschaft auf die politische Macht zusammen. Alle Bereiche der Staatskunst sollten an einen Informationsfluß angeschlossen werden, der sie letztlich datensüchtig machte. Fachidioten und politisch uninteressierte Wissenschaftler durften nun auch die Geschicke des Staates aus dem Hintergrund mitlenken. Die Impulse der Aufklärung, die mit der französischen Enzyklopädie verbunden waren, lösten sowohl politische wie kulturpolitische Erkenntnisse von Bedeutung aus; über die Güte der Folgen und die Erträglichkeit der Mittel wird immer noch gestritten. Allein diese Langzeitwirkung ist positiv zu bewerten.

Als Ausgangspunkt des Manuskripts von *Rrrrrrr...* stand zunächst eine Fiktion: Beim Verfassen des Riesenwerkes schläft d'Alembert während seiner Arbeit an dem Buchstaben »R« ein und hat einen Alptraum: Alle Begriffe, von denen er träumt, beginnen mit »R«. Übertragen auf Begriffe eines Musiklexikons: *R*allentando – *R*agtime – *R*eprisen – *R*hapsodie – *R*equiem – *R*auschpfeifen – *R*êverie – *R*omance – *R*âga – *R*ipieno – *R*osalie – *R*anz des Vaches – *R*igaudon – *R*uf – *R*utscher – *R*iff – *R*appresentazione Sacra – *R*ackett – *R*eeds – *R*ex Tremendae usw. Nun schrieb ich insgesamt 41 Musikstücke, die mit einem »R« beginnen und als Ganzes das Kaleidoskop einer Phantasie vermitteln sollen.

*Rrrrrrr...*: »Er« kommt von der Arbeit nach Hause und schaltet aus Gewohnheit sein Radio ein. Gewiß eine archetypische Situation: Der Hörer wünscht eine Ablenkung und Entspannung als kontinuierliches Lauschen, die Stille im Hause soll lediglich vermieden werden. »Er«, der Zuhörer meiner Radiophantasie, sitzt vor seinem Radiogerät, in Gedanken noch mit Erlebnissen des Tages und Vorhaben beschäftigt. Seine Arbeit, der nächste TÜV-Besuch, eine Auseinandersetzung mit Frau oder Freundin, nichts ist unwichtig in der immerwährenden Collage, die sein Innerstes liefert. Die Rolle beschreibt eine Person, die weder tief beschädigt noch ganz unbeschädigt ist. Ein gewöhnlicher Mensch. Die Einzelheiten, die dieses Dasein bestimmen, treten, wie bei uns allen, als Probleme auf. Mit solchem Hintergrund wird hier Musik wahrgenommen. Auch wir hören die Radio-»Phantasie« dieses Hörspiels wie »Er« sie hört, mit sprunghaften Hüllkurven der Lautstärke. Laut bedeutet hier, daß unsere Person zuhört, leise, daß sie unkonzentriert ist.

(Die Musikwissenschaft geht bei ihren Analysen von einem Idealzustand der Perzeption aus: Musik wird in einem klinisch-aseptischen Raum gehört, wo es weder kalt noch heiß ist, man hat bekömmliche Nahrung gegessen, die gewünschte Anzahl von Stunden geschlafen, von keinen schlechten Nachrichten erfahren, Filme im Fernsehen geschaut, die keinen nachhaltigen Eindruck für Stunden oder Tage gemacht haben, man genießt eine gute Gesundheit und ist imstande, alles hören zu können, was die Musikanalysen vorweisen. Jedoch: Nur Bruchstücke der Beschreibungen werden tatsächlich gehört, der Rest bleibt oft Domäne musikwissenschaftlicher Dichtung.)

Wir sind kaum fähig, über lange Strecken kontinuierlich zuzuhören. Das soll uns nicht mit Gewissensbissen belasten, ein natürlicher Filter nimmt fortlaufend eine Selektion vor, um uns vor Überinformation zu schützen. Würden wir alles, was uns akustisch erreicht, tatsächlich wahrnehmen, wäre dies eine unerträgliche Belastung. Als Komponist interessiert mich gerade dieses Hin und Her des Partizipierens oder Abwesend-seins. Wie findet die Wellenbewegung statt? Und letztlich: in welchem Rhythmus?

Nachdem ich für *Rrrrrr...* den akustischen Ort abgesteckt hatte – eine typische Ein-Zimmer-Wohnung –, begann ich an eine Visualisierung des Hörspiels zu denken. Die Versuchung, meine Radio-»Phantasie« sichtbar zu machen, war von Anbeginn latent. Ich wollte prüfen, inwieweit dieser Schritt zur Verdeutlichung eines autonomen Hörspiels beitragen könnte, in dem der Rahmen einer Handlung konkretisiert wird: Das Bild als letzte arithmetische Gegenprüfung. 1983 habe ich dann mit

Gert Haucke, der den Hörspieltext vorher aufnahm, *Rrrrrr...* live dargeboten. Die Produktion lief vom Tonband ab und war gleichzeitig über Rundfunk zu hören; Haucke spielte dazu völlig stumm, und zwar synchron zu seinen Geräuschen und Schritten aus dem Lautsprecher. Er bewegte sich in einer sicherlich trostlosen Dekoration im Stil der 50er Jahre – Nierentisch, auf dem abgewetzte Illustrierte lagen, eine klobige Couch, ein typischer Radioempfänger jener Zeit, unzureichende Beleuchtung – sicher keine optimistische, aber auch nicht eine übermäßig deprimierende Umgebung. Die Erfahrung mit dieser Überschreitung des nur akustischen Mediums habe ich wenig später in eine Fernsehsendung mit dem Titel *Er* verarbeitet.* Diese Produktion war für mich eine logische Fortsetzung auf der Suche nach einer Erweiterung künstlerischer Mittel. Bis auf zwei geringfügige Ausnahmen habe ich alles, was hier hörbar ist, aus dem Hörspiel übernommen. Das Tonband als vorproduzierter Soundtrack wurde an einen Stummfilm gekoppelt, um diesen *nachträglich* zum Tonfilm zu machen. Sicher war dies ein ungewöhnlicher Weg, aber die Stimmigkeit der Prozedur rechtfertigte die Reihenfolge der Schritte. Die Fernsehproduktion wurde hauptsächlich schwarz-weiß gedreht, weil mir schien, daß die Thematik des diskontinuierlichen Hörens ein ebenso drastisches Entweder-Oder sei. Um so mehr strahlt die Umgebung, in welcher »Er« agiert, eine eigentümliche Spannung aus: Sobald der Darsteller Kontakt mit der Außenwelt hat, telefoniert oder die Wohnungstür öffnet, wird das Bild farbig, ebenfalls gegen Ende, als der ganze Raum sich allmählich verfärbt. Man könnte dies mit einer monophonischen Aufnahme vergleichen, deren Stereobasis künstlich verbreitet wurde.

Auch für Hörspiele, die scheinbar unimedial sind, dürften ästhetische Voraussetzungen gefunden werden, um die gegebe-

* »Er«, *Fernsehspiel über eine Radiophantasie.* Darsteller: Gert Haucke; Szenenbild: Manfred Lütz und Jürgen Roder; Ton: Franz-Josef Zimmermann, Theresia Hammersen und Heinz Klein; Buch, Musik und Regie: Mauricio Kagel. Magnetische Aufzeichnung, schwarz-weiß und Farbe, 40 Min., Drehzeit: 6.–10. 2. 1984, Produktion: WDR Köln. Erstsendung: 17. Juni 1985.

nen Grenzen organisch zu erweitern. »Grenzen« können beschrieben werden, aber selten endgültig sein. Der Rundfunk befindet sich heute in einem Wandlungsprozeß. Seit Beginn der 70er Jahre ist er immer mehr zur akustischen Zeitung geworden, um in Konkurrenz mit anderen journalistischen Medien bestehen zu können. Auch der Dialog und Austausch mit dem Hörer wurde gesucht, weniger aus rein ästhetischen und medienpolitischen Gründen, sondern weil der Rundfunkhörer in seinem Verhalten sich allmählich verändert hat. Differenzierte Analysen dieses Verhaltens erlauben uns jene Hörspiele zu schreiben, die andere Realisationsformen dulden. So verwirklicht sich vielleicht das Verlangen nach einer Utopie, die den Konsumenten zum Partner macht, auch wenn die Stücke weder von ihm geschrieben noch produziert sind. Wenn der Zuhörer die Vielfalt des Angebots annimmt, spornt er uns an, neue Kategorien und Zwischenstufen zu finden. Gerade solche Nuancen der Dramaturgie interessieren Komponisten am meisten. Es ist schwer vorauszusehen, wie das Hörspiel sich entwickeln wird, aber es ist bereits ersichtlich, daß die Zahl der Produktionen nicht abnimmt und sehr unterschiedliche Ansätze zum Programmangebot notwendig bleiben.

Eine solche mannigfaltige Dramaturgie wäre auch auf dem Gebiet der Musik wünschenswert, wo manche Entwicklungen nach kurzer Zeit museal werden und sich in ermüdenden Wiederholungen erschöpfen. Im Neuen Hörspiel sind zwar gesicherte, akademische Momente hörbar; da das Instrumentarium der Vermittlung aber immer frisch bleibt, ist seine Archäologie weniger belastet. Traditionen haben hier Kurzzeitgedächtnis. Die Rezeption von Hörspielen ist in ihrer Wirkung oft ungewiß, zugleich sind Rezensionen interessant, weil man sich in der Regel mit Thematik und Machart ernsthaft auseinandersetzt. Die Maßstäbe der Literaturkritik schlagen sich in der Hörspielkritik oft nieder; wir brauchen dieses Feedback ebenso wie die Stimmen der Zuhörer. Sie werden uns helfen zu behaupten, daß das oft totgesagte Genre weiter existiert und sich vermehrt: Fortsetzung folgt.

(1985)

# 6. Spezifisches über meine Hörspielarbeit
*Vortrag und Diskussion*

Gestern, als ich das *Kleine* Ohr*ganon des Hörspielmachens*\* erwähnte, war ich von den Fragen vieler Zuhörer überrascht, die die Publikation nicht kannten und über bestimmte Aspekte dieses Themas mehr erfahren wollten. So möchte ich mich in dem heutigen Referat, das ohnehin dem Handwerkszeug gewidmet ist, zuerst mit dem Ohr*ganon* eingehend befassen.

Als Klaus Schöning und ich über die Elemente der Hörspielarbeit eine diskursive Einführung in fünf Folgen begannen, war uns klar, daß das Handwerk nicht allein für sich, isoliert von einer sich bildenden Ästhetik des Neuen Hörspiels, betrachtet werden konnte. Diese Frage gehört wohl zum klassischen Problem von Kunst- und Musikhochschulen: Ist Handwerk lehrbar, ohne es mit bestimmten ästhetischen Vorstellungen, sogar mit stilistischen Voraussetzungen, zu verknüpfen? Ich bin der Meinung, daß es kein wertfreies Handwerk gibt, sondern das alles, was wir tun, um uns künstlerisch auszudrücken, innerhalb eines ästhetischen Kanons geschieht. Man kann die Vergangenheit so lehren, als würde die Gegenwart nicht existieren, aber was

---

\* Klaus Schöning & Mauricio Kagel: Das Handwerkszeug. Kleines *Ohr*ganon des Hörspielmachens. 5 Folgen (WDR 3 – HörSpielStudio 1978). Überarbeitete Fassung der 4. Folge »Schnitt« abgedruckt in: Klaus Schöning (Hrsg.): Spuren des Neuen Hörspiels. Suhrkamp, Frankfurt/M. 1982, S. 96–102. Und in: Mauricio Kagel: Das Buch der Hörspiele. Hrsg. von Klaus Schöning. Suhrkamp, Frankfurt/M. 1982, S. 343–348.

wäre dies für eine anemische Vergangenheit? Ebenso ist es aufschlußreich, das Zeitgenössische aus der Sicht von gestern zu vermitteln.

In der Arbeit mit dem Tonband spielen musikalische Fragen eine wesentliche Rolle, das kann man insbesondere in den Hörspielen traditionellen Zuschnitts gut beobachten. Jeder Schriftsteller, der Sinn *und* Klang der Worte behandelt, ist im Grunde ein Komponist seines Faches. Es gibt kaum gute Literatur, die man als unmusikalisch bezeichnen könnte. Wären sonst Dichter wie Hölderlin so anregend? Komponisten sind von seinen Enigmen fasziniert, zuallererst weil sie so klingen. Die Metaphern können dunkel und hermetisch bleiben, wichtig jedenfalls sind hier die Dissonanzen.

Analysiert man Hölderlin mit anderen Prämissen, dann stellt sich heraus, daß gerade für Komponisten jene Dimension des Unbegreiflichen wesentlich ist, die die Wörter abstrahieren hilft und sie in die Nähe der Musik bringt. Auch wir versuchen, musikalische Sachverhalte zu beschreiben, wissend, daß Wörter ungenügend sind und nur die akustische Erfahrung letztlich jene Kenntnisse vermitteln kann, die Wörter erneut zulassen. Hölderlin hat bei Komponisten Musikstücke ausgelöst, die sich häufig in der Dimension des Hörspielhaften abspielen. Er erfand die Kontinuität des scheinbar Zusammenhanglosen.

Ich bin der Meinung, daß der Anteil des Wortes im Hörspiel nicht zu gering sein darf, weil die immanente Musikalität der Sprache zu konkretisieren gerade für den Komponisten eine unvergleichbare Chance bedeutet. In dieser Konkretheit liegt der kostbare Unterschied zur Musik; deshalb habe ich Ende der 60er Jahre begonnen, mein Handwerk zu erweitern.

Schnitte waren mir von meiner Filmarbeit vertraut. Dagegen habe ich in der Musik immer eine leise Furcht vor Schnitten gehabt, weil sie zu den schwierigsten Momenten der Komposition gehören. Ich bewunderte Komponisten, die aus einem einfachen Strich einen ideellen Doppelstrich machten. Diese Fähigkeit aber steht meistens in Verbindung mit einer literarischen Vorlage oder einer musikszenischen Handlung, die es ermöglicht. Es gibt frappierende Momente in Alban Bergs *Wozzeck*, die diese Technik des harten Schnittes verdeutlichen. Man findet natürlich auch früher gute Beispiele, aber Komponisten haben erst in der Romantik begonnen, sich gründlicher mit Schnitten zu befassen. Vorher wagten wenige, den Fluß der musikalischen Gedanken mit dem Messer zu tranchieren und den Hörer nach dem Motto »unverzüglich weiter, jedoch in eine andere Richtung« abrupt umzudirigieren. Man braucht eben Mut, wenn dies auf organische Weise geschehen soll.

Einer meiner Gründe, Hörspiele zu gestalten, ist das Los, das der musikalischen Komposition innewohnt. Wird die fertige Partitur aufgeführt und einige Schnitte erweisen sich als peinlich, dann multiplizieren sich die Peinlichkeiten durch die Anzahl der Ohren, die im Saal sind. Im Studio aber bleibt das Schneiden eine intime Handlung. Einen Tonbandschnitt rückgängig zu machen, ist so einfach, als wäre er nie gewesen.

Die 4. Folge des *Kleinen* Ohr*ganons* beginnt mit einem Dialog, den wir stereotyp für alle Sendungen gemacht haben. Klaus Schöning und ich haben darin zu definieren versucht – wie Demosthenes, mit Steinen im Mund –, was Schnitt ist. Ein Manuskript gab es für diese Sendung nicht. Wir hatten uns einfach vorgestellt, Gedanken zu entwickeln, viel Material aufzunehmen, um anschließend Unwichtiges und Redundantes herauszuschneiden.

Zunächst die Einleitung zu dieser Sendung:

*Straßenverkehr, Musik aus dem Radio vorbeifahrende Autos.*
*Schöning: Was machen wir hier?*
*Kagel: Wir sollen uns erinnern.*
*Schöning: Erinnerst Du Dich?*
*Kagel: Es ist lange her … vor vierzig Jahren.*
*Schöning: Wieso vierzig?*
*Kagel: Rechne mal. Bis 2009.*
*Schöning: Erkennst Du das Gebäude wieder?*
*Kagel: Unser altes Funkhaus …*
*Schwere Studio-Tür wird aufgemacht. Sie klappt zu.*
*Bis Ende der Sendung: Schritte beider Sprecher auf leeren Gängen und Treppen; häufiges Stehenbleiben.*

*Schöning: Weißt Du, ich finde, alles Akustische ist Geräusch. Zunächst einmal die Sprache, die wir sprechen, ist Geräusch; Musik ist ein Geräusch und auch Geräusch ist akustisches Leben.*
*Kagel: Ich habe immer gedacht, daß eine Geräuschsprache eher möglich ist als eine Musiksprache, weil die Geräusche die Bedeutung haben, die Musik nicht haben kann. Geräusche bedeuten immer etwas; sie können zwar abstrakt sein, man kann sie vielleicht nicht richtig einordnen, aber es ist sehr schwer, abstrakte Geräusche zu machen. Dagegen ist Musik mehr oder weniger abstrakt.*

Der Vorspann zu jeder Sendung bleibt immer gleich: lebhafter Autoverkehr zwischen Funkhaus und unserem Standort. Dann schließt sich eine Tür und wir, langsam wandelnd durch die Gänge des Funkhauses, versuchen nach und nach unsere Gedanken diskursiv zu entwickeln.

Über Schnitt möchte ich hier einen Abschnitt der Sendung zitieren, der meine Gedanken über diesen Teil des Handwerks verdeutlicht:

*»Ich möchte dafür plädieren, Schnitt als unabhängiges Werkzeug zu betrachten, und zwar zunächst auch unabhängig vom Begriff ›Montage‹. Um die Definition von Schnitt von jener, die die Montage betrifft, zu begrenzen, schlage ich eine Präzisierung beider Werkzeuge vor.*

*Montage entsteht immer als Folge einer inhaltlich beschreibbaren Absicht. Diese Absicht, welche zugleich einer dramaturgischen Verdeutlichung zukommt, ist nur mittels des gerichteten Schnitts möglich.*

*Schnitt dagegen ist ohne inhaltliche Absicht möglich, wenn er eine vorgegebene dramaturgische Situation nicht verändert, sondern flüssiger zu formulieren hilft. In diesem Fall wird das Tempo der Aussage beschleunigt, es entstehen jedoch keine neuen Zusammenhänge. Hier ist vielleicht der wesentliche Unterschied zwischen Schnitt und Montage zu suchen. Schnitt greift in die Formulierung bereits gerichteter Zusammenhänge ein; Montage dagegen greift den Zusammenhang selber und schafft somit neue.*

*Wir sollten versuchen, einiges zur Syntax des Schnitts zu präzi-*

sieren. *Zuerst ersetzte der Schnitt die klassische weiche Blende. Dadurch wurde die Technik einer fugenlosen Auseinandersetzung von unterschiedlichen Räumen, von unterschiedlichen zeitlichen Abläufen, von unterschiedlichen Situationen jeglicher dramaturgischer Variationsbreite ermöglicht. Die Grenzen zur Technik der Montage wurden aber immer fließender, und das ist ganz wichtig. Das Aneinandersetzen von Gegensätzlichem als logisches Stilmittel im Hörspiel wurde freilich vom Film wie auch von Erzähltechniken beeinflußt, die etwa ab Joyce und Döblin zur unkonventionellen Literatur fast als Konvention gehören.*

*Auch der Bereich, der in der modernen Poesie systematisch durch den Surrealismus erforscht wurde, die Vermittlung jener möglichst disparaten, jedoch gleichzeitig stattfindenden Gedanken- und Empfindungswelt, spielt für die Herauskristallisierung einer neuen Sensibilität beim Schnitt im Hörspiel eine beträchtliche Rolle. Es wurde allmählich bewußt, daß harte Schnitte eines der effektivsten Mittel zur Bildung von Kontinuitäten waren und daß deren Verwendung ohne stilistischen Beigeschmack möglich war – endlich. Sie konnte sowohl die Erfordernisse des fotografischen Realismus im O-Ton, also im Originalton, wie auch eines nachahmenden Naturalismus oder die Lautmalereien konkreter Hörspieldichtung befriedigen.«*

Warum gerade dieser Abschnitt? Das Referat heißt *Spezifisches über meine Hörspielarbeit*, und meine didaktischen Überlegungen über Hörspieltheorie sind Teil dieser Arbeit: durch Schnitt über die Beziehung von Schnitt und Montage zu sprechen. Ich möchte heute weniger die Zusammensetzung von Tönen als die Zusammensetzung von Wörtern erörtern, über die ernstzunehmende Möglichkeit, Texte zu *komponieren*. In meiner Theaterarbeit entstanden Libretti und Vorlagen häufig durch das zweckmäßige Verfahren einer dramaturgischen Montage. Hörspiele dagegen können ausschließlich durch Schnitte zustande kommen, sogar mit unzweckmäßig geschnittenen Texten, Worten und einzelnen Silben. Die Kontinuität akustischer Gedanken dürfte hier vielleicht als die *Summe abrupter Gedanken* definiert werden.

Als Beispiel werde ich eine Seite meines Hörspiels ...*nach einer Lektüre von Orwell* (WDR 1984) erläutern. Über Orwells Buch *1984* brauche ich wenig zu sagen, es ist allseits bekannt. (Und auch diejenigen, die es nicht gelesen haben, sind merkwürdigerweise im Bilde.)

Die Idee, mit *1984* ein Hörspiel zu machen, hatte ich 1981. Das einzige, was mich an diesem Buch – dessen literarische Qualität im Verlauf der Handlung leider abnimmt – wirklich faszinierte, war die Erfindung der *Neusprache*. Ich beschloß, dies in der Tradition umzusetzen, die es in der Musik bereits gibt, wie in Liszts Klavierstück *Nach einer Lektüre von Dante*. Weder die Worte noch die Gedanken von Dante sind in diesem Werk hörbar – seine Visionen sind eigentlich nicht vermittelbar –, sondern es sind subjektive Überlegungen, die in der Musik die Kategorie des Absoluten erhalten. Ich entwickelte eine andere Neusprache, die ich »germanische Metasprache« nannte. Germanisch, weil alle Begriffe germanischen Ursprungs sind; Metasprache, weil sie zeichenhaften Charakter hat. Wie die Neusprache Orwells besteht die germanische Metasprache aus einem Vokabular, das man scheinbar begreift und doch nicht ganz versteht. Wir nähern uns wieder Hölderlin...

Ich beschloß, eine Anzahl syntaktischer Modelle apodiktischen Charakters zu komponieren. Es sind zehn Modelle plus eins mit der Zahl Null, das – wie beim Poker – die Funktion eines Jokers hat:

1. Modell: A ist B, C ist D.
2. Modell: A wird B, C nicht.
3. Modell: A soll B, C D ersetzen.

A, B, C sind Verben und Adjektive, die ich anschließend erklären werde.

4. Modell: A muß B sein.
5. Modell: A kann B auslösen.
6. Modell: Ihr dürft A.
7. Modell: Du bist uns A.

8. Modell: Du bist A.
9. Modell: Du machst uns A.
10. Modell: Wir sind A.

Nun zu den Vokabeln. Es ist für mich aufregend, daß man im Deutschen Wörter zusammensetzen kann. Zwar sind die Kombinationsmöglichkeiten stets durch den Sinn bedingt, aber es ist auch denkbar, die Logik dieser Regel zu unterlaufen und das Prinzip wie eine fast unabhängige Größe, eine poetische Dimension zu betrachten, die semantisch nur durch Erfindungskraft zustande kommen kann.

Ich begann Worte zusammenzusetzen, die das Thema von ...*nach einer Lektüre von Orwell*, den spezifischen Sprachterror und jener, der diese Sprache zwingend macht, reflektierten, ebenso die Bedrohung durch Botschaften, die zugleich unbegreiflich und beunruhigend sind. Einige Beispiele.

1. *Modell: A ist B, C ist D:*

– Gezwungkunst ist hypozentig, Gedächtnisgut vollschränkend.
– Polyhaftigkeit ist pleblos, Menschenkrümmung autäubend.
– Seelengewichtshörigkeit ist großsinnig, Verwertheit bildbürtig.
– Paragraphenhabe ist ratgerichtet, Zweckverstand grundwirrend.
– Überzweifen ist durchschuldig, Appelldünstung gehaltsgegenwärtig.
– Verödungswende ist Bildungsziel, Vermehrungsscham bleiernkläglich.

2. *Modell: A wird B, C nicht:*

– Destruktigung wird dynaffektieren, Falschname nicht.
– Repreßbarkeit wird selbstängstigen, Oberstich nicht.
– Parteigefühl wird lernsprechen, Trübaufruhr nicht.
– Knechtsetzung wird wahrsprechen, Kombiziertheit nicht.

3. *Modell: A soll B, C D ersetzen:*

– Blutlust soll Fluchttränk, Zeitpartei Blüffgötter ersetzen.
– Luftplage soll Himmelschronik, Wachsfieber Gipsabgüsse ersetzen.
– Zahlwohner soll Überschöpfung, Flugzeugenförmig Himmelsmeer ersetzen.

4. *Modell: A muß B sein:*

– Maschinenetwas muß zwistlogisch sein.
– Notmißnot muß entbehrungskonstant sein.
– Debaksorgung muß entstimmend sein.
– Suchtung muß bannungsbildlich sein.
– Stumpfpunkt muß ikonfix sein.
– Hoffnungslohn muß menschenungünstig sein.

*Eine Reihe von Varianten, abgeleitet von diesem Modell:*

– Deportationsabsatz muß sein.
– Eistilgung muß sein.
– Verschlimmbiester müssen sein.
– Dissidentenknick muß sein.
– Zwangsdürre muß sein.

5. *Modell: A kann B auslösen:*

– Ichleitung kann Beseitigungsglück auslösen.
– Flammenstrecke kann Irrbestand auslösen.
– Existenzvorsteher kann Eigenfreßgier auslösen.
– Absonderhin kann Verstimmungsreiz auslösen.
– Schundbüro kann Infektleben auslösen.
– Zorndichte kann Klirrbetrieb auslösen.

6. *Modell: Ihr dürft A:*

– Ihr dürft vollsteril.
– Ihr dürft schwergemäß.
– Ihr dürft resigniedergehen.

- Ihr dürft stumpfnacken.
- Ihr dürft Bedeutungspein.
- Ihr dürft prozeßtuieren.
- Ihr dürft blickentzweien.
- Ihr dürft röntgenblinden.

## 7. Modell: Du gibst uns A:

- Du gibst uns Strengensaft.
- Du gibst uns Langfurcht.
- Du gibst uns Zusammengabe.
- Du gibst uns Antriebsglück.
- Du gibst uns Regelstaat.

## 8. Modell: Du bist A:

- Du bist entfügbar.
- Du bist edelliebst.
- Du bist züchtigfroh.
- Du bist humannützig.
- Du bist hochgebirgig.
- Du bist ästhetischränkend.

## 9. Modell: Du machst uns A:

- Du machst uns gliedergleich.
- Du machst uns zungenbrav.
- Du machst uns staumbaumseelig.
- Du machst uns opfergiebig.
- Du machst uns arbeitsschuldig.
- Du machst uns reuehöflich.

## 10. Modell: Wir sind A:

- Wir sind beichtslohnend.
- Wir sind schlappfolgsam.
- Wir sind unteressantlos.
- Wir sind kraftuntauglich.
- Wir sind abnormziehend.

– Wir sind gemeinmüde.
– Wir sind übertragbar.
– Wir sind graubeengt.
– Wir sind unterarg.
– Wir sind unabtrünning.
– Wir sind verbesserungstrotzig.

Es scheint mir notwendig, eine Seite des Glossars zu lesen, das ich vor der Niederschrift der syntaktischen Modelle zusammenstellte. Es enthält eine Art Quellenlexikon der germanischen Metasprache vor der Ineinanderkoppelung der Wörter. Die meisten dieser »Vokabeln« sind unbekannt und werden »unerhört« bleiben:

Ursteigen, entstimmend, Arggeruch, zudern, Zwischwicklung, Prossives, Delität, Verwertheit, Oberstich, vollschränkend, überzweifern, großzünig, Debacksorgung, kraftzierend, Flugzeugenförmig, Haupttombak, Leukombe, pflichtfröh, gickslos, Gezwungskunst, schwergemäß, bildbürtig, drumfalls, dynaffektieren, durchschuldig, hypozentig, Entschädigungsname.

Diese Liste entstand in einer unsystematischen Reihenfolge und nicht nach kompositorischen Gesichtspunkten. Eine Analyse kann Auskunft über die Mechanik der Gedankengänge geben, über das, was man »ungestaltete Kompositionsskizzen« nennen könnte. Daraus wird man Einblick in die Dringlichkeit der endgültigen Gestalten und in die Notwendigkeit der Zwischenstufen gewinnen:

Seelensgewichtshörigkeit, Bewußtnunft, Lebensfürchtung, Standschweigen, Auseinandertoden, Nageltaufe, Provokbild, Suchtung, sekretverzieren, kummerrechnen, flaggen, Blutlust, Fluchtschräng, Lernsprechlich, Prozeßtuiert, Repreßbarkeit, Zahlwohner, Fatamekum, Zeitpartei, Stumpfpunkt, bannungsbildlich, Blüffgöttern, vollsteril, Zungenlauge, Schwachtrieb, unapproximativ, Gottauggemeinschaft, selbstängstigen.

Der Text wurde für drei Stimmen gesetzt: zwei Männer- und eine Frauenstimme. Dazu »Alle« – die Summe des Volkes –, hier von einem Sprechchor dargestellt, dessen Partie auf einer genauen Partitur festgehalten ist. Im ersten Teil des Hörspiels wiederholen Sprecher 1 oder 2 – als Vorsprecher – immer wieder das syntaktische Modell, vom Volk, manchmal mit geringfügigen Varianten, ergeben wiederholt.

*A ist B, C D:*

– Polyhaftigkeit ist pleblos, Menschenkrümmung austäubend.
– Überzweifeln ist durchschuldig, Appelldünstung gehaltsgegenwärtig.
– Seelengewichtshörigkeit ist großsinnig, Verwertheit bildbürtig.
– Gezwungkunst ist hypozentig, Gedächtnisgut vollschränkend.
– Prossives ist grauenmärchenhaft, Stammwasser unapproximativ.

*A wird B, C nicht:*

– Destruktigung wird dynaffektieren, Falschname nicht.
– Repreßbarkeit wird selbstängstigen, Oberstich nicht.
– Parteigefühl wird lernsprechen, Trübaufruhr nicht.

Alle Geräusche, die hier vorkommen, werden in Orwells Buch genannt, jedoch nicht in der Reihenfolge, die man im Hörspiel hört. Die in *1984* erwähnten akustischen Vorgänge dienen als Grundmaterial, wobei der jeweilige Kontext, der von diesen Geräuschen erzeugt wird, nicht an eine sprachliche Situation gebunden ist. Es gibt hier keine lineare Handlung, sondern einen metasprachlichen Zustand, der, von Geräuschen manchmal unterstützt, in seiner Wirkung erhöht wird. Bereits zu Beginn kreisen Helikopter, damit die Bedrohung spürbar wird.

Tonbandwiedergabe:
(Flugzeuggeräusche, Marschtritte, Hämmern)

1. Sprecher: A ist B, C D:
2. Sprecher:
– Polyhaltigkeit ist pleblos, Menschenkrümmung austäubend.
– Überzweifen ist durchschuldig, Appelldünstung gehaltsgegenwärtig.
– Seelengewichtshörigkeit ist großsinnig. Verwertheit bildbürtig.
Chor:
– Gezwungkunst ist hpyozentig, Gedächtnisgut vollschränkend.
2. Sprecher:
– Prossives ist grauenmärchenhaft, Stummwasser unapproximativ.

1. Sprecher: A wird B, C nicht:
2. Sprecher:
– Destruktigung wird dynaffektieren, Falschname nicht.
– Repreßbarkeit wird selbstängstigen, Oberstich nicht.
– Parteigefühl wird lernsprechen, Trübaufruhr nicht.

Was haben wir dazu gehört? Akkorde von Geräuschmischun-
gen, Rotoren und Motoren, die unterschiedlich stark wiedergegeben werden. Oder das Marschieren von Soldaten, aufgenommen im Studio mit etwa zwanzig Mitwirkenden.

(Das Herstellen von Geräuschen ist lehrreich, weil es auf einer
durchdachten Kochkunst beruht. Man kann mit Zivilisten eine
Armee besser nachahmen als mit Soldaten. Die Synthese des Ma-
chens ist hier die Herstellung einer Illusion, die klar und kommunikativ sein muß, damit sie jenen Realismus erreichen kann,
den die Wirklichkeit wahrscheinlich nur hat, wenn sie *beschrieben* wird. Mit anderen Worten: Erst wenn ich erfindungsreich
lüge, kann ich eine realistische Wirklichkeit darstellen. Um Realität herzustellen, muß man übertreiben und Fragmente einer
Pseudorealität anbieten. Wirklichkeitsersatz kann so als scharfes
Durchleuchten einer Bestandswirklichkeit begriffen werden.)

Als eines von wenigen Instrumenten in diesem Hörspiel hören
wir eine Trompete. Ich habe oft versucht, eine musikalische Ka-

tharsis herbeizuführen, deren Ursprung ebenso liturgischer wie politischer Natur sein kann. Jede Diktatur neigt zur *negativen* Katharsis; Tortur und Repression entsprechen solchem Streben. Freie Kunst wird in faschistischen Staatsformen unschädlich gemacht – sie soll nicht aufregen, sondern beruhigen. Katharsis durch den Einsatz künstlerischer Mittel kann sonst zur Aufruhr führen. In dem Hörspiel *...nach einer Lektüre von Orwell* ist die Katharsis auf Sprache und Musik verteilt, wobei der Musik ein höherer Anteil an der Auslösung des Heftigen zufällt.

Als Dozent in Amerika merkte ich, daß die Studenten aus Gewohnheit ununterbrochen niederschrieben, was ich sagte. Fixieren auf Papier kann so das Vergessen einleiten. Ich begann an die Tafel zu schreiben und wischte es – vielleicht etwas bösartig – mit der linken Hand gleich wieder weg. Der Schock war groß. Ich galt zwar als schlecht erzogen für das amerikanische Bildungssystem, aber die Studenten hörten nun ganz anders zu.


Diskussion

*Publikum: Haben Sie sich bei Ihrer Schnittechnik musikalische Werke zum Vorbild genommen?*

Mauricio Kagel: Eigentlich nicht, aber meine Erfahrung hat mir sicher geholfen. Die Frage des Schnittes kann man kaum beantworten, ohne die Architektur musikalischer Werke zu erörtern. Musikgeschichtlich könnte man die Theorie der Zusammensetzung von Teilen, die musikalische Formen bilden – etwa Sinphonie oder Sonate – auch als eine Legalisierung der Schnitte begreifen. Doch sie heißen nicht Teile, sondern Sätze. *Jede Pause legitimiert einen akustischen Gedankensprung.* Doch Komponisten ist es zuwider, Kontinuität des musikalischen Gedankens durch Schnitte zu erreichen. Es geschieht ja tausendfach, daß man zunächst etwas hört – zum Beispiel Hörner, Flöten und

Celli – und danach etwas ganz anderes, vielleicht Klavier und Schlagzeug. Aber es geschieht nicht mit der Syntax, die ich eben erläutert habe. Die Gründe, warum Schnitte nur ausnahmsweise angewandt werden, bleiben ungeklärt. Es ist eine neue Technik, die schwer zu definieren ist und immer neu durchdacht sein muß.

*Welche Beziehungen haben Sie zu den künstlerischen, musikalischen Strömungen der Gegenwart?*

Es ist merkwürdig, daß viele Schriftsteller, Komponisten und Künstler durch bestimmte Formen, Stücke und Erscheinungen der Vergangenheit – auch der unmittelbaren Vergangenheit – angeregt werden, aber nicht von der mittelbaren Gegenwart. Viele verschweigen aber, daß ihre Beziehung zur Gegenwart nur so zustande kommt.

*Welches Verhältnis haben Sie zum Publikum? Wie ist die Resonanz der Hörer auf Ihre Arbeiten?*

Von meiner Rundfunkarbeit habe ich eigentlich kein echtes Feedback. Wir können Tausende von Zuhörern haben, aber es schreiben immer nur diejenigen, die sich beschweren. Einen Dialog gibt es nicht. Die Frage der Publikumsrezeption ist deswegen nicht geklärt. Vielleicht ist auch das der Grund, weshalb wir Hörspiel-Konzerte machen. Wir gewinnen so eine Öffentlichkeit, die uns Prüfungsmöglichkeiten gibt. Auch in einer so alten Kunst wie der Musik ist diese Frage nicht eindeutig zu beantworten. Trotz der Perversion des Geschmacks, trotz des Unverständnisses für unbekannte ästhetische Ansätze und alles Extreme, trotz Unkenntnis setzen sich letzten Endes beim Publikum nur gute Stücke durch. Jene Opern etwa, die im Repertoire geblieben sind, sind tatsächlich die besten. Die anderen Opern verlieren zu Recht den Anspruch, weiter gespielt zu werden. Beim Hörspiel sind die Gesetzmäßigkeiten des Geschmacks nicht anders. Ich weiß nicht, wie viele Werke vom Neuen Hörspiel bleiben werden, aber sicherlich nicht alle, sicherlich nicht viele, sicherlich nicht wenige. Es ist zu früh, darüber zu sprechen, es sei denn, wir sprächen so lange darüber, bis greifbare Ergebnisse uns weiterhälfen.

*Welches Verhältnis haben Sie als Komponist zur Sprache?*

Zunächst eine kurze Geschichte. Als ich im September 1957 nach Deutschland kam, wurde ich beim WDR vorstellig. Ich hatte ein Stipendium des Deutschen Akademischen Austauschdienstes, um hier zu arbeiten und sprach so gebrochen, daß ich sogar meine eigene Muttersprache ähnlich behandelte. Damals sprach ich zwar kaum Deutsch, hatte aber einige Klassiker auf deutsch in Argentinien entziffert. Ich bemerkte, daß jemand mit mir nur im Infinitiv und Imperativ verkehrte: »Sitzen hier« – »trinke Wasser da« – »nicht nehmen schmutzig Glas« usw. Kurze Zeit danach fragte ich, ob alle so sprächen. Er sagte: »Nein, ich Ihnen kommen entgegen mit kleinem Vokabular. Sie besser verstehen.« Fünf Jahre später sprach er immer noch so.

Das ist nur ein Aspekt des häufigen Mißverständnisses mit Sprache, aber aufschlußreich, weil es die Frage der Instrumentalisierung von Gedanken betrifft. Sprache erlaubt uns, nicht nur Gedanken zu formulieren, sondern auch durch die Syntax, die als Mechanik fungiert, über das Begriffliche hinaus, Empfindungen zu vermitteln. ...*nach einer Lektüre von Orwell* bedient sich solcher Stränge. Die Irreführung durch Sprache liegt in der semantischen Verwendung von Entstellungen. Man kann dasselbe in Dutzenden von Varianten sagen, und diese Varianten werden wiederum Träger von neuen Veränderungen, von feinen und feinsten Nuancen. Diese Valeurs sind Teil der Instrumentationskunst. Als Komponist höre ich Sprache nicht nur akustisch, so, wie sie klingt. Ich kann sie nicht trennen von meiner Neigung, die Welt als einen akustischen Vorgang wahrzunehmen. Und wenn ich Hörspiele konzipiere, erfinde und inszeniere ich meine Interpretation dieses Vorgangs.

*Wie arbeiten Sie mit den Sprechern? Setzen Sie sie als Instrumente ein?*

Die Frage der Besetzung ist kompliziert. Um optimal zu besetzen, muß man sich evozierende Stimmen vorstellen, die unsichtbar, aus dem Lautsprecher auch das Nichtgeschriebene vermitteln können. Ich bin dankbar, Hörspiele machen zu können, weil man so ein »Mikrophonbewußtsein« entwickeln kann, das für mich als Komponist eine Erweiterung bedeutet. Man schreibt mit der Mikrophonkapsel in der Feder. Der Output ist bereits ein Teil des Inputs. Mit anderen Worten: Die akustische Realisation befindet sich in einer privilegierten Ausgangsposition. Ich möchte Autoren und Komponisten empfehlen, den Schritt über die Grenze des Schreibtisches zu wagen und sich an der Produktion aktiv zu beteiligen. Auch im Theater gibt es Autoren, die in den Proben willig ändern. Aber im Studio wird diese Frage anders, viel organischer gelöst: durch die Schere. Ich kann die Stimme nicht trennen von Sinn und Geschichte des Hörspiels. Der burschikose Spruch: »Eine gute Besetzung ist die halbe Miete«, beschreibt eigentlich mehr als die halbe Miete, wenn der Autor in seiner Vorstellung die akustische Substanz des Hörspiels bereits in die spätere Realisation integriert hat.

*In Ihrem Hörspiel* ...nach einer Lektüre von Orwell *scheinen mir deutlich DDR-Anklänge vorhanden zu sein?*

Wenn Sie Engländer wären und Orwell auf englisch hörten, dann würden Sie nicht an die DDR denken. Dagegen hören Sie solche Anklänge, weil Sie diese Sprache in einen historischen wie auch geographisch-politischen Zusammenhang stellen. Ich finde das nur bedingt gerecht, weil es sehr verschiedene Formen von Gewalt und Bedrohung gibt, besonders dann, wenn sie nicht ausgesprochen werden. Die Frage Deutschland/Sowjetunion ist auch bei Orwell nicht gelöst worden. Ich bin der Meinung, daß Faschismus keine Frage von rechts oder links, sondern eine eigene, nicht einzuengende Kategorie ist. Das ist für alle, die links stehen, schmerzlich zu begreifen. Faschismus ist nicht einzuordnen. Er bildet einen Komplex mit sprachlichen und rituellen Gegebenheiten, mit Ordnungsstrukturen und einer Automatik der Strafe, die unabhängig sind vom politischen Wesen des Staates.

Will man die Neusprache Orwells, bezogen auf ein Koordinatenfeld, das sprachlichen Faschismus wiedergibt, analysieren, dann bin ich einverstanden. Aber die Fixierung auf die DDR wäre ungerecht, weil so das heiße Eisen über die Grenze geschoben würde. Ich glaube sogar, daß vieles, was Orwell beschrieb, fast zu gutmütig im Vergleich zu dem ist, was überall passiert oder in jedem Augenblick zu geschehen droht.

(1985)

# Hörspiele

# 1. »Rrrrrr...«
## Hörspiel über eine Radiophantasie

*I*

*Thema dieses Hörspiels sind jene Aufmerksamkeitsschwankungen, die gewöhnlich beim Anhören von Musik auftreten.*

*Als Rahmen dient eine eindeutige, schlichte Situation: Der Sprecher (»Er«) befindet sich in seiner Wohnung; Geräusche anderer Mieter des Hauses sind gedämpft vernehmbar: Stimmen und Schritte, Rundfunk- und Fernsehsendungen; durch die geschlossenen Fenster ist auch Verkehr hörbar. Im Radiogerät aus dem Hintergrund des Zimmers läuft ein Musikprogramm. Und dieser Zuhörer beschäftigt sich – wie wir alle, Rundfunkhörer – unabläßlich mit sich selbst, mit seinem Beruf, seiner Familie, Ferienzielen, TÜV und Autowechsel, mit der Lektüre einer Zeitung oder Illustrierten, gelegentlich ißt er oder er geht ans Telephon. Offensichtlich unzufrieden mit dem, was er hört, dreht »Er« manchmal am Knopf des Radiogerätes (...aber auf allen Sendern, die er einstellt, klingen Teile aus Rrrrrr..., eine Radiophantasie von Mauricio Kagel). Der genaue Zeitpunkt dieser Aktion – akustisch mit einer besonderen Interpunktion vergleichbar – wird im Text nicht angegeben und bleibt der Regie überlassen.*

*II*

*Diese Sprecherrolle, hauptsächlich ein »innerer Monolog«, ist stets mit leiser, intimer Stimme vorzutragen. Im Unterschied dazu könnte eine andere Art der Stimmgebung für das – ebenso private – Vorlesen aus Zeitung und Illustrier-*

ten gefunden werden. Es sind meistens Satzfetzen, die sich für den Hörer dieses Hörspiels kaum bemerkbar mit dem Gedankenfluß des Sprechers vermischen; diese Stellen sind im Manuskript nicht besonders gekennzeichnet.

Das Papierraschen soll im Laufe des Stückes immer wieder variiert werden: regelmäßiges bis nervöses Umblättern, gereiztes Falten, ruhiges Knistern usw. Auch wenn kein Vorlesen vermutet wird, kann Rascheln auf die Lektüre hinweisen; in der Endmontage des Hörspiels dürften eingefügte Papiergeräusche zur Verdeutlichung der Textinterpretation dienen.

III
Um die verschiedenen Stadien der Aufmerksamkeit wie der Zerstreuung hörbar zu machen, ist die Musik der Radiophantasie zerstückelt, mit einem unterschiedlichen Lautstärkegrad pro Fragment, wiederzugeben. Dadurch erhält man, ähnlich wie beim visuellen Abtasten eines Bildes, das aus gleitenden, jedoch sprunghaften Bewegungen der Augen entsteht, eine Kontinuität aus Partikeln mit abrupt wechselnden dynamischen Graden. Befaßt sich »Er« stärker mit sich selbst als mit der Musik, die gesendet wird, dann ist diese Musik leiser, als wenn er tatsächlich zuhört. Bei seinem diskontinuierlichen Hören aber, lauscht »Er« manchmal aufmerksam: die Musik wird sprunghaft lauter. Wir hören also in der dritten Person (da »Er« stellvertretend für uns zuhört). Und letztlich hören wir die Diskontinuität dieses Hörens ebenfalls diskontinuierlich.

*Das Radiogerät mit der Ausstrahlung der Radiophantasie läuft bereits zu Beginn des Hörspiels.*

*Er:* Endlich Ruhe. *(Pause)*
Heute war wieder was los... Muß er immer so drängeln? *(Pause)*
Du oder ich, sagte er. Pfuiii. *(Pause)*
Allen kann man es eben nicht recht machen. *(Pause)*
Na gut. Dann Selbstbeteiligung. In Ordnung: Selbstbeteiligung und Abwarten. *(Pause. Summt ein wenig zu der Melodie aus dem Radio)*
Es muß Gewinn erzielt werden, sagte er. Hoppla! Das klingt bedrohlich. Ich lege mich quer und basta. *(Pause)*
Ich will nur angemessene Bedingungen. Das ist es. Das sage ich ihm auch morgen: an-ge-me-ssen! *(Pause)*
Ich bin ganz normal und bleibe es. Stocksolide. *(Pause)*

*Nachbarn: Geräusche.*

O nein! Kaum zurück und schon wieder. *(Pause)* Widerlich. *(Pause)*
Ein Trauerspiel: »Die Abrüstungskonferenz endete wie sie begann.« Der Anfang vom Ende. »Der Frieden sei ungeplant«, stellt der Delegierte Sondernull fest. Noproblem. *(Pause)*
Im nächsten Urlaub werde ich gar nichts tun. Auf dem Rücken liegen und mich entspannen. Ruhe. Wenn ich gefragt werde, dann kommt erst einmal Sendepause. Funkstille. Vakuum. *(Pause)*
Soll denn alles falsch gewesen sein? Da steckt man nicht drin. Es war ein Schuß nach hinten. Puff. Ein Pappkamerad. Bum. Der zweite. *(Pause)*
Das Geschäft geht miserabel. Trost könnte ich wirklich gebrauchen. Aber kein Grund zum Aufgeben. Ich sorge dafür, daß immer Zaster fließt. Langfristig. *(Pause)*
»Die angekündigten Maßnahmen seien Schritte in die erforderliche Richtung, bleiben jedoch hinter dem Richtigen zurück.« Aha. »Deswegen könne der Druck derzeit auch noch nicht umgepolt werden.« Meinetwegen. »Es liege der Führung

auf jeden Fall daran, die anderen im Zweifel darüber zu lassen, ob sie tatenlos zusehen sollen oder nicht.« Gut. Beides stimmt nicht. Sie werden nicht nur mit verschränkten Pfoten glotzen und von der Brücke spucken. Einfach beides. Wie Fachleute. *(Pause)*
Denkmalpflege soll manchmal ein Bedürfnis sein, sagte ich ihm. Rasiere dich öfter. Wir wollen aufhören, den gequälten Arbeitnehmer zu mimen. Duftstoffe brauchst Du. Versprühen. Regen auf die Fassade. Sich treiben zu lassen ist der helle Wahnsinn. *(Pause)*
»Weniger Freiheit, mehr Arbeit fordern die Rentenversicherten.« Recht haben sie. Das nenne ich Grundlagenforschung. Weniger ist mehr. *(Pause)*
Überstunden sind out. Da sagte ich ihm: schon mal gehört.

*Telephonklingel: »Er« steht auf und geht langsam zum Telephon (räumlich hinter dem Radioapparat). Die Musiksendung soll das Gespräch leicht verdecken, der Lautstärkeverlauf jedoch weiter fluktuierend sein.*

Wolff.
Ja?
Ja.
Nein.
Ja?
Mmm.
Mmm.
Vielleicht.
Nein!
Mm.
M.
Ich sag's ja: schon mal gehört!
Mmm.
Glasklar.
Hör mal: Erstens habe ich genug. Zweitens will ich meine Ruhe haben. Drittens...
Na gut.

Na gut!
Gut.
Morgen ist auch noch'n Tag.
Morgen ist n'...
Nein. Ein neuer Tag, meine ich.
Also. Bis Morgen.
Gut.
Tschüß.

*Das Telephongespräch ist beendet. Bevor er die gleiche räumliche Position wie anfangs einnimmt, geht er zur Toilette. Durch die offene Tür: Wasserlassen und fröhliches Summen. Spülung. Schnelle Schritte nach vorne.*

Kalter Kaffee. Für mich nichts Neues. *(Pause)*
Das klingt gut. *(Pause. Summt fehlerhaft zur Musik im Radio. Hört bald auf. Versucht es wieder.)*
Nicht übel. Manchmal klappt's. *(Pause)*
Was war'n das? *(Pause. Stellt das Radiogerät lauter. Lacht.)*
Teufel. Der kann blasen. Brrrrrrrrrr. *(Pause)*
Die Stimme aus dem Jenseits.
*(Singt mit.)*
Stolze Leistung. *(Pause)*
Ich sagte zu ihm: Die Zeit wird für mich arbeiten. *(Pause)*
Donnerwetter. Die kommen in Fahrt und blasen sich die Lungen leer. *(Pause)*
Wo fahren wir nächstes Jahr hin? *(Pause)*
Hatte ich nicht recht neulich? Verdammt, alles wird teurer. *(Pause)* Stur muß man bleiben. Stur. Soviel steht fest. *(Pause)*
Was ist das für ein Quatsch?! Schwach. *(Pause)*
Das soll Musik sein? *(Pause)*
Wie lange denn noch! Kommt schon. Ein Tag in der Woche genügt! *(Pause)*
»Traumgrundstück, direkt am Meer. Bebauung sofort möglich. Alles notariell abgesichert.« *(Pause)*
»Der Geheimtip: Bauen.« *(Pause)*
»Tag für Tag steigt sein Wert. Unverändert, märchenhaft

schön.« Tag für Tag… Na, mal sehen. *(Pause)* »Uriger Vollbart-senner. Holzfeuer. Zivilisationsmüder Europäer.« *(Pause)* Aus mit dem Zauber.

Aufhören Kinder, aufhören. Unerträglich der Krach. *(Pause)* »Sie liegen an einem weißen Strand und Ihr Selbstbewußtsein wächst wie eine schöne Sonnenblume.« Ich muß Öl kaufen. Und Tomaten. *(Pause)* »Vierzehn Tage lang täglich fünf Tropfen, gegen Ende weniger.« Und dann? »Sie wirken entspannt und froh.« Hoffentlich merken das die Kollegen auch. Wer denn sonst? Wenn ich zu Hause bin, bilde ich mir ein, die anderen wüßten nicht mehr, wie ich aussehe. *(Pause)*

»Ich wünsche mir einen verläßlichen, zärtlichen, hübschen, sensiblen, schlanken Mann im pädagogischen Bereich tätig. Bin eine natürliche, warmherzige Frau im Raum 7. Habe Abitur, suche Mann mit geistigem Format.« Mich. *(Pause)*

»Menschen mit kultivierter Lebensauffassung…« Ruhe! *(Pause)* Wenn ich auf der Couch liege und Musik höre, kann die Welt untergehen. Richtig intensiv zuhören. Keine Magenbeschwerden. Keine nervösen Störungen. Einfach da. Nichts tun. Nur ein bißchen lesen und so. *(Pause)*

Aaach: Nachrichten!

*(Steht auf, wechselt hastig den Sender und geht zurück.)*

Lieber Musik. Wattenmeer. Kühles Bier. Ich bin nicht verfressen, aber ich brauche meine Flüssigkeit. *(Pause. Füllt ein Glas, trinkt.)*

Beruflich läuft's jetzt. Es liegt an mir, wie sich die Dinge entwikkeln. Was mir durch den Kopf geht, geht niemanden was an. Bloß aufs Gewicht achten. *(Pause)*

»Superwoche! Liebe wird jetzt großgeschrieben. Finanzen stehen gut. Aber Ärger am Arbeitsplatz.« Er hat recht. »Falsche Einschätzungen führen zu voreiligen Entscheidungen.« *(Pause)*

»Musik unserer Gastarbeiter.« »Die gute Nachricht.« »Heut' abend rund um die Welt.« »Wenn der Vater mit der Tochter.« Halblustig. *(Pause)*

»Tip des Tages: Geheime Wünsche großer Sänger.« »Hörspielmuseum.« Museum? *(Pause)*

*Radiophantasie: Ab hier – mit kurzen Unterbrechungen startet
die Romance für gemischten Chor:
1. Fassung 3 (fast durchweg falsch gesungen), ca. 57 sec.
2. Originalfassung 1 (wie geschrieben), ca. 1 min.*

»Heizbare Heckscheibe, Scheibenwaschanlage mit Intervall-
schaltung vorne. Und vieles mehr, was den Unterschied zwischen einem richtigen Auto und einer richtigen Blech-Kiste aus-
macht.« *(Pause)*
Ich brauch' Ohropax. *(Pause)* Chorgesang aus dem Mixer!
*(Pause)*
Allmächtiger, diese Musik ist ja schrecklich. *(Pause. Wechselt
den Sender: jetzt Orginalfassung 1 der Romance.)*
Die Antenne muß kaputt sein. Klingt doch jetzt ganz anders.
*(Pause. Füllt sein Glas, trinkt.)*
»Diesen Wunsch werden wir nie aufgeben: Wir möchten mehr
weibliche Ingenieure beschäftigen.« Na, löblich. Sie ruft seit Tagen nicht mehr an. Wann werden wir wieder miteinander sprechen? *(Pause)*
»Österreichischer Komponist, dem seine Mitte fehlt. Visierteil
ohne K. Greifvogel mit R. Orchestermitglied der festen Oberfläche.« Was? Der festen Oberfläche? *(Pause. Schreibt.)* »Gift-
schlange, die den zweiten Ton der Tonleiter singen kann. Wag-
ner-Liebhaber vermissen am Schluß die Gebäude. Berühmte
Opernsängerin, der am Ende ein s fehlt. Erste Hälfte einer Nähr-
mutter.« Gib mir die zweite. Täglich. *(Pause. Schreibt eine längere Auflösung des Kreuzworträtsels.)*
Kreuzworträtsel sind anstrengend. Der Beruf ist schon anstrengend genug. *(Pause)*
»Ihre Phantasie ist angeregter denn je.« Das macht mich unbe-
ständig. »Auch alte Liebe rostet, wenn Sie die Chancen nicht
wahrnehmen. Jetzt können Sie verhandeln, ein Wort mitreden
und sich durchsetzen.« Hoffentlich. Herrgott noch mal! Klingt
das wieder schräg. Worauf warte ich noch? *(Pause. Wechselt den
Sender, knabbert Salzstangen.)*
Ich soll Gesalzenes nicht mehr essen. Pfeif' darauf. Ob an Eiweiß
oder an was anderem, das ist mir wurscht. *(Pause)*

*Radiophantasie: »Railroad Song«*

Man soll sie trampen lassen, die jungen Leute. Daß man sich in Gefahr begibt, weiß man schon seit langem. Bei jungen Mädchen bin ich allerdings skeptisch. Wenn ich mal eines mitnehme, dann nur auf dem Beifahrersitz, und angeschnallt. Wenn was passiert, ist man dran: Körperverletzung! *(Pause)*
Ich frage nicht weiter. *(Pause)* Was läuft da jetzt? *(Pause)*
Die Melodie kenn' ich… *(Pause)* Wo hab' ich sie zuletzt gehört? *(Pause)* Moment mal. *(Pause. Summt dazu: zuerst zaghaft, dann immer sicherer.)* Ja. Jetzt weiß ich's. Im Auto, bei der Fahrt nach Bremen.

*Geräuscheinspielung: Autofahrt (innen), Regen. Die Musik der Radiophantasie (Zimmergerät) geht unmerklich auf den kleinen Lautsprecher des Autoradios über.*

Sie beschimpfte mich. »Schlappschwanz. Du gehörst eingesperrt. Ich werde die Schande nicht überleben.« Und es regnete in Strömen. Ein Chaos auf der Autobahn. »Lump. Du kannst reden und lügen soviel du willst.« Ich hatte fast kein Benzin mehr im Tank. »Mich legst du nicht herein, du Saftsack.« Sie war ganz hysterisch. Ich wußte nicht, was ich tun sollte. Liebes, beruhige dich, es war nicht so gemeint. Unglaublich, sie konnte mir sagen, was sie wollte. Plötzlich tauchte eine Tankstelle auf. Ich hielt, sie riß die Tür auf und verschwand. Ich ging auch pinkeln. Als ich zurückkam, saß sie wie versteinert im Wagen. Es war perfekt einstudiert. *(Pause)*

*Radiophantasie: wieder aus dem Zimmergerät.*

Ihre Mutter sah und hörte nichts, außer ihrem eigenen Geschwätz. Sie quatschte zusammenhangloses Zeug, ganz hilflos. Ich schlief schon damals so schlecht, daß es mir ganz gleichgültig wurde, was geschah. Wenn man sich mit einigem abgefunden hat, dann wird man genügsam. *(Pause. Knabbert Salzstangen.)*
Hunger. Ich muß was Richtiges essen.

*(Steht auf und begibt sich zur Kochnische [extrem links oder extrem rechts im Stereopanorama]. Dort bereitet er sein Abendbrot vor,...*

*Die Radiophantasie läuft inzwischen weiter mit ähnlich abrupten Lautstärkeschwankungen wie vorher, jedoch etwas ruhiger, mit längeren Perioden ohne Veränderung.*

*...nimmt das Nötige aus dem Kühl- und Geschirrschrank, öffnet einige Dosen, schneidet Brot usw. Er kommt dann wieder nach vorne, deckt den Tisch und setzt sich neben den Platz, an dem er vorher saß. Während der nachfolgenden Seiten wird der Text – durch Kauen und Trinken pointiert – weitergesprochen. Es werden jedoch keine weiteren Angaben über den präzisen Zeitpunkt dieser Aktionen gemacht.)*

*Radiophantasie: Lautstärkeschwankungen wie zu Anfang.*

Was gibt's heute abend in der Flimmerkiste? *(Sucht die entsprechende Seite in einer Zeitung.)*
»Halbfinale der Weltmeisterschaft in Budapest. Live-Übertragung. Die dritte Folge von *Todesgefahr in der Länderanstalt*.« Mmm. »Vertrauenskredite – kreditwürdig. Alle zwei Minuten wird ein Barkredit ausbezahlt.« An mich nicht. »Sonnenenergie voran«. »Horoskope aus dem Computer«. Das schaue ich mir mal an. Mieses Programm heute. Schon wieder. Wenn ich schon mal glotzen will, dann so'n Mist, nach fünf Minuten bin ich reif fürs Ausschalten. Soviel steht jedenfalls fest: Die Röhre ist ungemütlich geworden. Enorme Leistung. *(Pause)*
»Nur nicht den Mut verlieren. Durchhalten lautet die Parole.« Na ja. »Der Ritt auf der Rasierklinge. In diesem Jahr noch nicht, aber im Herbst soll die konjunkturelle Besserung eintreten.« Keine Sorge, sie wird schon wieder austreten. *(Pause)*
Mensch, beim Essen macht diese Musik keinen Spaß. Man muß sich selbst überzeugen, wie das stört, wenn man in Ruhe kauen will. *(Unterbricht kurz das Essen und ahmt karikierend die gesendete Musik nach.)*

*Radiophantasie: Die Wiedergabe wird gleichzeitig immer lauter (da der Sprecher sie tatsächlich aufmerksam verfolgt, um sie zu imitieren). Durch den plötzlichen Wechsel in ein anderes Stück endet diese Episode fast unvermittelt.*

Schrecklich. Damit könnte man eine Abmagerungskur durchziehen. Jeden Tag zwei Stunden Musik beim Fressen. Die Teller blieben leer bis zum Ende. Danach Fernsehen. Vorm Schlafengehen Nachrichten. *(Pause)* Hmm ... das schmeckt gut. *(Pause)* Möchte mal wissen, was sie tatsächlich in diese Wurst reinstecken. Egal, Hauptsache... *(Beißt. Pause)*
Lieber Gott, ich habe mir die Ohren nicht gewaschen, damit ich diese Musik schlechter hören kann. *(Pause)*
»Sie brauchen ein neues Auto? Kaufen Sie's! Wir helfen Ihnen.« Edel. Man will nur helfen, nützlich sein. Das Stottern beibringen. Wirklich nett. *(Pause)*
Es lohnt absolut nicht, sich aufzuregen. Ich warte so lange schon. Vielleicht ruft sie heute an. Sie grinste nur, als ich sie darum bat. *(Pause)*
Bevor ich in Urlaub gehe, werde ich es noch mal versuchen. *(Pause)*
Genau wie die Mutter. Ich wußte damals nicht, was ich sagen sollte. *(Pause)*
Aber das ärgert mich. Es ärgert mich sehr. *(Pause)*
Mir ist kalt. Bin mit den Nerven fertig. Man soll sich lieber keine Illusionen machen. Ich habe sie schon gestern erwartet. Vielleicht morgen. *(Pause)*
Morgen muß ich zum TÜV. Verdammt. *(Pause)*
Ob ich die Mühle noch durchbringe? Die Lenkung macht mir Sorgen. Und die Reifen. Na, was soll's! *(Pause)* Sparsam ist er auch nicht. Ein Grund mehr zum Jammern. *(Pause)*

*Radiophantasie: Rosalie (Fassung mit alten Instrumenten)*

Klingt echt lustig. *(Pause)*
Schön. *(Pause)*
Mmm. Die einsame Geige. *(Pause)*

Jetzt beginnt das Ganze von vorne. Der Baß furzt sich eins nach dem anderen. *(Pause)*
Die sind begabt. *(Summt – eher mittelmäßig – die Melodie bis Ende. Lacht anschließend herzhaft.)*

*Radiophantasie:* Ritornell II *für Bläser*

Schade, es ist zu Ende. Das hätte ich wiederholt. Wenn man so was hört, merkt man gar nicht, daß man traurig ist. *(Pause)*
Mies. *(Pause. Wechselt den Sender.)*

*Radiophantasie:* Rosalie *(Orgelfassung, Reprise mit Baßstimme)*

Das scheint ein Hit zu sein. *(Pause)*
Nur etwas langsamer als vorher. *(Pause)*
Immerhin habe ich sofort den Unterschied gemerkt. *(Pause)*
Spitze. *(Pause. Summt die letzten Takte mit.)*

*Radiophantasie: Sofort anschließend Ranz des vaches, Kuhreigen für zwei Rufstimmen (Senner, Sennerin) und zwölf Almglocken.*

Mein Gott, was ist das? *(Pause. Lacht ganz leise. Pause. Lacht etwas lauter. Pause. Beginnt sich über einzelne Kuhnamen und den Akzent der beiden Senner lustig zu machen, indem er das Gehörte karikiert (etwa wie Norddeutsche sich vorstellen, daß Schwyzerdütsch klingen muß, also übertrieben und falsch).*

*Radiophantasie: Die Reihenfolge der Kuhnamen dient hier nur als Beispiel. In der endgültigen Mischung wechseln beide Stimmen in unregelmäßigen Abständen*

| Senner: | Sennerin: |
| --- | --- |
| Flora! | Bruna! |
| Amsli! | Susi! |
| Alpina! | Alma! |
| Flecki! | Miggi! |
| Fink! | Bionda! |

Begonia!     Bella!
Rösli!     Sanni!
Brunette!     Bambi!
Rosa!     Uschi!
Andrea!     Blösch!
Berna!     Betti!


*(Von seiner Albernheit betroffen, ändert sich abrupt seine Stimmung.)*
Verdammt. Ich höre wohl nicht richtig? *(Pause)*
Es ist der Landfunk? *(Pause)*
Nein, die Fremdenlegion. *(Pause)*
*(In alemannischem Akzent:)* Der Schweizer Geheimdienst? *(Pause)*
Sind die denn bekloppt? *(Pause. Es klingelt.)*
Da ist sie! Endlich.
*(Er geht schnell nach hinten, drückt den Summer und öffnet die Tür. Schnelle Schritte auf einer Steintreppe. Die Stimme des Sprechers wird durch die Rufe der Senner, die Almglocken und das Muhen der Kühe fast verdeckt.)*
Guten Abend. *(Pause. Die Stimme des Besuchers ist nie hörbar.)*
Nein. Hier wohnt er nicht. *(Pause)*
Nein. Tut mir leid. *(Pause. Schließt die Tür. Kommt langsam nach vorn, bleibt beim Radioapparat stehen, schlägt mit offener Hand drauf und wechselt wütend den Sender. Pause.)*


*Radiophantasie:* Rutscher, *Galopp für zwei Schlagzeuger.*


*(Noch außer Atem, erschöpft.)*
Kein Grund, sich so aufzuregen. *(Pause)*
Dumm von mir. *(Pause)*
Entspannen, entspannen. *(Pause)*
Schöne Musik. Der spielt prima. *(Pause)*
Vollblutmusikant. *(Pause)*
Ich hab's geahnt, daß sie nicht kommen würde. Die Tochter ist sicher noch krank. *(Pause. Hustet.)* Jetzt habe ich mich verschluckt. *(Hustet. Pause)*

Das Herz klopft immer noch ganz laut. Ich würde gerne wissen, warum sie nicht gekommen ist. In meinem Alter übersteht man so was nicht gut. *(Pause)*
Was soll ich tun? Sie anrufen? Nee. Bringt doch bloß Komplikationen. *(Pause)*
Es hat keinen Sinn, es wieder zu versuchen. Vielleicht rufe ich Peter an. Der kann bestimmt helfen. *(Pause)*
Ja. Ich rufe ihn an. Die Nummer ist in meiner Tasche. *(Pause. Steht auf, sucht seine Tasche im Raum.)*
Wo ist die denn? *(Pause)*
Wo habe ich die Tasche gelassen? *(Pause)*
Sie kann nur im Wagen sein. *(Pause. Reißt die Tür auf und schließt sie heftig. Gedämpfte Schritte auf der Steintreppe.)*

*Radiophantasie: Die Musik aus dem Zimmergerät erklingt weiter circa 2 Minuten.*

*(Gedämpfte Schritte auf der Steintreppe. Die Tür der Wohnung geht auf.)*
Die Kiste läuft ja noch. Ich hab' vergessen, sie auszuschalten. *(Schaltet das Radio aus.)*

## Nachwort

*Wahrscheinlich wird es nie möglich sein, das wahre Gestrüpp von banalen und tieferen Gedanken, von nachhaltigen und flüchtigen Eindrücken, Antrieben, Überlegungen und Affekten zu entwirren, die jede Person in sich trägt und meistens nicht expressiv verbis – zumindest nicht vollständig – formuliert. Etwas brodelt ununterbrochen im Stillen.*

*Die Wiedergabe des Innenlebens eines Menschen in Real-Time wäre wahrscheinlich vollkommen unverständlich und bliebe deshalb kaum mitteilbar. Die Schwierigkeit liegt nicht so sehr in der Bloßlegung des Gedankengutes, in der Veröffentlichung jenes privaten Inhalts, über den jedes Wesen verfügt, sondern im aperiodischen, völlig durchbrochenen Rhythmus der Empfindungen und Ideen, in dem Stückwerk aus Bruchteilen, dem grundsätzlich Fragmentarischen, aus Prinzip Unvollendetem.*

*Der vorausgegangene Text dieses Hörspiels kann nur eine bestimmte, präzis komponierte Fassung eines solchen Vorgangs sein, und gehört damit in die Reihe anderer literarischer und dramaturgischer Versuche, die das Verborgene, nicht Ausgesprochene, an die Oberfläche bringen wollen. Die Verknüpfung dieses stummen, immerwährenden Flusses mit dem Akt des Hörens – und die bewußte bis unbewußte Wahrnehmung von Musik – ist eine hörspielmäßig reizvolle Variante des Problems, hilft aber kaum, das Knäuel zu entwirren. Dies war auch nicht die gezielte Aufgabe des Stückes, weil hier die Thematik selbst mit der Problemstellung von Spontaneität aufs engste verbunden ist. Um den Hörer dieses Hörspiels auf möglichst realistische Weise mit dem Vorgang zu konfrontieren, schlägt der Verfasser die Einbeziehung von zwei verschiedenen Realisationsverfahren – Insert I und Insert II – vor.*


Insert I
*»Er« hört tatsächlich mehrmals die Musik der Radiophantasie über Kopfhörer, bevor er seine Partie aufnimmt. Gleichzeitig versucht er, einer psychoanalytischen Sitzung ähnlich, möglichst*

spontan über seine Eindrücke zu berichten. Wenn er sich auf die Musik längere Zeit nicht konzentrieren kann, versucht er aufrichtig, über das zu sprechen, was er gerade sagen möchte. Das gesamte Protokoll wird aufgenommen.

Insert II
*Eine Zeitung und eine Illustrierte werden dem Mitwirkenden* unmittelbar *vor dem Produktionstermin gereicht. Er überfliegt, indem er leise vorspricht, Überschriften und Inhalte. Der Vorgang wird aufgenommen.*

Verwendung
*Das gewonnene Material wird – äußerst gekürzt, bruchstückhaft, als wären es zusammenhanglose ex temporae – über die Gesamtlänge des Hörspiels verteilt.*
   *Für die endgültige Einbeziehung von* Insert I *ist das Einverständnis des Sprechers (»Er«) selbstverständlich.*

(1982)

# 2. »Cäcilia: Ausgeplündert«
## Ein Besuch bei der Heiligen

*Gedämpfte Schritte auf einem Flur. Harfenklänge hinter einer verschlossenen Tür werden lauter. Kurzes Klopfen. Die Tür wird von außen geöffnet.*

Cäcilia: Treten Sie näher, junger Mann. Treten Sie näher.

Kagel: Verzeihung. Ich möchte nicht unterbrechen.

C: ...unterbrechen?! Mein Üben hört nie auf. Kommen Sie, nehmen Sie Platz.

K: Ich kann unten warten, bis Sie fertig sind.

C: So ist es mir kurzweiliger, wie früher.

K: Früher?

C: In fernen Tagen habe ich mir dabei einiges ausgedacht. Während der Tonleitern sah ich häufig eine Landschaft aus Hügeln... sanfte Weinberge im Morgenlicht. Und bei Akkordwiederholungen sah ich zuerst vereinzelte Bäume, dann allmählich dichte Wälder. Es waren lange Stämme.

K: *(leise)* Notenwälder.

C: Was sagen Sie?

K: Nichts.

C: Sprechen Sie lauter, junger Mann. Mein Gehör...

K: Ich dachte, Sie hätten so schöne Bilder vor sich.

C: Es geht nicht ohne. Das Üben schwächt. Täglich von vier Uhr nachmittags bis zwölf Uhr nachts, mit einer nur halbstündigen Eßpause, bis die Saiten meiner Harfe blank und die Finger schwarz sind.

K: Hoffentlich ruhen Sie vormittags.

C: Ruhen? Sind Sie vom Fach?

K: Nicht ganz.

C: Ich meine, spielen Sie auch Harfe?

K: Nein, nicht mehr. Habe früh aufgehört.

C: Was heißt *früh*? Sie sind noch jung. Haben Sie Harfe etwa schon im Mutterleib gespielt, danach im Freien nicht mehr?

K: Meine Mutter mochte selbst das Instrument spielen, tat's aber nicht. Als ich neun war, setzte sie mich in das Schaufenster eines Musikgeschäfts neben eine Harfe und war entzückt. Meine Haare waren auch golden. Sie beschloß, daß ich sofort Unterricht haben mußte.

C: Da haben wir es wieder. Unterricht. Üben.

K: Mitnichten. Harfenlehrerinnen waren immer Mangelware. Und es war Krieg in Europa. Als ich schließlich Stunden bekam, erzählte ich es stolz in der Schule. *(nachahmend: Arpeggio aufwärts)* »Röckchen, Püppchen, Harfensuse«, schrien alle, »Händchen, Löckchen, Spitzenbluse.« Bald gab ich auf.

C: Schade. Das war voreilig.

K: Frühreif. Ich weiß.

C: Also: Sie haben Harfe nicht gern?

K: Doch, doch. Ich liebe vor allem das Pedalwerk. Als Kind dachte ich, die Damen sollten sieben Füße haben, damit es leichter geht. Hübsche Tausendfüßler mit flinken Händen.

C: Sie lieben das Unangenehme am Harfenspiel...

K: ...das Umschalten...

C: ...eben, das Umschalten mehr als »die schönen Saiten in Cythara«?

K: »Und läßt die süße Musica, gantz freudenreich erschallen.« Meinen Sie das Gedicht?

C: »...daß ich möge mit dem wunderschönen Bräutigam mein, in stäter Liebe wallen.

K: Ist Ihr Ehegatte auch Musiker?

C: Ich bleibe ledig: muß üben und üben.
»...bin ein Engel, Menschenkind, das wisse...«

K: »...wenn ich der Paradiesesflüsse die Lippen küsse, dem tönt die Welt der...«

C: Falsch! Sie verdrehen die Verse.

K: Ich kann's nicht besser. Bruchstücke sind auch wertvoll.

C: Für wen?

K: Für das Gedächtnis. *(leise)* Fragmente ergo sum.

C: Meinen Sie Fragwürdiges?

K: Es kommt oft vor, daß ich einiges vertausche. Ich rege mich deswegen nicht mehr auf. Ob »Der Himmel Dir eine Heilige leiht« oder »Die Heilige Dir den Himmel«, ist fast das gleiche, wenn man weiß, daß Sie gemeint sind. »O wichen dir, mächtige Göttin! Kummer und Schwermuth...«

C: »...mit wolkigtem Blick zurück.«
Diese Verse kann ich auswendig. Ich habe sie häufig hören müssen.
»Töne wie Glocken,
Flößen in's Blut...
Die zart Aprilengunst
der hohen und Patronen
Ist oft nur blauer Dunst...«

K: Bitte nicht weiter!

C: Drum lach' ich dieser Welt. Ich will üben.


*Harfensolo*


C: Sie sind so schweigsam.

K: Ich wage nicht zu stören.

C: Keine Sorge, Sie können meine Etüden nicht aufhalten.

K: Eigentlich habe ich nur Fragen an Sie.

C: Ob ich sie beantworten kann...?

K: Zum Beispiel: Welche Bedeutung haben die Verse
»O Musika, du edle Kunst.
Dir wird groß Lob... mmm... äh...

C: ...gegeben.«

K: Ja, »gegeben«.
»Den du viel...

C: ...Lust und...

K: ...Kurzweil bringst.
Wo du da hinnkommst, da ist... groß...

C: ...groß Freud.«

K: *(leise)* Siegmund.
»Wo du hinkommst, erfrischt das traurig Leben.«
C: »Wo ich hinkomme…
K: …erfrischt Kurzweil und edle Lust.
O Musika! Bei dir ist selten Traurigkeit,
Das Herz vor Freuden… mmm…
vor Freuden…
C: …tut brinnen.«
K: Ja, ja. Er brinnt und brinnt. Und bringt mein Lob.
»Und weil er kürzt, erfrischt die Freud'.«
C: Grauenhaft. Sie bringen die Verse stets durcheinander.
Worte sind anders als Töne, wenn Sie etwas verdrehen,
wird's dunkel.
K: Und trotzdem: Welche Bedeutung könnten diese Worte haben?
C: Genau weiß ich es auch nicht.
K: Verse wollen immer Bestimmtes ausdrücken. Werden Sie
nicht unruhig, wenn Sie einiges nicht begreifen, zum Beispiel
die Bedeutung dieses Zeichen Ihrer Noten?
C: Vielleicht. Ursprünglich wußte ich es wohl. Leider habe ich
den genauen Sinn vergessen.
K: Kann man das? Sie üben doch ständig?
C: Man vergißt eben einiges und man lernt anderes dazu. Glauben Sie mir: Ich fange immer wieder gern von vorn an. Nun
darf ich Vermutungen anstellen, phantasieren.
K: Phantasieren: merkwürdig.
C: Was ist daran merkwürdig? Haben Sie Bedenken?
K: Kaum. Ich bewundere Sie.
»Man denke nur den Wundern nach,
Was der Klang verrichten kann.
Er kann… des…
C: …Herzens Ungemach…«
K: …ja… vernichten?
C: »…durch sachtes Licht vernichten.«
Ich kann zu stiller Wollust führen.
K: Richtig: zur Wohllust.
»Drum denken wir alle die Lieder zu preisen,

Und wollen den...« den...

C  *und* K: »...den menschlichen...

K: Vorzug...« beweinen.

C: Nein.

K: ...erscheinen?

C: Nein.

K: ...verrichten?

C: Warm.

K: ...vertreiben?

C: Kalt.
»Wir genießen die himmlischen Freuden
Drum thun wir das Irdische meiden.«

K: Eben: meiden. Ich ahnte es.
»Wir meiden die himmlischen Freuden.
Daß manche den Anfang der Lieder beweinen
Und gleichwohl am Ende... gar fröhlich...«

C: ...erscheinen.

K: Nein.

C: ...verrichten.

K: Nein.

C: ...vertreiben.

K: ...verachten!

C: Gewonnen.

K: »...betrachten.«

C: »Wie ein Echo: der wilde Widerhall,
Will seyn bei diesem Freudenschall.

K: Komm Trost der Nacht, o wilde Nachtigall,
Laß dein Stimmlein...« laß...

C: »...deine Stimme laut erschallen...«

K: *(laut)* Ooooooooooooooooooooo!
(Echo): Ooooooooooooooooo!
*(Harfenklänge und langer Nachhall der Stimme finden all-
mählich eine gemeinsame Tonlage.)*
Ooooooooooooooooooooooo!
(Echo): Ooooooooooooooooo!

C  *und* K: Oooooooooooooooooooooooooooooooo!
(Echo): Ooooooooooooooooo!

*Heftiges accelerando, geräuschhafte Vorgänge an der Harfe
werden zugleich hörbar.*

Ooooooooooooooooooooooooo!

(Echo): Oooooooooooooooooooooo!

C: »Vogelsang aus voller Brust
   Füllt die grünen Hallen.«

K: *(Echo)* Voooooogelsaaaaaang...

C: »Süße Nachtigallen
   Klagen altes Winderleid.«

K: *(Echo)* Leeeeerche...

C: »Lerche läst ihr Jubellied...

K: *(Echo)* klaaaaageeeennn...

C: Hell und froh erschallen.«

K: *(Echo)* Uuuuuuuuuuuuunnnnd...

C: »Tönet, und vor allem
   Taubengirren, Amselschlag.«

K: *(trocken)* Taubenschlag.

C: Nein: Amselschlag.

*Die Musik hört abrupt auf. Cäcilia ahmt zunächst langsam,
dann immer schneller das Flügelschlagen eines Vogels nach.
Dazu girrt sie wie eine Taube. Nach einigen Augenblicken
tut Kagel gleiches. Durch mehrkanalige Aufnahme und
Überlappung dieser Geräusche soll die Rekonstruktion eines
typischen Platzes (z. B. San Marco in Venedig) mit dichten
Vogelschwärmen gelingen.*

*Plötzlich: Stille.*

*Es folgt ein langsamer Walzer. Der zugrundeliegende Rhyth-
mus besteht nur aus Schlagimpulsen auf allen Teilen der
Harfe außer der Besaitung (Tisch, Resonanzboden, Säule,
Knie, Stimmstöcke, Mechanik, Pedale, Sockel, usw.).*

C: *(singt mit zarter Stimme)* »Mit gutem süßen Harfenspiel,
   Viel gut' Gesang und lieblichen Geräuschen,
   Dem singe und springe ich Tag und Nacht,
   Dem ehre und Lob' ich mit ewigem Dank.«

»Zwischen dem und jenem Schwingen
Schwingt namenlos der Überfluß...
Für unseren Sinn scheint so...

Mit lieblichem Harfenspiel...
Mit Singen und süßem... Dank,
Mit ewigem... Überfluß...
Mit Lob und...«

*Aus der Ferne werden Harfenetüden, wie zu Beginn des Hör-*
*spiels, hörbar. Sie sind mit gleichmäßigen Pausen durchsetzt*
*und bilden erneut die Begleitfigur eines schleppenden Walzers.*

K: *(stets leise, zu sich)* Sie übt wieder, als ob morgen die letzte
Prüfung stattfände... Ich kann daran nichts ändern. Auch an
mir ist wenig zu ändern. Es würde mir wohl tun, könnte ich
nur still bei ihr sitzen, ihre Hand drücken und... keine
Worte finden müssen, kein Verlangen, zu hören... nur sitzen, an meine vergeblichen Versuche, an meine schrecklichen Stücke denken, mich für einige gute Einfälle bedan-
ken... alles stumm, in Grübeln vertieft, ohne Aufregung...
unfleißig, vegetierend, ganz ruhig... kein Telephon, die Post
in ewigem Streik, ein idyllischer Wartesaal... völlig frei von
Gedanken an Wirkung, weder schön noch häßlich, keine
Gegenleistung... schweigsam... alles geschieht heimlich,
niemand soll teilnehmen... Stillstand, absichtslos, nichts zu
vertönen... fest entschlossen, genügsam zu sein, ungehörte
Musik aufkommen zu lassen, an Variationen denken, die ich
nicht geschrieben habe... keinen Wunsch heimzufahren, um
die verlorene Zeit zu vergessen... was für eine Miene würde
ich dabei machen? ...ich wäre mißtrauisch mir gegenüber,
vielleicht krank... diese geduldige Kraftanstrengung... ich
warte noch ein wenig, des Nachts schlafe ich fast gar nicht
mehr und tagsüber während der Arbeit... ich bin ein Dumm-
kopf, ein dummer Kopf, dummdumm Kopf... du dummdumm... dummdummdumm... du dummdummdumm...
dummdummdumm du dummdumm du... du... du...
C: *(wieder singend)* Singe Tag und Tag und Nacht,

Tag und Nacht, Tag und Nacht,
Ehre, Lob und gutem…

»Cäcilia heiß ich, Cäcilia bin ich,
Was die Besten je geleistet,
Ich erkenn es, ich verehr es,
Immer doch bleibt außer mir.

Lobt ihr mich, es soll mich freuen,
Schmält ihr mich, ich muß es dulden,
Mag nicht hindern, kann nicht lindern
Sorgenqual und Herzensweh.«

*Harfensolo*

K: *(wie vorher: leise, zu sich)*
Wundervoll. Seit langem habe ich nicht so phrasieren gehört:
nur die Stimme ist etwas belegt. Cäcilia erträgt ihr Leiden mit
großem Mut. Totenblaß sitzt sie da an der Harfe, mit starrem
Blick und mit vor Angst gesträubten Haaren. Und immer
wieder dieses Lächeln! Welcher Ausdruck! Möge sie jedem
verzeihen, der ihr Kummer bereitet.

C: *(singend)* »Cäcilia heiß ich, Cäcilia bin ich,
Musik reizt mich im tiefsten Schmerz,
Erweicht des Schicksals hartes Herz,
Versüßet mir des Lebens Leiden,
Erhält mein' Seel im Gleichgewicht.«

K: *(zu sich)* Soll ich sie unterbrechen? Wer solch Enttäuschun-
gen erlebt hat wie sie, muß schließlich geschwächt, kör-
perlich und geistig ermattet sein. O Unglückliche! Sie hat
viel unangenehme Musik kennengelernt, viel bitteren Beigeschmack spüren müssen… *(normale Lautstärke)* Cäcilia!
Cäcilia!

C: *(gesprochen)* »Cäcilia heiß ich, Cäcilia bin ich,
Es tobt der innere Krieg nicht mehr in meinem Blut,
Wo sind die Stunden, überall verflüchtigt?
Trüb ist der Geist, verworren die Fortsetzung,
die hehre Welt, wie schwindet sie den Sinnen!«

K: Und das blinde Schicksal führte mich zu Ihnen. Unterwegs quälte mich der Gedanke, Sie könnten vielleicht abgereist sein. Ob es mir dann gelingen würde, meine Ungeduld ein wenig einzudämmen? Und jetzt sehe ich die Trösterin trostlos, Polyhymnia verstört, die Harfe nicht gestimmt, die Göttin der Tonkunst verwelkt!

C: »Melancholie
martert mich oft,
Wenn mich im Leben
Sorgen umschweben.
Falsche Töne
Fliegen dann brausend empor,
Und die Mißtöne...«

K: Nein! Nicht weiter!
»Wer einsam steht im bunten Lebenskreise
und was das Leben macht, verlor,
wie bebt sein Herz, trifft eine liebe Weise
aus ferner Jugendzeit sein horchend Ohr.
Verweinte Augen lernen wieder lächeln,
Die düstre Stirn ist plötzlich aufgehellt.«

C: »Warum auch sagen, was das Herz empfindet,
Wenn schon die Blume welk am Boden liegt!

K: Musik, du Mächtige! Vor dir verschwindet...

C: ...der armen Sprache ausdrucksvollstes Wort.«
Ja, ich weiß. Ich weiß es.

K: »Musik, du holde...

C: ...gnadenvolle,

K: Du große,...

C: ...ernste Trösterin,

K: Du Himmelsgruß...

C: ...der Erdenscholle,

K: Du Herzenskunst...

C: ...im reinsten Sinn!«
Sie haben recht, ich schäme mich meines Zustandes... bin wütend über mich... viel angenehmer könnte ich leben, wäre ich nur ein wenig ausgeglichener, weniger Leidenschaften und Erwartungen ausgesetzt... verhöhnt, bemitleidet, be-

vormundet, zu Grabe getragen, bald danach eine neue Auferstehung gefeiert... höre stets Ratschläge, wie ich mich zu verhalten habe... man hat Ehrfurcht vor mir, werde angegriffen, verteidigt, in Frage gestellt... mein Lebenslauf wird oft ummodelliert... man verlangt nachdrücklich meine Verdammung... jene Anhänger wären meines Schutzes nicht würdig, diese hätten es noch nicht verdient, andere es bereits verloren... ob ich noch treu und fest bliebe, ob man noch unerschütterlich an mich glauben könne, ob ich noch den Mut hätte nein – oder ja – zu sagen... oder sollte ich nicht gemerkt haben, daß man dort Unfug treibt, hier Hoffnungsloses, drüben Inbrünstiges... bald versagen Geist und Körper den Dienst, dann kann ich meine Harfe nicht mehr hören... holder Frühling, vielleicht bringst du wieder neue Kräfte... doch ich lebe weiter, sammle die Tränen meiner Anhänger – sollten sie tatsächlich je vergossen worden sein – und deponiere sie in den seligen Gefilden... dort oben kann man diese Tränen gebrauchen, es soll so heiter und unbeschwert sein, ewige Harmonie und bewegende Klangfarben... der Himmel schütze mich... vor diesem Fortschritt... der Himmel schütze mich vor diesem... Rückschritt... ich bin selten so unglücklich, wie man es manchmal von mir erwartet... Sie brauchen keine Angst zu haben, wenn ich dies alles so offen ausspreche; Cäcilie liegt noch nicht darnieder ...es ist ab und zu Windstille bei mir, ein Guckkasten ohne Figuren, niedergeschmettert, warte vergebens auf jemanden, der mir sagen könnte, wie ich mich verhalten soll... nein, sagen Sie nichts, es ist besser so... erinnern Sie sich an das Gedicht: ...in ihrem Busen – das heißt in meinem – schmiegt sich, für mich, aus mir geformt, meine frohe Unschuld, die Wonne lächelt mir, ein Mann, der König der Natur, verkündet der Weisheit tiefsten Sinn, das Lob der frohen Schar, und laut ertönt aus meiner Kehle: Wie viel sind meine Werke, wer fasset ihr Zahl! ...glauben Sie, daß es mich fesseln würde, genau zu wissen, wie viele Stücke ich angeblich schreiben ließ? ...bin die beneidenswerte Quelle aller Großschöpfungen und Nachschöpfungen, ein Stern der Finsternis über Nachlässen und Unvollendetem, der geheimnisvolle Beweggrund, vorwärts zu streben, die Ursache des Glücks? ...In meiner Verzweiflung griff ich einmal zur lärmenden Maultrommel. Ich verließ heimlich diesen Raum und wanderte lange umher. Unterwegs verschafften mir die Lieder auf meiner Maultrommel Nahrung und Nachtherberge.

*Maultrommelmusik leise im Hintergrund.*

Anderntags setzte ich wohlgemut meine Wanderung fort und wurde überall freundlich aufgenommen. Ich sagte zu den Bauern »Am Anfang war die Maultrommel«, und wir übten daraufhin einige Stücke lebhaft zusammen. Die Glanznummer hieß »Ich vergehe, ich sterbe – und in solchem Kummer finde ich keine Tränen.«

*Es folgt das erwähnte Lied für 16 Maultrommeln und 4 Harfen.*

K: Wie schnell verblaßt doch alles, was ich kenne, vor dieser Musik! Es erinnert mich an eine alte Erzählung, die die man schlecht erklären kann.

C: An was denken Sie?

K: Das einzige Kind einer Familie aus dem Münsterland lag schwer krank im Bett. Seine Mutter beugte sich einmal zu dem Jungen nieder und hörte eine außerordentlich zarte Musik, von einer Art – so sagte sie später – wie sie auf der Erde unbekannt sei. Sie erhob sich und horchte – die Musik schwieg. Sowie sie sich wieder zum Kinde niederbeugte, ertönte die Musik aufs neue und sie merkte, daß die Klänge aus dem Ohre des Kindes kamen. Es starb bald darauf.

C: Ja, ich erinnere mich noch gut an diesen Vorfall. Damals verweilte ich einige Zeit in der Umgebung des Hauses. Zwischen zwei und drei Uhr morgens vernahm ich einen milden, seltsamen Gesang, der aus dem Fenster des Schlafzimmers nach draußen drang. Es war eine helle, wunderschöne

Nacht… Im Augenblick des Todes wendet man sich häufig
an mich.

K: »Es ist nicht die irdische Musik,
Die mich so freudig macht,
Mich rufen Engel mit Gesang,
O Mutter, gute Nacht!

Ich höre nichts, ich sehe nichts,
O schlummre fort so lind!«

C: »Man bringt dir keine Ständchen jetzt,
Du armes krankes Kind!«

K: »O Mutter, sieh, wer mag es sein…«

C: Ich war es. Meine Uhr ist damals stehen geblieben. Kinder
genießen den Vorzug einer Himmelsgabe: Alles Rhythmische in der Nähe hört für einen Augenblick auf. Auch meine
Harfe, die ich im Zugwind der offenstehenden Tür dieses
Raumes lasse, wenn ich auf Reisen gehe, verstummt manchmal. Die Luft darf nicht erschüttert werden.

K: Ohrenzeugen berichten, wie sich bald danach, beim Tode
einer Jungfrau, zwei singende Chöre vernehmen ließen, die
um so leiser wurden, je höher »die Seele zum Himmel geführt wurde«.

C: »Keine Musik auf Erden,
die unserer verglichen werden kann…«

K: Vielleicht…
»Bist du, edle Cäcilia, das Abendwehen
aus diesem Leben oder die Morgenluft
aus jenem? Sind deine Töne
Echo der dritten Welt?«

*Harfensolo*

C: *(leise, zu sich)* Heute morgen um halb sechs sind die irdischen
Überreste des Kindes bestattet worden. Ich fühle mich
krank. Seit Tagen wandle ich von der Harfe zum Bett und
zurück. Auch meine Übungen kann ich nicht so gewissen-
haft ausführen, wie gewohnt. Völlig neue Harmonien und

Rhythmen gehen mir im Kopfe herum; den ganzen Tag wollen sie heraus, stauen sich in meinen Händen, trüben mein Spiel. Ich denke an jenes Kind im Münsterland. Am Vorabend seines Hinscheidens rief es mir zu: »Halte mein Ohr an deinem Mund!« »Man ist sehr besorgt um dich«, sagte ich, »daß du bald genesen wirst; nur mußt du dich fleißig im Bette halten.« Ein paar Stunden später erschien der Arzt. Das Kind sah ihm starr ins Auge, griff mit matter Hand an die Wand und spielte darauf Klavier, wie auf einer Riesentastatur. Der Arzt horchte die Wand ab, als wäre es der Rücken eines Kranken. Es war Harfenmusik.

*Harfensolo*

K: *(leise, zu sich)* Sie ist oft verwirrt, und wirkt auf mich verwirrend.
Unergründlich und zerrissen sitzt sie da, nach dem passenden Anschlag suchend, scheinbar gelassen, tatsächlich ständig erregt. Ihr Labyrinth von Etüden besteht nicht aus Resten einer leergepumpten Musik, sondern ist Ergebnis einer unaufhörlichen Deutung. Aber sie vermeidet Bekenntnisse und düstere Prognosen, macht keine Offenbarungen. Ob sie ihre ungewöhnlichen Fingersätze auch anderen Spielern gezeigt hat? Damals, in einem Konzert mit dem »Lied der Wolgaschlepper«, vorgetragen von 80 Harfen, waren 3000 frenetisch Beifall spendende Zuhörer anwesend. Und am Ende trug sie eine Suite von Johann Sebastian Bach mit Lederhandschuhen und Kolophoniumstaub auf der Hölzernen Harfe vor, jene mit Stäben aus Tannenholz statt Darmsaiten. Danach folgte Trauermusik! Und was für welche! Ob sie weiß, wie viele Leichenwagen mit Tonbandgeräten und eingebauten Lautsprechern ausgestattet sind? Von der Friedhofskapelle bis zum Grabe ertönt immer das Richtige. Die Wiedergabe ist jetzt besser. Früher, als man Grammophone benutzte, sprang beim Fahren öfters die Nadel über die Rillen.

*Trauermusik für 4 Harfen*

K: *(Stimme leicht filtern und mit der Leerrille einer Schallplatte*
   *mischen. Sehr laut.)*
   »Als Beethoven starb
   Stob in verfinsterndem Flug
   Ein Donner vorbei dem Gemach,
   Der ihn rollend von dannen trug.

   Und Beben lief durch der Erde Bau.
   Die heißen Gischtbrunnen der Tiefe anhuben zu kreißen,
   Aufklafften die Vulkane und Vesuve,
   Schwarzes Feuer barst, brechend bog sich
   Moräne und Karst.
   Die Erde, spürend gespalten,
   Wankend Flüsse und Flur...

C: *(normale Lautstärke)*
   ...schrie als der Fürst der Gewalten Entfuhr.«

*Trauermusik: jähes Ende*

C: Draußen war es recht lebhaft, o ja.
   Regen, Donner und heulender Sturm sind selten unmusikalisch. Ein Komponist hatte an seinem Hause eine Art Win-
   tergarten mit gläsernen Wänden, in dem er selbst das Toben
   der Elemente voll entfachen konnte. Dort saß er auch gern in
   Gewitternächten und schrieb seine Natureinfälle auf Notenpapier. Sind Sie auch Komponist?

*Harfenmusik: Etüden*

K: Ich möchte gerne.
C: Noch nicht ganz fertig?
K: Nicht ganz, nein. Aber bald.
C: Ich habe leider Ihren Namen nicht verstanden.
K: Kagel. Mauricio Kagel.

C: Den kenne ich... schon mal gehört... Kagel... Kagel...

K: Sie hören wirklich alles.

C: Ich bin dazu verpflichtet. Solange niemand anders seine schützende Hand über das Ganze hält...

K: Vor wem schützen Sie uns?

C: Vor Übereinstimmung.

K: Verstehe. Man soll nicht zuviel...

C: Ja, eben.

K: Ich hätte nur eine Bitte. Dürfte ich auch mal?

C: Spielen?!

K: Stimmen. Das Instrument hat sich mittlerweile verstimmt.

C: Wissen Sie noch, wie man es macht?

K: Ich glaube ja. Hier ist ein Stimmschlüssel.

*Die Mitwirkenden wechseln ihre Plätze. Anschließend wird die Harfe sorgfältig gestimmt.*

C: Etwas höher... so... noch ein wenig... so ist's gut...
Achtung: die Oktave... weiter so... gut...
die Quinte... schön... so... noch einmal... (*usw.*).
Die Harfe ist wieder perfekt intoniert.

K: Dürfte ich noch kurz anspielen?

C: Natürlich, so lange Sie möchten.

(1985)

# Anhang

# Werkverzeichnis*

*Mauricio Kagel,* geboren am 24. Dezember 1931 in Buenos Aires, studierte dort Musik sowie Literaturgeschichte und Philosophie an der Universität. 1949 künstlerischer Berater der Agrupación Nueva Música; erste Kompositionen 1950. Nach einer 1955 beginnenden Tätigkeit als Studienleiter an der Kammeroper und Korrepetitor und Dirigent am Teatro Colón kam Kagel 1957 nach Europa und ließ sich in Köln nieder. Ab 1958 Teilnahme an den Darmstädter Ferienkursen für Neue Musik, seit 1960 als Dozent. 1964–65 Slee Professor of Composition an der State University of New York at Buffalo. 1968 Leiter der Skandinavischen Kurse für Neue Musik in Göteborg. 1969–75 Leiter der Kölner Kurse für Neue Musik. Seit 1974 Professor für Neues Musiktheater an der Kölner Musikhochschule. Vortrags- und Konzertreisen führten ihn in alle Welt. Umfangreiche Zyklen und Programmretrospektiven seiner Kompositionen, Filme und Hörspiele, u. a. in Berlin (1975, 1985, 1990), Metz (1977), Stuttgart (1977 und 1986), Paris (1978), La Rochelle (1979), Aix-en-Provence (1981), München (1984), Amsterdam (1985), Aarau (1986), Los Angeles (1988), London, Frankfurt (1989), Banff in Kanada (1990), Caen sowie Den Haag, Amsterdam, Rotterdam und Utrecht (1991). 1989 Composer-in-residence der Kölner Philharmonie.

---

\* Die Daten bezeichnen das Jahr der Fertigstellung bzw. Uraufführung, wobei beides gelegentlich differiert. Kagels Werke sind bis *An Tasten* überwiegend bei der Universal Edition, Wien, ab *Quatre Degrés* (1977) ausschließlich bei der Edition Peters, Frankfurt, verlegt. Dort erschienen zuvor bereits *Sur Scène*, *Sonant*, *Antithese*, *Heterophonie* und *Improvisation ajoutée*.

1950 Palimpsestos, *für gemischten Chor a capella*
Dos Piezas para Orquestra

1952 Variaciones para Cuarteto Mixto, *für Flöte, Klarinette, Violine und Violoncello*

1953 Sexteto para Cuerdas, *für zwei Geigen, zwei Bratschen und zwei Violoncelli (revidiert 1957)*
Música para la Torre

1954 5 Cantos de Génesis, *für Gesang und Klavier*
4 Piezas para Piano

1955 De ruina Mundis, *Kantate für eine Stimme und Instrumente*

1957 Anagrama, *für Gesangssoli, Sprechchor und Kammerensemble*

1958 Transición I, *für elektronische Klänge*
Transición II, *für Klavier, Schlagzeug und zwei Tonbänder*

1959 Sur Scène, *Kammermusikalisches Theaterstück*

1960 Sonant, *für Gitarre, Kontrabaß, Harfe und Fellinstrumente*
Pandorasbox, Bandoneonpiece
Journal de Théâtre, *Sammlung von Situationen für Instrumente, Darsteller und Requisiten*
Le Bruit, *Invecticon pour toute sorte de sources sonores et expressions injurieuses*

1961 Mimetics (Metapiece), *für Klavier*
Heterophonie, *für Orchester*
Improvisation ajoutée, *für Orgel*

1962 Antithese
*a) Musik für elektronische und öffentliche Klänge*
*b) Spiel für einen Darsteller mit elektronischen und öffentlichen Klängen*

1963 Phonophonie, *Vier Melodramen für zwei Stimmen und andere Schallquellen*

1964 Die Frauen, *Szenisches Damenstück für Stimmen und Instrumente*
Prima Vista, *für Diapositivbilder und unbestimmte Anzahl von Schallquellen*

Diaphonie I, II, III, *für Chor und / oder Orchester und Diapositivprojektoren*

Match, *für drei Spieler*

Composition und Decomposition, *Ein Lesestück*

1965 Tremens, *Szenische Montage eines Tests für zwei Darsteller und elektrische Instrumente*

Variationen über Tremens, *Szenische Montage eines Tests für zwei Darsteller und Tonbänder*

Pas de cinq, *Wandelszene für fünf Darsteller*

Die Himmelsmechanik, *Komposition mit Bühnenbildern*

Camera obscura, *Chromatisches Spiel für Lichtquellen und Darsteller*

Mirum, *für Tuba*

1966 Musik für Renaissance-Instrumente, *für 23 Spieler*

Kammermusik für Renaissance-Instrumente, *für 2 bis 22 Spieler*

1967 Streichquartett I / II, *für 2 Geigen, Bratsche und Violoncello*

Kommentar und Extempore, *Selbstgespräche mit Gesten*

Variaktionen, *für Sänger und Schauspieler*

Phantasie, *für Orgel mit Obbligati*

Montage, *für verschiedene Schallquellen*

Montage à titre de spectacle

1968 Hallelujah, *für Stimmen*

Der Schall, *für fünf Spieler*

Privat, *für einsame(n) Hörer*

Ornithologica Multiplicata, *für exotische und einheimische Vögel*

1969 Synchronstudie, *für Sänger, Geräuschemacher und Filmprojektion*

Unter Strom, *für drei Spieler*

(Hörspiel) Ein Aufnahmezustand (1. Dosis)

1970 Ludwig van, *Hommage von Beethoven*

Acustica, *Musik für experimentelle Klangerzeuger, Lautsprecher und zwei bis fünf Spieler*

Klangwehr, *für schreitendes Musikkorps*

Tactil, *für drei*

Atem, *für einen Bläser*

(Hörspiel) Ein Aufnahmezustand (2. und 3. Dosis)
1971 Staatstheater, *Szenische Komposition mit den Teilen:*
    Repertoire, *Szenisches Konzertstück*
    Einspielungen, *Musik für Lautsprecher*
    Ensemble, *für sechzehn Stimmen*
    Debüt, *für sechzig Stimmen*
    Saison, *Sing-Spiel in 65 Bildern*
    Spielplan, *Instrumentalmusik in Aktion*
    Kontra → Danse, *Ballett für Nicht-Tänzer*
    Freifahrt, *Gleitende Kammermusik*
    Parkett, *Konzertante Massenszenen*
  Probe, *Versuch für ein improvisiertes Kollektiv*
  Morceau de concours, *für 1 oder 2 Trompeter*
  Guten Morgen!, *Hörspiel aus Werbespots*
1972 Programm, *Gespräche mit Kammermusik, mit den Teilen:*
    Abend, *für Doppelvokalquartett, Posaunenquintett, elektrische Orgel und Klavier*
    Aus Zungen Stimmen, *für Akkordeonquintett*
    Charakterstück, *für Zitherquartett*
    Gegenstimmen, *für gemischten Chor und obligates Cembalo*
    General Baß, *für kontinuierliche Instrumentalklänge*
    Die Mutation, *für Männer(und/oder Knaben)stimmen und obligates Klavier*
    Musi, *für Zupforchester*
    Recitativarie, *für singende Cembalistin*
    Siegfriedp', *für Violoncello*
    Unguis incarnatus est, *für Klavier und…*
    Vom Hörensagen, *für Frauen(und/oder Mädchen)stimmen und obligates Harmonium*
  Exotica, *für außereuropäische Instrumente*
1973 Con Voce, *für drei stumme Spieler*
  Variationen ohne Fuge, *für großes Orchester über »Variationen und Fuge« über ein Thema von Händel für Klavier op. 24 von Johannes Brahms (1861/62)*
  1898, *für Kinderstimmen und Instrumente*
  Zwei-Mann-Orchester, *für zwei Ein-Mann-Orchester*

1975  Soundtrack, *Ein Film-Hörspiel*
Mare Nostrum, *Entdeckung, Befriedung und Konversion des Mittelmeerraumes durch einen Stamm aus Amazonien*
Kantrimiusik, *Pastorale für Stimmen und Instrumente*
1976  Bestiarium, *Klangfabeln auf zwei Bühnen*
Zählen und Erzählen, *für Unerwachsene*
Die Umkehrung Amerikas, *Episches Hörspiel*
1977  MM 51, *Ein Stück Filmmusik für Klavier*
An Tasten, *Klavieretüde*
1977  Quatre Degrés (Vier Stufen), *mit den Teilen:*
  Dressur, *Schlagzeugtrio für Holzinstrumente*
  Présentation, *für zwei*
  Déménagement, *Stummes Schauspiel für Bühnenarbeiter*
  Variété, *Concert-Spectacle für Artisten und Musiker*
1978  Tango Alemán, *für Stimme, Geige, Bandoneon und Klavier*
Ex-Position, *mit den Teilen:*
  Die Rhythmusmaschinen, *Aktion für Gymnasten, Rhythmusgeneratoren und Schlagzeuger*
  Chorbuch, *für Vokalensemble und Tasteninstrumenten*
1979  Blue's Blue, *Eine musik-ethnologische Rekonstruktion für vier Spieler*
Klangwölfe, *für Geige und Klavier*
Der Tribun, *Hörspiel für einen politischen Redner, Marschklänge und Lautsprecher*
Vox Humana? *Kantate für Solo-Lautsprecher, Frauenstimmen und Orchester*
1980  Die Erschöpfung der Welt, *Szenische Illusion in einem Aufzug*
1981  Aus Deutschland, *Eine Lieder-Oper*
Mitternachtsstük, *für Stimmen und Instrumente über drei Texte aus den Tagebüchern von Robert Schumann (1828)*
Finale, *mit Kammerensemble*
1982  Rrrrrrr...

*a) Eine Radiophantasie (mit 41 Stücken)*
*11  Stücke für Bläser, Kontrabässe und Schlagzeug*
Raccontando ⎫
Rauschpfeifen ⎪
Rejdovák ⎪
Register ⎬ *1. Heft*
Réjouissance ⎪
Reprisen ⎭
Reveille / Retraite ⎫
Rhapsodie ⎪
Rheinländer ⎬ *2. Heft*
Ritornell I ⎪
Ritornell II ⎭
*7  Stücke für gemischten Chor (a cappella oder mit Klavier)*
Rrrrrrr...
Requiem
Resurrexit Dominus
Rêverie
Rex Tremendae
Romance
Ring Shouts
*8  Stücke für Orgel*
Râga
Rauschpfeifen
Repercussa
Ragtime-Waltz
Rondeña
Ripieno
Rosalie
Rossignols enrhumés
*6  Stücke für zwei Schlagzeuger*
Railroad Drama
Ranz des Vaches
Rigaudon
Rim Shots & Co.
Ruf
Rutscher

4 *Stücke für Solo-Stimme*
Railroad Song
Rappresentazione Sacra
Revolution Speech
Rural Blue
5 *Stücke für Jazz-Ensemble*
Rackett
Rrrrrrre-Bop
Reeds
Rhythm-Bone & Brush
Riff
*b) Hörspiel über eine Radiophantasie (für einen Spre-cher)*
Fürst Igor, Strawinsky, *für Baßstimme und Instrumente*
Szenario, *für Streicher und Tonband*
Fragen, *Hörspot*

1983 Intermezzo, *für Stimmen und Kammerensemble*
La trahison orale (Der mündliche Verrat), *Ein Musikepos über den Teufel*

1984 Der Eid des Hippokrates, *für Klavier zu drei Händen*
...nach einer Lektüre von Orwell, *Hörspiel in germanischer Metasprache*
Zwei Balladen, *von Guillaume de Machault* (Instrumentale Realisation von Mauricio Kagel)
 I. *En amer la douce vie*
 II. *Dame, de qui toute ma joie vient*

1985 Pan, *für Piccoloflöte und Streichquartett*
Sankt-Bach-Passion, *für Soli, Chöre und großes Orchester*
Cäcilie: Ausgeplündert, *Ein Besuch bei der Heiligen. Hörspiel*
Trio, *für Geige, Violoncello und Klavier*
Mio caro Luciano, *Tonbandcollage*

1986 Ein Brief, *Konzertszene für Mezzosopran und Orchester*
Mitternachtsstük (IV), *Komposition des 4. Satzes für Solo-stimmen, Chor, Geige und Harmonium – nach einem Fragment aus dem Tagebuch von Robert Schumann (1828)*

Aus dem Nachlaß, *Stücke für Bratsche, Violoncello und Kontrabaß*

Old / New, *Studie für Solotrompete*

1987 Tantz-Schul, *Ballet d'action*

Der mündliche Verrat, *Hörspielfassung*

III. Streichquartett, *in vier Sätzen*

Ce-a-ge-e, *für Klavier und Harmonizer*

For us: Happy Birthday to you, *für vier Violoncelli*

1988 Quodlibet, *für Frauenstimme und Orchester nach französische Chansonstexte aus dem XV. Jahrhundert*

Musik, *für Tasteninstrumente und Orchester*

Tantz-Schul, *Orchestersuite des Balletts (I, II, III)*

1989 Phantasiestück

    *a) für Flöte und Klavier*

    *b) für Flöte und Klavier mit Begleitung*

Osten *aus »Die Stücke der Windrose«, Zyklus für Salonorchester*

Fragende Ode, *für Doppelchor, Bläser und Schlagzeug*

Zwei Akte

    *a) Grand Duo für Saxophon und Harfe*

    *b) für zwei Darsteller, Saxophon und Harfe*

Les idées fixes, *Rondo für Orchester*

1990 For us: Happy Birthday to you, *Bearbeitung für Piccolo / Altflöte, Klarinette, Mandoline, Gitarre, Harfe, Schlagzeug, Geige, und Kontrabaß*

Süden *aus »Die Stücke der Windrose«, Zyklus für Salonorchester*

Liturgien, *Für Soli, Doppelchor und großes Orchester*

Opus 1.991, *Konzertstück für Orchester*

Nordosten *aus »Die Stücke der Windrose«, Zyklus für Salonorchester*

1991 »…den 24. XII. 1931«, *verstümmelte Nachrichten für Bariton und Instrumente*

Nordwesten

Südosten *aus »Die Stücke der Windrose«, Zyklus für Salonorchester*

*Filme / Fernsehaufzeichnungen* *

1965  Antithese (NDR, Hamburg)
      Pas de Cinq (Aufzeichnung des Bayerischen
      Rundfunks, München)
1966  Match (WDR, Köln)
1967  Solo (NDR, Hamburg)
1968  Duo (NDR, Hamburg)
      Hallelujah (WDR, Köln)
1969  Ludwig van (WDR, Köln)
1971  Tactil (WDR, Köln)
1973  Zwei-Mann-Orchester (SWF, Baden-Baden)
1975  Unter Strom (Radio Svizzera Italiana, Lugano)
1976  Kantrimiusik (SWF, Baden-Baden)
1978  Ex-Position (Radio France, Paris)
      Pas de cinq (Schweizer Fernsehen DRS, Zürich)
1979  Phonophonie (Schweizer Fernsehen DRS, Zürich)
1980  Blue's Blue (Aufzeichnung: SFB/SWF, Berlin)
1981  Blue's Blue Schweizer Fernsehen DRS, Zürich)
      MM 51, *ein Stück Filmmusik für Klavier*
      a) Fernsehfilm der Konzertfassung
      b) Fernsehfilm mit der Projektion einer Collage von Mau-
      ricio Kagel aus F. W. Murnaus »Nosferatu«, 1921
      (Beide Produktionen Schweizer Fernsehen DRS, Zürich)
      Variété (Aufzeichnung: Teatro alla Scala und RAI)
      Variété (Aufzeichnung: Radio Canadá, Studio Montréal,
      Québec)
1982  »Le chien andalou« Vertonung des Stummfilms von Luis
      Buñuel und Salvador Dalí mit Szenario, *für Streicher und
      Tonband* (Schweizer Fernsehen DRS, Zürich)
1984  Er, *Fernsehspiel über eine Radiophantasie* (WDR, Köln)
      (Fernsehproduktion von »Rrrrrrr...«, *Hörspiel über eine
      Radiophantasie*)
1985  Dressur (Schweizer Fernsehen DRS, Zürich)

* Vgl. Mauricio Kagel: Das filmische Werk I 1965–1985. Hrsg. W. Klüppelholz und L. Prox. Amsterdam/Köln 1985

1986 Mitternachtsstük (Schweizer Fernsehen DRS, Zürich)
1988 Tango Alemán, Siegfriedp', An Tasten, Klangwölfe (Auf-
zeichnung: BBC London)
Oral Treason (englische Fassung von »Der mündliche
Verrat«) (Aufzeichnung: BBC London)
III. Streichquartett – Der Komponist und sein Werk.
(Aufzeichnung: SWF, Baden-Baden)
Fernsehportrait: »Mauricio Kagel ein der Reihe ›Kölner
Köpfe‹.« (Regie: Wilhelm Flues, WDR 3)
1990 Repertoire (ZDF, Mainz)

## Schallplatten (seit 1981)

Pandorasbox, Bandoneónpiece. James Nightingale, Elektrisches
Akkordeon. Orion Records ORS 77263.

Prima vista, *für Diapositivbilder und unbestimmte Klangquellen.*
Multiplay-Version für Violoncello und Cembalo. Klaus Hin-
rich Stahmer, Violoncello; Ekkehard Carbow, Cembalo.
Thorofon Capella MTH 224.

Transición I, *für elektronische Klänge.* Realisation des Studios
für elektronische Musik des Westdeutschen Rundfunks
(1958).
In der Schallplattensammlung »Zeitgenössische Musik in der
Bundesrepublik Deutschland«, 3. Kassette (1950–1960), DMR
1007–9.

Anagrama, *für vier Soli, Sprechchor und Kammerensemble.*
Gerti Charlent, Sopran; Marie-Thérèse Cahn, Alt; Alfons
Holte, Bariton; Eduard Wollitz, Baß; Kammersprechchor
Zürich (Leitung: Ellen Widmann und Fred Barth) und ein
Kammerensemble unter der Leitung von Mauricio Kagel.
Produktion der Uraufführung in Köln (1960).
In der Schallplattensammlung »Zeitgenössische Musik in der

Bundesrepublik Deutschland«, 4. Kassette (1950–1960), DMR 1010–12.

Musi, *für Zupforchester*. Jugendzupforchester Baden-Württemberg, Leitung: Günther Siegwarth.
In der Anthologie »Epochen der Zupfmusik«, Unisono Nr. UNS 22 843.

Recitativarie, *für einen singenden Cembalisten*. Gerd Zacher, Cembalo.
Die Mutation, für Männerchor und obligates Klavier. Chor des Westdeutschen Rundfunks, Leitung. Herbert Schernus; Aloys Kontarsky, Klavier.
Charakterstück, *für Zitherquartett*. Klaus Waldburg, Quintzither; Hans Krasser, Diskantzither; Kurt Klingler, Altzither; Albert Zumbusch, Baßzither.
Siegfriedp', *für Violoncello*. Siegfried Palm, Violoncello.
Schallplattendokumentation »Zeitgenössische Musik in der Bundesrepublik Deutschland« 8. Kassette (1970–1980), DMR 1022–24.

Fürst Igor, Strawinsky, *für Baßstimme und Instrumente*. Boris Carmeli, Baß; Christoph Brandt, Horn; Hans-Ludwig Hauck, E-Horn; Karlheinz Steeb, Viola; Hans Gelhar, Tuba; Christoph Caskel, Schlagzeug; Manos Tsangaris, Schlagzeug; Leitung: Mauricio Kagel.
Schallplattendokumentation »Zeitgenössische Musik in der Bundesrepublik Deutschland« 10. Kassette (1970–1980), DMR 1028–30.

Klangwölfe, *für Geige und Klavier*. Akiko Tasumi, Geige, Yuji Takahashi, Klavier.
Violin Music Today, Camerata Tokyo CD 32 CM–112.

Osten. Salonorchester Cölln.
EMI Digital CDC 7 499832.

Fünf Märsche, *um den Sieg zu verfehlen.* Nr. 1, 3, 4, 7, 10.
   Music Group De Ereprijs, Amsterdam.
   Schallplatten BVHAAST, Amsterdam CD 8901.


I. Streichquartett.
Pan, *für Piccoloflöte und Streichquartett.*
II. Streichquartett.
III. Streichquartett in vier Sätzen
   Dietmar Wiesner, Piccolo; Arditti Quartet. Disques Montaigne, Paris (Coproduktion mit dem Westdeutschen Rundfunk Köln). CD WMD 789 004.


Tango Alemán.
   Sylvia Anders, Stimme; Geoffrey Wharten, Violine; Juan José Mosalini, Bandoneón; Kristi Becker, Klavier.
   CD Aris 883 663 – 907.


Hallelujah, *für 16 Stimmen.*
   Schola Cantorum Stuttgart; Leitung: Clytus Gottwald.
   Dokumentations-Cassette Deutscher Chorwettbewerb '82.
   Deutsche Harmonia Mundi / Deutscher Musikrat Bonn
   Nr. 20 015 (2001 – 6)


Rrrrrr…, *8 Orgelstücke.* 1. Râga, 2. Rauschpfeife, 3. Repercussa, 4. Ragtime, 5. Rondena, 6. Ripieno, 7. Rosalie, 8. Rossignol enrhumés. Gerd Zacher, Orgel.
Zehn Märsche, *um den Sieg zu verfehlen für Bläser und Schlagzeug.* Instrumentalensemble. Leitung: Mauricio Kagel
   Aulos PRE 68 523 Aul digital DMM.


Vox humana?, *Kantate für Solo-Lautsprecher, Frauenstimmen und Orchester.*
Finale, *mit Kammerorchester.*
Fürst Igor, Strawinsky, *für Baßstimme und Instrumente.*
   Mauricio Kagel, Sprecher; Boris Carmeli, Baß; Choeur de l'Orchestre National de Lyon (Einstudierung: Bernard Tétu).

Ensemble 2 E 2 M, Paris, Leitung: Paul Méfano. Collection Una Corda, Accord Nr. CD 201262.

Zwei Akte, *Grand Duo für Saxophon und Harfe.*
   Michael Riessler, Saxophone und Brigitte Sylvestre, Harfe.
Rrrrrrr...: *5 Jazzstücke.*
   Michael Riessler, Klarinette und Saxophon, Geoffrey Wharton, Violine, Kristi Becker, Klavier
Blue's blue, *Eine musik-ethnologische Rekonstruktion für vier Spieler*
   Michael Riessler, Klarinette und Saxophon, Mauricio Kagel, Stimme und Glastrompete, Theodor Ross, Gitarre, Geoffrey Wharton, Violine.
   Disques Montaigne, Paris (Coproduktion mit dem Westdeutschen Rundfunk Köln). CD WMD

Phantasiestück, für Flöte und Klavier.
   Carin Levine, Flöte; Kristi Becker, Klavier; Ensemble Köln, Leitung: Robert HP Platz. Thorophon / Capella CTH 2094.

# Schriften und Veröffentlichungen[*]
*(seit 1981)*

*Über Herbert Eimert.* Manuskript einer Sendung in WDR 3 vom 18. 8. 1973.

*Gespräch mit Philippe Carles und Maurice Gourges.* Jazz Magazine (Paris). Nr. 300, September 1981.

*Le compositeur et son public.* Panorama Musiques (Paris). Nr. 44, Oktober 1981.

*Sur le Journal de Schumann et »Mitternachtsstük«.* Gespräch mit Jean Noël von der Weid. Le Monde de la Musique (Paris). Nr. 39, November 1981.

*Zu Fluxus.* Katalog und Ausstellung »Fluxus – Aspekte eines Phänomens« des Kunst- und Museumsvereins Wuppertal im Von der Heydt-Museum. Dezember 1981.

*Rede zum Hörspielpreis der Kriegsblinden* (Bundesrat Bonn, 16. April 1980). Schriftsteller und Hörspiel. Hrsg.: K. Schöning. Königstein / Ts.: Athenäum 1981.

*Beiträge zu einer Strömung des Übergangs.* Gespräch mit Edgar Baitzel. Blätter der Bayerischen Staatsoper, München (1981–82) Heft 3.

*Ebenso komplex wie kompliziert* (Zur Frage »Was bedeutet mir die ›Zauberflöte‹?«). Jahrbuch IX der Hamburgischen Staatsoper für die Spielzeit 1981–82.

*Gespräch mit Patrik Landolt.* Die Wochenzeitung (Zürich). Nr. 1, Januar 1982.

*On the Artist's Self-Understanding and Tasks* (Englische Übersetzung des Sonderbeitrages zu Meyers Neuem Lexikon »Vom Selbstverständnis und von den Aufgaben des Künstlers«). NMA (New Music Articles), Brunswick, Vic., Australien, (1982) Heft 1.

*Gespräch über Joseph Haydn mit Frieder Reininghaus.* Manuskript einer Sendung vom 11. 3. 1982 des Hessischen Rundfunks Frankfurt.

*Kritik der unreinen Vernunft.* Musica (1982) Heft 3. [Zum Thema »Musikalisches Urteil«]. Kassel: Bärenreiter 1982.

*Gespräch mit Lothar Prox.* Programmbuch Frankfurt Feste, Alte Oper Frankfurt. September 1982.

---

[*] Bis 1980: Vgl. Dieter Schnebel: Mauricio Kagel: Musik ✳ Theater ✳ Film, DuMont Dokumente, Köln 1970.

Werner Klüppelholz: Mauricio Kagel 1970–1980, DuMont Buchverlag, Köln 1981.

*Nekrolog auf Strawinsky.* Rede am 5. Oktober 1982 in der Chiesa di San Michele in Isola auf dem Friedhof von San Michele, Venedig, anläßlich der Uraufführung von *Fürst Igor, Strawinsky.* Erschienen unter dem Titel *Das Trockene und das Feuchte.* Süddeutsche Zeitung (München) vom 28.10.1982. Ebenso in Journal. Organ der Musikhochschule Köln, Jg. 1, Heft 2, November 1982.

*Gespräch mit Jürgen Erni.* Basler Zeitung vom 8.11.1982.

*Gespräch mit Jaques Drillon.* Nouvel Observateur vom 8.11.1982.

*Über Parsifal.* Programmbuch der Bayreuther Festspiele 1982.

*Gespräch mit Werner Klüppelholz.* Forum (Vierteljahreszeitschrift in vier Ausgaben: deutsch, französisch, englisch und italienisch). Hrsg.: Europarat. Straßburg (1983) Heft 1.

*Die mißbrauchte Empfindsamkeit,* Gedanken zum 150. Geburtstag von Johannes Brahms. Frankfurter Allgemeine Zeitung vom 6.5.1983. Ebenso: Journal. Organ der Musikhochschule Köln, Jg. 2, Heft 1, Juni 1983.
Ebenso in französischer Übersetzung: *La sensibilité abusée.* Revue Contrechamps, Genf (1984) Heft 3.

*Aus der Einleitung zum ›Mündlichen Verrat‹.* Programmheft des Württembergischen Staatstheaters zur deutschen Erstaufführung des Musikepos über den Teufel *Der Mündliche Verrat.* Oktober 1985.

*Das filmische Werk I. 1965–1985.* Katalog anläßlich der Retrospektiven mit Film- und Fernsehproduktionen von Mauricio Kagel in Frankfurt, Berlin, Amsterdam, Stuttgart und Köln im September/Oktober 1985. Hrsg.: W. Klüppelholz und L. Prox. Amsterdam: Meulenhoff/Landshoff 1985. Köln: DuMont 1985.

*Kagel au fil du temps.* Gespräch mit Philippe Olivier. Autrement Heft 71, Paris (1985).

*Gespräch mit Wulf Herzogenrath und Gabriele Lueg.* Katalog der Ausstellung des Kölnischen Kunstvereins »Die 60er Jahre. Kölns Weg zur Kunstmetropole. Vom Happening zum Kunstmarkt«. August 1986.

*Zur Eröffnung der Kölner Philharmonie.* Festvortrag zur Einweihung des neuen Hauses am 14.9.1986. Hrsg.: Kölner Philharmonie. Oktober 1986.
Ebenso: Das Orchester (1986) Heft 2. Mainz: Schott 1986.
Ebenso: Reden zur Musik. Hamburg: Sikorski 1986.
Ebenso (Teilabdruck) unter dem Titel: *Sehnsucht anderer Art.* (Frankfurter Allgemeine Zeitung vom 23.9.1986.)

*...nach einer Lektüre von Orwell.* Glossolalie-Literatur-Magazin Nr. 18 (Sondernummer). Hrsg.: Schuldt. Reinbek bei Hamburg: Rowohlt September 1986.

*Über Joseph Beuys.* In: Ohne Rosen tun wir's nicht. Für Joseph Beuys. (Hrsg. Klaus Staeck) Heidelberg: Edition Staeck 1986.

*Musikhören ist Geschichte hören.* Gespräch mit Bálint András Varga. Neue Zeitschrift für Musik 146 (1985).
Ebenso in ungarischer Übersetzung: *3 Kérdes, 82 Zene-Szerzö.* Hrsg.: B. A. Varga. Budapest: Zenemükiadó 1986.

271

*Roden za Znatizelju.* Gespräch mit Davorka Grenac. In: Studio (Zagreb). Nr. 1201 vom 10. 4. 1987.

*Gespräch mit Renate Liesmann.* Programmheft des Rheinischen Musikfestes 1987 in Köln. Ebenso da: 2 Original-Graphiken:
1. »Der Kölner Dom wirft seinen Schatten auf den *Mündlichen Verrat,* Ostern 1987.«
2. »Ostern 1987: Der Teufel wirft seinen Schatten auf den *Mündlichen Verrat.*«

*Pour en finir avec la musique.* Kurzbeitrag zu einer Anfrage der Zeitung Liberation. Liberation (Paris) vom 3. 10. 1987.

*Cäcilia: Ausgeplündert. Ein Besuch bei der Heiligen.* Vollständiger Abdruck des Hörspiels. Musiktheorie (1987) Heft 3. Laaber: Laaber-Verlag 1987.

*Türen öffnen für die Phantasie.* Im Gespräch mit Felicitas Nicolai, Dresden. Musik und Gesellschaft (1987) Heft 12. Berlin (DDR): Henschelverlag 1987.

*Der Kölner Dom wirft seinen Schatten auf den Teufel und auf meine Partitur ›Der mündliche Verrat‹.* In: Kurt Schwitters Almanach 1987. Hrsg.: M. Erlhoff und K. Stadtmüller. Hannover: Postscriptum-Verlag 1987.

*Marginalie zur Unerklärbarkeit der Musik.* In: Schopenhauer im Denken der Gegenwart. Hrsg.: V. Spierling. München: Piper 1987.

*Über die Hochschule für Gestaltung Ulm.* Kurzbeitrag. In: Die Moral der Gegenstände. (Der gleichnamigen Hochschule gewidmeter Katalog). Berlin: Ernst & Sohn 1987.

*Stellungnahme zu den Thesen von Ernst Fleischmann.* Die Welt (Hamburg) vom 5. 2. 1988.

*Kagel, o della contaminazione.* Gespräch mit Enzo Restagno. In: Il Giornale della Musica (Torino). Nr. 30 vom Juli 1988.

*Gespräch mit Thomas Meyer.* Berner Zeitung vom 29. 11. 1988.

*Der Name der Freiheit.* Broschüre zum Kölner Symposion zur 200-Jahr-Feier der Französischen Revoluton in der Kölner Philharmonie. Köln: KölnMusik und Kölner Stadtmuseum, 1989.

Ebenso als gesonderte Veröffentlichung der Kölner Philharmonie mit dem Kölner Stadtmuseum (1989).

Ebenso in französischer Übersetzung: *Le nom de la liberté.* Programmbuch »Musiques en Création« des ›Festival d'Automne à Paris‹ anläßlich der »Bicentenaire de la Révolution Française«. Paris und Genf: Contrechamps September 1989.

*Der mündliche Verrat.* Gespräch mit Frieder Reininghaus. Die Tageszeitung (Berlin) vom 5. 9. 1989.

*Ein Lufthauch der Musikgeschichte.* Gespräch mit Werner Klüppelholz über die Postmoderne. Neue Zeitschrift für Musik, Mainz (1989) Heft 6.

*Briefe nach Berlin.* Werdegang und Nachhall meiner Aufführungen. Vortragsreihe »Berliner Lektionen«, 17. 9. 1989, Berlin.

*Es ist kein Absolutissimo.* Gespräch mit Geir Johnson. MusikTexte, Köln (1989) Heft 30.

*Gedanken sind nicht an eine musikalische Sprache gebunden.* Gespräch mit Thomas Meyer. MusikTexte, Köln (1989) Heft 30.

*Gespräch mit Richard Dufallo.* Trackings. New York/London: Oxford-University-Press 1989.

*Wer von uns allen wird darüber berichten können?* Gespräch mit Dieter Rexroth. Programmbuch Frankfurt Feste 1989.

*Humor in de muziek.* Gespräch mit Erik Voermans. Het Parool (Amsterdam) vom 9.6.1990.

*Über Musik und Tanz.* Kurzbeitrag. Programmbuch »25 Jahre Nederlandsballetorkest« (Amsterdam/Den Haag) vom September 1990.

*Danksagung.* Rede anläßlich der Verleihung des Frankfurter Mozart-Preises am 16.11.1983. In: »Wolfgang Amadeus, summa summarum.« Hrsg.: P. Csobádi. Wien: Paul Neff-Verlag 1990.

*Entrevista con Mauricio Kagel.* Gespräch mit Margarete Kraft und Brigitte Simon de Souza. Zeitschrift »Humboldt«, Bonn, Jg. 31 (1990) Heft 99.

*Fortsetzung folgt.* Vortrag am 29.9.1985. In: Komponisten als Hörspielmacher, Dokumentation zur »1. Acustica International«. Köln: Westdeutscher Rundfunk 1990.

*Spezifisches über meine Hörspielarbeit.* Vortrag und Diskussion am 30.9.1985. In: Komponisten als Hörspielmacher, Dokumentation zur »1. Acustica International«. Köln: Westdeutscher Rundfunk 1990.

*Über Varèse.* In: Edgar Varèse. Dokumente zu Leben und Werk. Zusammengestellt von H. de la Motte-Haber und K. Angermann. Frankfurt 1990.

*Vier Antworten.* In: Neue Musik und Musikwissenschaft / Musikwissenschaft und Komponist. Vervielfältigtes Manuskript des 5. Studentischen Musikwissenschaftssymposiums zum Thema »Neue Musik, Musik der 60er Jahre«. Hrsg.: S. Fricke. Saarbrücken 1990.

*Worte über Musik.* Gespräche, Aufsätze, Reden, Hörspiele. München: Piper 1991.

*Gespräch mit Werner Klüppelholz.* In: »Kagel: .../ 1991«, Sammelband (Hrsg. Werner Klüppelholz. Köln: DuMont Buchverlag 1991).


## Ausstellungen (seit 1981)

1984    Teilnahme an der Ausstellung »1984: im toten Winkel«: Indoktrinationssätze aus dem Hörspiel *...nach einer Lektüre von Orwell*
        Kunstverein Hamburg.
1986    Teilnahme an der Austellung »Die 60er Jahre. Kölns Weg zur Kunstmetropole. Vom Happening zum Kunstmarkt.«
        Kölnischer Kunstverein.
1989    *Zwei-Mann-Orchester* in der Ausstellung »Anti-Qua-Musica« im Gemeente Museum Den Haag, seitdem Dauerexponat dortselbst.

## Preise und Auszeichnungen (seit 1981)

1983    Mozart-Medaille der Stadt Frankfurt
1984    Akademie der Darstellenden Künste, Frankfurt: Hörspiel des Monats (Mai 1984) für ... *nach einer Lektüre von Orwell.*
        1. Preis des Festival International »Musique en Cinéma«, Besançon, für die Fernsehproduktion »MM 51« in zwei Fassungen.
1985    Prix Italia für die Rundfunkproduktion von *Mitternachtsstük* (Süddeutscher Rundfunk).
        Commandeur dans »L'Ordre des Arts et des Lettres« de la République Française.
1986    1. Preis des Festival International »Musique en Cinéma«, Besançon, für die Fernsehproduktion *Dressur*
1988    Premio »Ianni Psacaropulo«, Torino, für *Sankt-Bach-Passion.*
        Composer in residence der Kölner Philharmonie für die Saison 1988/89.

# Veröffentlichungen über Mauricio Kagel*

*(seit 1981)*

Barber, Llorenç: *Mauricio Kagel*. Madrid 1987.

Blumenröder, Christoph von: *Cluster. In: Handwörterbuch der musikalischen Terminologie*. Wiesbaden 1981.

Borris, Siegfried: *Der Schlüssel zur Musik von heute*. Düsseldorf / Wien 1967.

Bosseur, Dominique und Jean-Yves: *Revolutions Musicales. La musique contemporaine depuis 1945*. Paris 1979.

Brodegg, Horst: *Einseitiger Dialog über den* Mündlichen Verrat *Mauricio Kagels*. Programmheft des Württembergischen Staatstheaters zur deutschen Erstaufführung des Musikepos über den Teufel *Der mündliche Verrat* im Oktober 1985.

Cazaban, Costin: *Mauricio Kagel: Compositeur en liberté*. In: Le Monde de la Musique, Nr. 128. Paris 1989.

Cohen-Levinas, Danielle: *La voix au delà du chant*. Paris 1987.

Condé, Gérard: *Mauricio Kagel et Dieter Schnebel. La révolution suivante*. In: Festival d'Automne à Paris 1972–1982. Paris 1982.

Cresta, Michel: *K(l)agelied*. In: Programmbroschüre der Retrospektive mit Werken von Mauricio Kagel. Hrsg.: Festival d'Automne. Paris Oktober / November 1983.

Dagan, Nicolas: *Les enfants et Brahms mis en situation par Mauricio Kagel*. Panorama Musiques, Nr. 44. Paris 1981.

Danuser, Hermann: *Über Schwierigkeiten einer* Lieder-Oper: *Mauricio Kagels* ›Aus Deutschland‹. In: Musik und Bildung, Heft 12. Mainz 1981.

Danuser, Hermann: *Die Musik des 20. Jahrhunderts*. In: Neues Handbuch der Musikwissenschaft, Bd. 7. Laaber 1984.

Decarsin, François: *Liszt's Nuages gris et Kagel's Unguis Incarnatus Est: A Model and its issue*. In: music analysis. Volume 4, Number 3. Oxford 1985.

Demierre, Jaques: *Mauricio Kagel entre musique et théâtre*. In: Contrechamps (1985) Nr. 4. Lausanne 1985.

Dibelius, Ulrich: *Mauricio Kagel:* Fürst Igor, Strawinsky. Manuskript der Sendung vom 26. 11. 1984 aus der Reihe »Neue Musik kommentiert« des Senders Freies Berlin.

---

* Vgl. auch Fußnote 1, Seite 270.

Dibelius, Ulrich: *Moderne Musik II (1965–1985)*. München 1988.

Döhl, Reinhard: *Komponisten als Hörspielmacher*. In: Manuskript der 5. Folge der Sendereihe »Das Neue Hörspiel. Versuch einer Geschichte und Typologie des Hörspiels in Lektionen« des WDR 3-Hörspielstudios vom 29.12.1981.

Döhl, Reinhard: *Das Neue Hörspiel*. In: Geschichte und Typologie des Hörspiels. Bd. 5. Darmstadt: Wissenschaftliche Buchgesellschaft 1988.

Dorén, Peter Nils: *Visuelle Interpretation eines Musikstückes mit veschiedenen Medien (Multivision, Video, Buch, Plakat) am Beispiel von Mauricio Kagels* Match für drei Spieler. Hamburg, Fachhochschule, Fachbereich Gestaltung, Diplomarbeit im Studiengang Kommunikationsdesign, Fachgebiet Designkonzeption und -realisation. August 1986.

Ebbeke, Klaus: *Aber die Musik braucht ständig eine Krise*. In: Programmbuch »Ein Portrait: Mauricio Kagel« der Frankfurt Feste '89. Hrsg.: Alte Oper Frankfurt.

Emmenegger, Kurt: *Über Mauricio Kagel und die Fernsehproduktion* Blue's Blue. In: TV Radio Zeitung »Tele«, Nr. 18. Zürich 1982.

Escal, Françoise: *Fonctionnement du texte et/ou paradie dans la musique de Mauricio Kagel*. In: Cahiers du 20ᵉ siècle, (1976) Nr. 6., Paris 1976.

Escal, Françoise: *Le compositeur et ses modèles*. (Insbesondere das Kapitel »Tombeaux, hommages«) Paris 1984.

Fanselau, Rainer: *Mauricio Kagels »Akustische Theologie«*. In: Musik und Bildung, Heft 12. Mainz 1981.

Fleuret, Maurice: *Sur la création de la version scènique de* Die Erschöpfung der Welt. Stuttgart 1980. In: Programmbroschüre der Retrospektive mit Werken von Mauricio Kagel. Hrsg.: Festival d'Automne. Paris Oktober/November 1983.

Frisius, Rudolf: *Musik als Hörspiel – Hörspiel als Musik*. In: Spuren des Neuen Hörspiels. Hrsg.: K. Schöning. Frankfurt 1982.

Frisius, Rudolf: *Musik des unaufgelösten Widerspruchs*. In: Programmbuch der Tage Neuer Musik. Bd. 1. Bonn 1983/84.
Ebenso in: MusikTexte, Köln (1983) Heft 2.

Frisius, Rudolf: *Mauricio Kagel und seine Kompositionen für Zungeninstrumente*. In: Das Akkordeon (Frankfurt/M. und Trossingen). Heft 11, April 1986.

Fuchs, Peter/Gundlach, Willi: *Unser Musikbuch für die Grundschule* Dudelsack. (»Zwei-Mann-Orchester« als instrumentales Baumodell). Stuttgart 1976.

Geck, M./Hodeck, J./Schaarschmidt, H.: *Einführung in die Musik II*. (Mit Beiträgen über »Zwei-Mann-Orchester« und mit Hörbeispielen auf beiliegender Kassette). Stuttgart 1981.

Gerhartz, Leo Karl: *»Oper«, Aspekte der Gattung*. (Hinweise zum kompositorischen Schaffen von Mauricio Kagel sowie vollständiger Abdruck des Textes »Traum eines Musikstückes (1965)« über die Entstehung von *Match* für zwei Violoncelli und Schlagzeug). Laaber 1983.

Gottwald, Clytus: *Über Mauricio Kagel*. In: Peters Nachrichten (Sonderausgabe). Frankfurt 1981.

Gottwald, Clytus: *Bach, Kagel und die Theologie des Atheismus.* In: Musik-Konzepte. Nr. 50/51 (Johann Sebastian Bach: Die Passionen) vom September 1986. München: Edition Text + Kritik 1986. Ebenso in französischer Übersetzung: Bach, Kagel et la théologie de l'athéisme. In: Harmoniques, Paris (1988) Heft 4 (Memoire et création).

Griffiths, Paul: *A Concise history of Avant-Garde Music.* New York und Toronto 1978.

Griffiths, Paul: *The String Quartett.* London 1983.

Häusler, Josef: *Kagel, Mauricio.* In: The New Grove's Dictionary of Music and Musicians. London 1980.

Häusler, Josef: *1970–1980: Das »gegenständliche« Jahrzehnt.* Einleitungstext im Beiheft der Schallplattendokumentation »Zeitgenössische Musik in der Bundesrepublik Deutschland« (Kassette Nr. 8: 1970–1980). Hrsg.: Deutscher Musikrat. Bonn 1983.

Heißenbüttel, Helmut: *Was sollen wir senden (4).* (Zum medienkritischen Hörspiel *Soundtrack* von Mauricio Kagel). In: Hörspielmacher. Autorenportraits und Essays. Hrsg.: K. Schöning. Königstein/Ts. 1983.

Hillebrand, Christiane: *Komponieren mit Klängen und Bildern. Untersuchungen zu den Filmen Mauricio Kagels.* Gießen, Justus-Liebig-Universität, Schriftliche Hausarbeit im Rahmen der Magisterprüfung im Juni 1990.

Hiu, Pay-Uun: *Improvisation Ajoutée.* In: Entr'acte. Amsterdam 1989.

Hommel, Friedrich: *Die Anrufung des heiligen Mauritius.* Manuskript der Laudatio aus Anlaß der Verleihung der Mozart-Medaille an Mauricio Kagel. Frankfurt, November 1983.

Hommel, Friedrich: *Ein hispanischer Avantgardist. Zu Aspekten des Schaffens von Mauricio Kagel.* Neue Zürcher Zeitung vom 10. 11. 1984.

Huvenne, Martine: *Interactie en Paradox in het werk van Mauricio Kagel. Met en interpretatie van »Match« als instrumentaal theater vanuit de communicatietheorie van Watzlawick.* Gent, Universität, Hoger Instituut voor Kunstgeschiedenis en Oudheidkunde, Diss. 1980.

Iwashkin, Alexander W.: *Aspekte des Werkes von Mauricio Kagel.* Zeitschrift »Sowjetskaja Musika«, Heft 8, Moskau 1988.

Karst, Karl H.: *Der Komponist Mauricio Kagel als Hörspielautor (Radio bedeutet ihm Reiz und Schrecken).* Kölner Stadt-Anzeiger vom 1./2. Februar 1986.

Klüppelholz, Werner: *Kagel, Mauricio Raúl.* Das Große Lexikon der Musik. Bd. 4. Freiburg 1981.

Klüppelholz, Werner: *Mauricio Kagel: 1970–1980.* DuMont Köln 1981.

Klüppelholz, Werner: *Mauricio Kagel. Le rire étranglé.* In: Festival d'Automne à Paris 1972–1982. Paris 1982.

Klüppelholz, Werner: *Gesungene Märchen in entzauberter Welt – Oper und Musiktheater im 20. Jahrhundert.* In: Universitas. Zeitschrift für Wissenschaft, Kunst und Literatur, Stuttgart, Jg. 38, 1983.

Klüppelholz, Werner: *Musik zum Sehen, Musik zum Denken.* In: Deutsches Ärzteblatt (Köln). Nr. 17 vom 27. 4. 1984.

Ebenso in holländischer Übersetzung: Muziek om naar te kijken, muziek om bij te denken. Programm-Magazin anläßlich der Retrospektive im Juni 1985. Hrsg.: Holland-Festival Amsterdam.

Ebenso unter dem Titel: Musik zum Sehen, Musik zum Denken: Der Komponist Mauricio Kagel. Programm zur Uraufführung von *Tantz-Schul* in der Wiener Staatsoper im September 1988.

Klüppelholz, Werner: *Der Eid des Hippokrates.* In: Deutsches Ärzteblatt (Köln). Nr. 18 vom 4.5.1984.

Klüppelholz, Werner: *Die Geburt der Musik aus dem Geiste des Radios. (Zu den Hörspielen von Mauricio Kagel).* Manuskript der Sendung im Hörspielstudio des WDR 3 vom 16.4.1985.

Klüppelholz, Werner: *Musik ist Poesie durch das Auge. Zu den Filmen von Mauricio Kagel.* In: Mauricio Kagel: »Das filmische Werk I. 1965–1985«. Katalog anläßlich der Retrospektiven mit Film- und Fernsehproduktionen von Mauricio Kagel in Frankfurt, Berlin, Amsterdam, Stuttgart und Köln im September/ Oktober 1985. Hrsg.: W. Klüppelholz und L. Prox. Amsterdam: Meulenhoff/Landshoff 1985. Köln: DuMont 1985.

Klüppelholz, Werner: *Vom Realismus des Puppenspiels. Zu den neuesten Bühnenwerken Mauricio Kagels.* In: Oper heute. Formen der Wirklichkeit im zeitgenössischen Musiktheater. Hrsg.: O. Kolleritsch. Wien/Graz 1985.

Klüppelholz, Werner: *Mauricio Kagel: Kunst kommt von dienen. (Über die Sankt-Bach-Passion).* In: Noema, Salzburg (1987), Heft 10.

Klüppelholz, Werner: *Die Oper lebt.* In: Besichtigung der Moderne: Hrsg: H. Holländer und Ch. W. Thomsen. Köln 1987.

Klüppelholz, Werner: *Historier-historia: Om Mauricio Kagels verk fran attiotalet.* In: Nutida Musik Heft 1. Hrsg.: Sveriges Riksradio. Stockholm 1987–88.

Klüppelholz, Werner: *Apokryphe Archäologie. Über Anklänge der Vergangenheit in der Musik der Gegenwart.* In: MusikTexte Nr. 30, Köln 1989.

Klüppelholz, Werner: *Über den Stilwandel der Neuen Musik und Kagels III. Streichquartett.* In: Ein Portrait: Mauricio Kagel: Programmbuch der Frankfurt Feste '89 der Alten Oper Frankfurt.

Klüppelholz, Werner: *Zwei-Mann-Orchester.* In: Katalog der Ausstellung »Anti-Qua-Musica. Het ›open‹ muziekinstrument in kunst en antikunst« im Haags Gemeentemuseum. Den Haag 1989.

Klüppelholz, Werner: *Von Elektronik bis Elegie. Neue Musik in Nordrhein-Westfalen.* In: Katalog der Ausstellung »Zeitzeichen«. Hrsg.: K. Ruhrberg. Köln 1990.

Klüppelholz, Werner: *Zu den Streichquartetten von Mauricio Kagel.* Beiheft zur CD: The Arditti String Quartett Edition: Mauricio Kagel. Disques Montaigne WMD 789004. Paris 1990.

Knockaert, Yves: *Kagel Na '70.* In: Muziekkrant (Gent). Nr. 11–12 vom Oktober 1981.

Koch, Gerhard R.: *Die ganze Welt nur Tingeltangel? Einige Überlegungen zum neueren Musiktheater.* In: Jahrbuch IX der Hamburgischen Staatsoper für die Spielzeit 1981–82.

Kölmel, Dieter: *Mauricio Kagel*. In: Stuttgarter Musik-Kalender 1990. Stuttgart 1989.

Körner, Thomas: *Schritte einer Bearbeitung*. In: Programmheft des Württembergischen Staatstheaters zur deutschen Erstaufführung des Musikepos über den Teufel *Der Mündliche Verrat* im Oktober 1985.

Koniklijk Conservatorium Den Haag [Hrsg.]: *Mauricio Kagel en het Koniklijk Conservatorium. Programmen, Documenten, Teksten.* Den Haag 1991.

Kostelanetz, Richard: *Polyartist Mauricio Kagel:* In: Zeitschrift »Opera News« New York 1988.

Kostelanetz, Richard: *On Innovitative Music(ian)s.* New York 1989.

Kruithof, Jacques: *Een Avond met Kagel.* In: Programmzeitschrift »Muziek- & Woord« des Belgischen Rundfunks BRT, September 1989.

Kruithof, Jacques: *Lachen om de dood.* (Lachen über den Tod). NWT, Nieuw Wereldtudschrift, Antwerpen (1989) Heft 3.
Ebenso: »De eenzame in de herfst« (Kapitel über Mauricio Kagel). Amsterdam: Verlag De Bezige Bij 1990.

Lugert, Wulf Dieter: *Musik hören machen verstehen.* Arbeitsbuch für Musikunterricht in den Klassen 7/8. (Kap. über das Film-Hörspiel *Soundtrack.* Stuttgart 1982.

Massin, Brigitte/Massin, Jean: *Histoire de la Musique Occidentale.* Bd. 2. Paris 1984.

Meyer, Thomas: *Zu Mauricio Kagels filmischem Schaffen.* Tagesanzeiger Zürich vom 24. 1. 1987.

de la Motte-Haber, Helga: *Sichtbare Musik. Hommage an Mauricio Kagel.* In: Programmbuch »Ein Portrait: Mauricio Kagel« der Frankfurt Feste '89. Hrsg.: Alte Oper Frankfurt.

de la Motte-Haber, Helga: *Música visible.* In: Spanische Ausgabe der Zeitschrift »Humbold«, Bonn, Jg. 31 (1990) Heft 99.

Naber, Hermann: *Der Autor als Produzent.* In: Spuren des Neuen Hörspiels. Hrsg.: K. Schöning. Frankfurt 1982.

Noller, Joachim: *Fluxus und die Musik der sechziger Jahre. Über vernachlässigte Aspekte am Beispiel Kagels und Stockhausens.* Neue Zeitschrift für Musik (1985), Heft 146.

Nyffeler, Max: *Über Fürst Igor, Strawinsky.* Einleitungstext im Beiheft der Schallplattendokumentation »Zeitgenössiche Musik in der Bundesrepublik Deutschland« (Kassette Nr. 10: 1970–1980). Hrsg.: Deutscher Musikrat. Bonn 1983.

Oehlschlägel, Reinhard: *Mild traditionalistische Festmusik.* Zur Sankt-Bach-Passion *von Mauricio Kagel.* MusikTexte (1985) Heft 11.

Olivier, Philippe: *La Passion Kagel.* (Über die *Sankt-Bach-Passion.* Zum Hauptthema »Musiques Contemporaines« der u. g. Zeitschrift). Silences (1985) Heft 1. Paris: Editions de la Différence/Silences 1985.

Onchi, Motoko: *Theater-Music.* In: Music Today Quarterly (japanisch). Heft 4. Tokio 1989.

Petersen, Peter: *Johannes Brahms, Leben und Werk.* Hrsg.: C. Jacobsen. Wiesbaden 1983.

Prox, Lothar: *Musik und Regie: Mauricio Kagel* Antithese, Match *und* Solo, *analytisch betrachtet.* In: Mauricio Kagel: »Das filmische Werk I. 1965–1985«. Katalog, anläßlich der Retrospektiven mit Film- und Fernsehproduktionen von Mauricio Kagel in Frankfurt, Berlin, Amsterdam, Stuttgart und Köln im September/Oktober 1985. Hrsg.: W. Klüppelholz und L. Prox. Amsterdam: Meulenhoff/Landshoff 1985. Köln DuMont: 1985.

Raab, Claus: *Zum Problem authentischer Musik: Eine Interpretation von Mauricio Kagels* Exotica. In: Reflexionen über Musik heute. Hrsg.: Wilfried Gruhn. Mainz 1981.

Raaijmakers, Dick: *Machinisten-kunst.* In: Katalog der Ausstellung »Anti-Qua-Musica. Het ›open‹ muziekinstrument in kunst en antikunst« im Haags Gemeentemuseum. Den Haag 1989.

Rauchfleisch, Udo: *Robert Schumann.* Leben und Werk. (Darin über Kagels *Mitternachtsstük* über vier Textfragmente aus dem Journal von Robert Schumann). Stuttgart 1990.

Reich, Wieland: *Mauricio Kagels* Sankt-Bach-Passion. Siegen, Universität, Manuskript einer schriftlichen Hausarbeit im Rahmen der Ersten Staatsprüfung vom Oktober 1987.

Reininghaus, Frieder: *Mauricio Kagel – Musik, die auf's Ganze geht.* In: Neues Rheinland, Heft 10 vom Oktober 1989.

Roelcke, Eckhard: *Mauricio Kagel und das instrumentale Theater.* Magister-Arbeit Universität Hamburg, April 1986.

Roelcke, Eckhard: *Instrumentales Theater. Anmerkungen zu Mauricio Kagels* Match *und* Sur Scène. In: Hamburger Jahrbuch für Musikwissenschaft 10, 1988.

Rio, Marie-Noël/Rostain, Michel: *L'Opéra mort ou vif.* Paris: Edition Recherches/Encres 1982. Paris: France Musique 1982. Paris: Atelier Lyrique du Rhin 1982.

Rizzardi, Veniero: *Über Mauricio Kagel.* In: Programmbuch ›Dopo l'avanguardia‹, Prospettive musicali intorno agli anni ›80‹ der Biennale in Venedig. September/Oktober 1981.

Rösing, Helmut: Über die Zehn Märsche, *um den Sieg zu verfehlen.* (Im Rahmen einer Einführung zu Franz Schuberts Streichquartett in d-Moll *Der Tod und das Mädchen*). Programmheft »Das Geistliche im Weltlichen« der Kasseler Musiktage (›Neue Musik in der Kirche‹) im Oktober 1985.

Satzky, Dietrich: *Mit Kagel zur Biennale. Notizen von der Reise des Kölner Rundfunkchors nach Venedig.* In: WDR-Print (Köln). Nr. 68 vom Dezember 1981.

Schäfermeyer, Michael: *Wir nennen es Hörspiel.* (Über das Hörspiel in germanischer Metasprache ...*nach einer Lektüre von Orwell*). Manuskript der Sendung im Hörspielstudio des WDR 3 am 16.4.1985.

Schäfermeyer, Michael: *Mauricio Kagel.* (Mit Ausschnitten aus ...*nach einer Lektüre von Orwell*). In: EAR-Magazin, New York (1988), Heft 2.

Schleuning, Peter: *Die Phantasie II, 18. bis 20. Jahrhundert.* Beispielsammlung zur Musikgeschichte. (Einführung). Köln 1971.

280

Schmidt, Dörte: *Über Möglichkeiten*. Zu Mauricio Kagels »Musik für Renaissance-Instrumente«. In: Tibia (1990), Heft 15.

Schmidt, Felix: *Mauricio Kagel*. In: Magazin der Frankfurter Allgemeinen Zeitung. Heft 197 vom 9.12.1983.

Schmidt, Felix: *Musikerportraits*. Hamburg 1984.

Schmidt-Sistermanns, Johannes: *Musique, théâtre et politique*. (Nebst einem Gespräch mit Mauricio Kagel). In: Les Cahiers du Centre du Recherches en Esthétique Musicale. Nr. 4–5 (»musique et théâtre«) vom Juni 1987. Mont Saint-Aignan (Frankreich): Institut de Musicologie 1987.

Schöning, Klaus: *Die Poesie akustischer Kunst*. Deutsches Allgemeines Sonntagsblatt. Nr. 52 vom 25.12.1981.

Schöning, Klaus [Hrsg.]: *Spuren des Neuen Hörspiels*. Frankfurt 1982.

Schöning, Klaus: *Klänge sind nur Schaumblasen auf der Oberfläche der Stille*. In: Sprache im technischen Zeitalter, Heft 87, Berlin 1983.

Schöning, Klaus: *Hörspielmacher Mauricio Kagel*. In: Hörspielmacher. Autorenportraits und Essays. Hrsg.: K. Schöning. Königstein/Ts. 1983.

Schöning, Klaus: *Wir wissen von nichts*. In: Hörspielmacher. Autorenportraits und Essays. Hrsg.: K. Schöning. Königstein/Ts. 1983.

Schreiber, Ulrich/Gronemeyer, Gisela/Oehlschlägel, Reinhard/Jungheinrich, Hans-Klaus: *Vier Gegendarstellungen*. (Zum Aufsatz »Kritik der unreinen Vernunft« von Mauricio Kagel). In: Musica, Heft 5, 1982, Kassel 1982.

Schreiber, Wolfgang: *Tradition und Bearbeitung – die Musik der 70er Jahre*. Einleitungstext im Beiheft der Schallplattendokumentation »Zeitgenössische Musik in der Bundesrepublik Deutschland« (Kassette Nr. 10: 1970–1980). Hrsg.: Deutscher Musikrat. Bonn 1983.

Schulz, Reinhard: *Irritierte Mechanismen des Alltags. Anrisse zu Mauricio Kagel*. In: Programmheft »Kagel-Match« des Kulturzentrums Gasteig, München. Oktober 1984.

Schulz-Pagel, Wolfgang: *Das Instrumentale Theater bei Mauricio Kagel. Studien zur Gattungsgenese und zu ausgewählten Werken*. Magister-Arbeit Universität Köln 1987.

Smidt Børresen, Ragnhild: *Mauricio Kagels Chorbuch – en studie i estetiske virkemidler*. Oslo, Universität, Diss. September 1986.

Smidt Børresen, Ragnhild: *Mauricio Kagel*. In: Zeitschrift »Prisma Nytt« des Henie-Onstad Kunstsenter (Høvikodden bei Oslo). Nr. 24 vom Mai 1988.

Smit, Sytze/Noeten, Jessica: *Een liefdesverklaring aan de dans*. In: Muziek & Dans, Heft 5, Amsterdam 1989.

Trenkler, Thomas: *Über die curieuse Collage und das Vertantzen im Sand: Mauricio Kagels Tantz-Schul*. In: Parnass, Heft 4, Linz 1988.

Varga, Bálint András: *Beszélgetés Mauricio Kagellel*. In: Muzsika (Budapest), Dezember 1986.

Vermeulen, Ernst: *Geconstrueerd maar spontaan*. (Über die *Sankt-Bach-Passion*). In: Concert-Podium (Zeitschrift des Holländischen Rundfunks NOS), Hilversum, Jg. 1 (1986), Heft 0.

von der Weid, Jean-Noël: *Kagel, le Décréateur.* Programm-Magazin des Festivals ›Musiques du XXs‹, Angers. Juni 1985.

Vormweg, Heinrich: *Nach den Reden.* Zur Geschichte des Hörspielpreises der Kriegsblinden. In: Schriftsteller und Hörspiel. Hrsg.: K. Schöning. Königstein/Ts. 1981.

Vormweg, Heinrich: *Realismus oder Realistik?* In: Spuren des Neuen Hörspiels. Hrsg.: K. Schöning. Frankfurt 1982.

Vormweg, Heinrich: *Hörspiel als Radiokunst.* (Über »Das Buch der Hörspiele«). Manuskript der Hörfunksendung des WDR 3 vom 4.3.1983.

Wessels, Gregor: *Fragmente ergo sum.* (Zu Mauricio Kagels *Aus Deutschland*). In: Besichtigung der Moderne. Hrsg.: H. Holländer und Ch. W. Thomsen. Köln 1987.

Zacher, Gerd: *Über* Programm. *Gespräche mit Kammermusik von Mauricio Kagel und die Stücke* Recitativarie, Die Mutation, Charakterstück *und* Siegfriedp'. Einleitungstext im Beiheft der Schallplattendokumentation »Zeitgenössische Musik in der Bundesrepublik Deutschland« (Kassette Nr. 8: 1970–1980). Hrsg.: Deutscher Musikrat. Bonn 1983.

Zarius, Karl-Heinz: *Akkordeon bei Bach und Kagel.* In: Das Akkordeon (Frankfurt/M. und Trossingen). Heft 11 vom April 1986.

Zenck, Martin: *Anmerkungen zu* Aus Deutschland. (Im Rahmen einer Einführung zu Franz Schuberts Streichquartett in d-moll Der Tod und das Mädchen). Programmheft »Das Geistliche im Weltlichen« der Kasseler Musiktage (›Neue Musik in der Kirche‹) im Oktober 1985.

Zenck-Maurer, Claudia: Aus Deutschland. *Eine Lieder-Oper.* In: Pipers Enzyklopädie des Musiktheaters Bd. 3, München 1989.

# Hinweise zu den Gesprächspartnern

*Wulf Herzogenrath,* geboren 1944 in Rathenow/Mark. 1970 Promotion in Kunstgeschichte über Oskar Schlemmers Wandbilder. 1971–72 Mitarbeit am Museum Folkwang/Essen und Leiter des Kunstrings Folkwang. Von 1973–89 Direktor des Kölnischen Kunstvereins. Mitarbeit an der documenta 6 (1977) und der documenta 8 (1987). Von 1980–88 Vorsitzender der Arbeitsgemeinschaft deutscher Kunstvereine. Seit 1985 Beirat des Goethe-Instituts München. Seit 1989 Hauptkustos der Nationalgalerie Berlin, zuständig für den »Hamburger Bahnhof«. Zahlreiche Veröffentlichungen zu Themen der 20er Jahre, des Bauhaus, der aktuellen Kunst, der Videokunst und Fragen der Kunstvermittlung.

*Werner Klüppelholz,* geboren 1946 in Wülfrath, Studium der Komposition, Schulmusik, Musikwissenschaft, Soziologie und Phonetik in Köln. Seit 1979 Professor für Musikpädagogik an der Universität/Gesamthochschule Siegen. Zahlreiche Veröffentlichungen zur Musik des 20. Jahrhunderts, darunter »Mauricio Kagel 1970–1980« (Köln 1981), sowie »Kagel.../1991« (Köln 1991).

*Gabriele Lueg,* geboren in Oberhausen/Rh., Studium der Kunstgeschichte, Philosophie und Baugeschichte in Bonn und Aachen. 1983 Promotion in Kunstgeschichte über »Studien zur Malerei des deutschen Informel«. 1983–85 Mitarbeit am Rheinischen Landesmuseum Bonn. 1986–87 Ausstellungstätigkeit am Kölnischen Kunstverein. Seit 1987 Mitarbeit am Museum für Angewandte Kunst Köln. Ausstellungen und Publikationen zur Kunst des 20. Jahrhunderts. Lebt in Köln.

*Dieter Rexroth,* geboren 1941 in Dresden. Studium der Musikwissenschaft, Germanistik und Philosophie in Bonn und Wien. 1965 Promotion in Musikwissenschaft. Seit 1972 Leiter des Paul-Hindemith-Instituts in Frankfurt/M. Seit 1981 freier Mitarbeiter der Alten Oper Frankfurt. Mitinitiator der Frankfurt Feste; seit 1986 verantwortlicher Programmgestalter dieses Festivals. Zahlreiche musikjournalistische Arbeiten für Rundfunkanstalten, Zeitungen und Fachzeitschriften, sowie musikwissenschaftliche Veröffentlichungen u. a. über Hindemith, Liszt, Wagner, Mahler, Schönberg. Durchführung von Tagungen und Ausstellungen in Berlin, München, Salzburg u. a.

# Nachweise der Texte

**Gespräche**

1. Über die »Erschöpfung der Welt«
   Erschienen zuerst im Programmbuch zur Uraufführung des Werkes im Württembergischen Staatstheater, *Stuttgarter Hefte* 8/1 1980. Hier in der ursprünglichen Dialogform wiedergegeben.

2. Über »Aus Deutschland«
   Erschienen zuerst im Programmbuch zur Uraufführung des Werkes in der Deutschen Oper, Berlin 1981. Hier in der ursprünglichen Dialogform wiedergegeben.

3. Über »Sankt-Bach-Passion«
   Erschienen zuerst im Programmbuch der Berliner Festwochen zur Uraufführung des Werkes in der Berliner Philharmonie 1985.

4. »Was ist an diesem Handwerk noch wert, in Frage gestellt zu werden?«
   Erschienen zuerst im Katalog der Ausstellung »Die 60er Jahre. Kölns Weg zur Kunstmetropole. Vom Happening zum Kunstmarkt«, Köln 1986.

5. »Wer von uns allen wird darüber berichten können?«
   Erschienen im Programmbuch der Frankfurt Feste zur Retrospektive mit Werken von Mauricio Kagel in der Alten Oper Frankfurt, August–September 1989;

6. Komponieren in der Postmoderne
   Erschienen zuerst in *Neue Zeitschrift für Musik* 6/1989, Mainz 1989.

**Reden**

1. Zur Eröffnung der Kölner Philharmonie
   Rede anläßlich der Eröffnung der Kölner Philharmonie am 14. September 1986. Abdruck in Auszügen unter dem Titel »Sehnsucht anderer Art« in der Frankfurter Allgemeinen Zeitung am 23.9.1986. Vollständiger Abdruck in der Reihe *Reden zur Musik*, Sikorski, Hamburg 1986.

2. Im Namen der Freiheit
   Rede anläßlich des Symposiums zur 200-Jahr-Feier der Französischen Revolution in der Kölner Philharmonie am 29. April 1989. Erschienen in *KölnMusik Edition 1*, Köln 1989.

3. Briefe nach Berlin
   Rede anläßlich des Zyklus »Berliner Lektionen« im Renaissance-Theater Berlin am 17. September 1989. Erstveröffentlichung.

## Aufsätze

1. Vom Selbstverständnis und von den Aufgaben des Künstlers
   Sonderbeitrag zu *Meyers Neuem Lexikon* Bd. IV, Mannheim 1979.
2. Kritik der unreinen Vernunft
   Erschienen zuerst in *Musica* 3 / 1982, Kassel 1982. Überarbeitet.
3. Die mißbrauchte Empfindsamkeit
   Abdruck in Auszügen in der Frankfurter Allgemeinen Zeitung vom 6. Mai
   1983. Hier vollständig abgedruckt.
4. An Gott zweifeln – an Bach glauben
   Abdruck in Auszügen in der Frankfurter Allgemeinen Zeitung vom 6. April
   1985. Hier vollständig abgedruckt.
5. »Fortsetzung folgt«
   Vortrag anläßlich der Tagung »1. Acustica International« für den Westdeutschen Rundfunk Köln am 29. September 1985. Erschienen zuerst in der Dokumentation *Komponisten als Hörspielmacher* (Hrsg. Klaus Schöning), WDR
   Köln 1990. Überarbeitet.
6. Spezifisches über meine Hörspielarbeit
   Vortrag anläßlich der Tagung »1. Acustica International« für den Westdeutschen Rundfunk Köln am 30. September 1985. Erschienen zuerst in der Dokumentation *Komponisten als Hörspielmacher* (Hrsg. Klaus Schöning), WDR
   Köln 1990. Überarbeitet.

## Hörspiele

»Rrrrrrr...«
Das Hörspiel entstand 1981 / 82 als Koproduktion von Südwestfunk, Baden-
Baden und Westdeutscher Rundfunk, Köln. Sprecher: Gert Haucke. Uraufführung am 15. Oktober 1982, Donaueschinger Musiktage. Erstsendung am
19. Oktober 1982, WDR 3-Hörspielstudio. Erstveröffentlichung.

»Cäcilia: Ausgeplündert«
Das Hörspiel entstand 1985. Sprecher: Irmgard Förster und Mauricio Kagel;
Harfe: Brigitte Sylvestre. Erstsendung am 17. Dezember 1985, WDR 3 – Hör-
spielstudio. Erschienen zuerst in *Musiktheorie* 3 / 1987, Laaber 1987.

# Ulrich Dibelius

## Moderne Musik I

1945–1965
392 Seiten mit 31 Abbildungen und 45 Notenbeispielen.
Serie Musik 8247

»... Die nicht allzu umfangreiche Literatur über neue Musik, die sich nicht in mehr oder weniger tiefsinnigen Meditationen und Spekulationen erschöpft, sondern bei der Sache bleibt und ihren Problemen auf den Grund geht, hat eine höchst willkommene Bereicherung erfahren. Ich möchte den stattlichen, nahezu 400 Seiten umfassenden Band »Moderne Musik« von *Ulrich Dibelius* als das Sachbuch par excellence in dieser schwierigen, noch immer von Vorurteilen und ressentimentgeladener Polemik umstellten Materie bezeichnen – an instruktiver Information bietet es das Gründlichste, was bis jetzt (nach Stuckenschmidts »Schöpfern der neuen Musik« und Schuhs »Von neuer Musik«) zu diesem Thema geschrieben wurde.
So ist ein Standardwerk über Wesen und Probleme der modernen Musik entstanden, das auf Jahre hinaus gültig und ein Dokument souveräner Sachkenntnis und methodisch-diskursiver Darstellungsgabe bleiben wird.«

*K. H. Ruppel, Süddeutsche Zeitung*

»Selbst wenn man in einigen Details mit dem Autor nicht einer Meinung sein sollte, bereitet es Vergnügen, eine solch fundierte Arbeit zu lesen, ein Zeugnis, das man anderen Darstellungen Neuer Musik schwerlich ausstellen kann. Dibelius hat – jenseits von allem journalistischen Bla-Bla – über die Musik unserer Zeit so gründlich nachgedacht, wie es von jedem Schriftsteller zu erwarten wäre, der sich dieses Themas bemächtigt.
Ulrich Dibelius ist mit seiner Modernen Musik ein Buch gelungen, dem größtes Lob zu zollen ist: es steht auf der Höhe des Gegenstandes, den es beschreibt.«

*Clytus Gottwald, Melos*

## Moderne Musik II

1965–1985
447 Seiten mit 44 Abbildungen und 42 Notenbeispielen.
Serie Musik 8248

PIPER

# Yehudi Menuhin

Yehudi Menuhin ist nicht nur der berühmte Geiger und Musiker, der schon in frühen Jahren als Wunderkind weltweit von sich reden machte. Er ist auch ein außergewöhnlicher Mensch, dessen warmherziges, mitfühlendes Wesen und dessen Menschlichkeit sich spontan mitteilen.

## Ich bin fasziniert von allem Menschlichen
Gespräche mit Robin Daniels. Aus dem Englischen von Hans-Jürgen Baron von Koskull. Vorwort von Lawrence Durrell. 208 Seiten. Serie Piper 263

## Kunst als Hoffnung für die Menschheit
Reden und Schriften. Laudatio von Pierre Bertaux. Ausgewählt, eingeleitet und aus dem Englischen von Horst Leuchtmann. 229 Seiten mit 14 Abbildungen auf Tafeln. Serie Musik 8306

## Lebensschule
Herausgegeben von Christopher Hope. Aus dem Englischen von Horst Leuchtmann. 173 Seiten nit 60 Abbildungen. Geb.

## Unvollendete Reise
Lebenserinnerungen. Aus dem Englischen von Isabella Nadolny und Albrecht Roeseler. 457 Seiten mit 63 Fotos. Leinen

## Variationen
Betrachtungen zu Musik und Zeit. Aus dem Englischen von Horst Leuchtmann. 256 Seiten. Serie Piper 369

## Weder Pauken noch Trompeten
Für Yehudi Menuhin
Herausgegeben von Jutta Schall-Emden. 108 Seiten mit 11 Fotos. Kt.

## Diana Menuhin
## Durch Dur und Moll
Mein Leben mit Yehudi Menuhin. Mit einem Vorwort von Yehudi Menuhin. Aus dem Englischen von Helmut Viebrock. 339 Seiten mit 26 Fotos. Serie Musik 8286

PIPER

# Albrecht Roesler

## Große Geiger unseres Jahrhunderts

397 Seiten mit 69 Abbildungen und 16 Notenbeispielen. Leinen

Albrecht Roeselers Buch über große Geiger unseres Jahrhunderts ist für die
Liebhaber und die Kenner des Violinspiels geschrieben. Es enthält eine
durchaus persönlich getroffene Auswahl von Künstlerporträts.
Enzyklopädische Vollständigkeit ist dabei nicht angestrebt. Roeseler erzählt
von den großen Geigerpersönlichkeiten unserer Zeit, von ihrer
Interpretationskunst, ihren individuellen geigerischen Fähigkeiten und der
persönlich gefärbten Kraft ihres Spiels.
Instruktive Abbildungen und Notenbeispiele, ausführliche
Schallplattenhinweise und ein aufschlüsselndes Register ergänzen den Text.

»Wer in die faszinierende Welt der Musikrezeption tiefer eindringen will,
sollte Roeselers Buch zur Hand nehmen und lesen; Seite um Seite – oder
ziellos blätternd: In jedem Fall wird er darin viel über Musik – so ganz im
allgemeinen – erfahren. Roeselers Buch ist weit davon entfernt, eine trockene
biographische Abhandlung über die Geigerstars der jüngeren Vergangenheit
und der Gegenwart zu sein.
Denn da erzählt ein Begeisterter, welches Abenteuer Musik-Hören sein kann.
Und dort, wo er ganz persönlich wird und nicht verhehlen mag, was ihm am
Stile des einen oder anderen allseits bejubelten Nachfolgers Paganinis
besonders oder so gar nicht zusagen mag, dort wird dieses Buch am
spannendsten. Die Begeisterung springt über, weil Roeseler letztlich sich
selbst und seine Reaktionen ganz uneitel zu erklären vermag.«          Die Presse

PIPER